第二部　公開シンポジウム・学会報告篇

叙　文

長谷部八朗

編纂の経緯

一種の叢書の形式を踏んで刊を重ねてきた『「講」研究の可能性』も、本書で、五巻目を数える。第一論集を上梓したのが二〇一三年五月であるから、爾来、この第五論集の刊行までにおよそ一一年の歳月が経過したことになる。もっとも、叢書形式とはいえ、巻数と完結時期をあらかじめ設定しているわけではない。そのことは、出版計画の母体をなす研究会（「講研究会」）の今後の活動展開に照らし、適宜判断するというのが、目下の意向である。いずれにせよ、能うかぎり継続してゆきたいと考えている。また、各巻の刊行間隔に長短をきたすことのないよう努めてはいるものの、諸般の事情で、それがままならない状況にある。できれば、もう少し出版間隔を均等化したいのだが――。

さて、右で触れたとおり、本書の出版は「講研究会」の活動の一環として行われている。同会結成の経緯、活動の内容、今日に至るまでの歩みなどについては、既刊書（Ⅰ～Ⅳ）の叙文の中で随時述べてきた。したがって、その詳細は各書の記述に譲り、ここでは、研究会活動の内容と歩みに関して若干振り返るに留めたい。

同会は当初、月例の研究会を開き、一ないし二名の会員による発表を活動の中心に据え、加えて、おおむね年二回、春季・夏季に合宿を企画し、関東一円の寺社などを訪ね、宝物見学や文書調査、あるいは関係者への聞き取りを行っている。月例の研究会は二〇二四年一〇月の実施をもって、通算一四〇回を数えた。ちなみに、節目となる第一〇〇回の月例会は二〇二一年一二月に行われ、私の担当で、「鈴木栄太郎の農村社会学研究にとって『講集団』のもつ意味——予備的考察」と題して拙論を発表した。その際の会員諸氏からの問いや感想を踏まえる形で成稿化したものが、本書収載の論攷である。研究会活動はこのように、定例の集まりを中心にスタートしたが、発会の翌々年の二〇一二年以降、本研究会主催、ないしは関連学会との共催で、公開シンポジウムや学会の年会でパネル発表・グループ発表を実施するなど、個人と集団の両面から、会の内外を含め活動の拡大を図ってきた。これまでに行った計八回に及ぶシンポジウム、パネル発表・グループ発表のうち、七回分の内容については、『「講」研究の可能性』Ⅳの叙文に記載してある。そこに示したとおり、かかる共同発表は、二〇一二年から二〇一八年にかけての七年間、毎年試みてきた。翌一九年は休止したが二〇年には再びトライし、通算八回にわたり実施してきたことになる。ただし、以後は、コロナ禍の影響その他、よんどころない事情が重なって実施を見送ったままの状態にあり、近い将来また計画したいと一同思いを巡らしている。

右述した八回に及ぶシンポジウム等々のうち、二〇一四年、二〇一五年の実施例は、それぞれ既刊書Ⅲ、Ⅳに収めてある。残りの六回中三回分のそれを本書第二部「公開シンポジウム・学会報告篇」に収載することとしたので、ここでは、その発表テーマを掲示しておく。

二〇一六年一二月　講研究会主催第三回公開シンポジウム「信仰組織の存続をめぐって――存続に果たす個のはたらき」
二〇一八年一〇月　日本民俗学会第七〇回年会公開シンポジウム「『講』研究の可能性――人のつながりの追究に向けて」（講研究会共催、同研究会第五回公開シンポジウムを兼ねる）
二〇二〇年　九　月　日本宗教学会第七九回学術大会パネル発表「講と女性をめぐる研究――ジェンダー視点が拓く可能性」

右の各発表の構成メンバーと具体的な担当内容については、本書の第二部「報告篇」で確認されたい。なお、そこに掲載された論攷は、右掲の大会時に発表した内容にもとづいているのはいうまでもないが、担当者の裁量で加筆・修正が施されているものもあることを付言しておく。

すでに指摘したとおり、本書もその一環であるが、如上の研究会活動の経過を刻む、いわば道標を残すべく、発表を論攷化し、叢書形式で適宜編纂、刊行してきた。具体的には、会員個人の研究成果の投稿を発刊当初から基本方針に据え、第三論集以降は右に触れたシンポジウムほかの共同発表についてもコーディネーターおよび各報告者が報告内容のサマリーを原稿化して収載する形を採り入れた。

本研究会は、以上のごとく漸次方針を修正しつつ活動してきたが、冒頭にも述べたように、このたびシリーズ第五弾を編集するに際して、それを一つの節目と考え、運営委員会で話し合った結果、発会以来の来し方を振り返り、今後の展開に向けて研究会の活動をリセットするような編集上の工夫を講じてみた。その企画の一つが、初期段階から当研究会の活動に携わってきた人たちを中心に、新旧のメンバーが自由参加で集まった座談会の実施である。会の立ち上げから現在に至る活動の変遷を顧みて、その記憶を記録に残そうという試みである。時間の制約やメンバーの都合もあって、二回に分けて実施したが、内容を原稿に起こしてみるとかなりの分量になったため、今回は一部を載せるに留めた。掲載を見送った部分は、いずれまた別の機会に紹介できればと考えている。それともう一つは、さきに触れたシンポジウムほかの共同発表のうち、これまで論集に未掲載であった六回中三回分を、今般の第五論集に集約して収めるという企画である。

こういった共同発表を論集に載せる企画は第三論集から採用している。今後歳月を重ねるなかで、研究会活動の記憶が色褪せて曖昧になるのを避けるため、月例の個人発表はともかく、年に一回メンバーが共同で想を練ってきた（二〇一八年までは毎年実施）発表内容は原稿化して残したい、という声の高まりがその背景にあった。しかし、第三論集までは一、二年の出版間隔で刊行してきたものの、それ以降種々の要因が重なり、第四論集、そして今回の出版におのおの四年を要した結果、論集の発行年と掲載する共同発表の実施年とのギャップが広がってしまった。そこで本論集は、これまで未掲載の、前掲した三回の発表を一括して載せることとした。ただ、同じく未掲載であった残りの三回の発表については、準備が整わず、残念ながら掲載を断念せざるを得なくなった。そのテーマ名を左に掲げておく。各発表者には、その労に謝意を表するとともに、お詫びを申し述べたい。

二〇一二年一〇月　日本民俗学会第六四回年会グループ発表「「講研究のこれから——結集原理の検討を見据えて」

二〇一三年　九月　日本宗教学会学術大会パネル発表「宗教研究における講研究の意義と可能性」

二〇一七年一二月　講研究会主催第四回公開シンポジウム「人と場所をつなぐ——霊場・聖地巡礼と講のあり方の変化」

以上の事情により、本論集をもって、これまで先送りにしてきた課題を整理し、第六論集から内容のリセットを図る形で、当面する編集上の問題にひとまず算段をつけたい。もとよりこのように「報告篇」の膨らんだ編纂の形は構成上のバランスを欠くことになるが、述べてきたような事情に鑑みて、ばん止むを得ず採った方法である。そうした視点に立ち、第六論集は、目下のところ、本叢書の原点に立ち返り、講に関連する個人の研究成果を集めた論文集を編みたいと考えている。

ところで、最前述べたとおり、本研究会は発足以来、年一〇回前後催す定例研究会における個人発表、会主催の公開シンポジウムや関連学会の研究会（共催も含む）あるいは学術大会における共同発表、さらにそれらの成果の出版などを漸次採り入れ、活動範囲を広げつつ、研究の進展を図ってきた。ただし右にいうところの共同発表は、まず、共通の発表テーマをメンバー間で話し合い、設定した上で、それに見合う研究歴や関心を有する人を選び、担当を依頼してきた。したがって、特定の課題設定のもとでプロジェクト・チームを組み、分担・協力して史資料の収集・分析・論述を体系的に行うような共同研究は、これまで試みてこなかった。

近年、メンバーの間で、かかる研究の方向に関心を示し、また実施を希望する声も弥増してきた。こうした動きを受けて、本研究会では、昨年（二〇一二）より調査対象を定め、共同調査に取り掛かっている。すなわち、埼玉県秩父郡長瀞町の宝登山神社を対象に、同年三月の春季合宿で訪れ、調査を開始した。調査を始めるに当たっては、同社宮司・曽根原正宏氏、社誌の編纂に尽力された國學院大學名誉教授・茂木貞純氏、埼玉民俗の会顧問・栃原嗣雄氏ほかの理解と協力を賜った。宝登山神社は伝統的に、講社・講中による信仰基盤を形成してきた。それも、在地の地域社会とそれにもとづく講、および東京・埼玉をはじめ関東一円に広く存在する参詣講による重層的な信仰基盤を構築してきた。本研究会では、講活動の歴史と現状を複眼的な視点に立ってながめるように心がけている。宝登山調査も、そうした視点から、歴史・民俗・宗教・社会等々の諸位相に目配りした、いうなれば総合的かつ体系的な講研究をめざしたいと考えている。

かくて第五論集を、本シリーズのいわば節目となる一書と位置づけ、この叢書とともに歩んできた講研究会の活動の〝これまで〟と〝これから〟を見据えながら、縷々述べてきたような建て付けで当の論集を編纂した次第である。

各論攷の要旨

以下では、第一部「論集篇」に収められた四本の論攷の要点を略述する。なお、第二部「報告篇」については、それぞれの共同発表のコーディネーター役を務められた方々が各グループ構成員の発表内容や報告文に論及しているので、そちらを参照されたい。

長谷部八朗「鈴木栄太郎の「自然村」説にみる「講」の位置づけ」

本論攷は、日本の農村社会学史に先駆的な足跡を遺した鈴木栄太郎を取り上げ、かれの「自然村」理論において「講」がどのような役割・機能上の位置を占めているのかを考察している。その手がかりとして、『日本農村社会学原理』（『原理』と表記）を主軸とする鈴木の関連諸著作を用いる。それらの著作により、講の在りようが、鈴木の「自然村」論、ひいては農村社会学研究において看過しがたい要件であることが分かる。なかでも『原理』にはその記述が随所にみられる。ただし、そうした諸々の記述の背景にある問題意識や、講の史資料と理論に関する体系的な所説などが自覚的に提示されているわけではない、という。

そこで本論攷では、まず、『原理』中に見え隠れする問題意識に光を当てる。次に、同書の章立てと立論の基盤を成す社会学的な分析枠組みを確認する。具体的には、分析枠組みを構成する主要な要件である「社会関係」「社会集団」「社会構造」「社会意識」などの概念およびそれらの関係性についての鈴木の所説に言及している。かれの見解からは、「自然村」論を展開するに当たり、当該社会を統合・維持せしめる社会的機能をすぐれて重視する姿勢が見て取れるが、その際、鈴木が「社会意識」を考察の鍵概念に据え、かつまた、同概念と関連づけて「村の精神」なる概念に目を注いでいる状況を浮き彫りにする。しかる後、「自然村」概念をめぐる鈴木の説明の推移を把握した上で、それを構成する中核的な「社会集団」のひとつである講集団の定義・類型・一般的特徴に関する鈴木の見解を論じる。この一般的特徴のうち、とくに「冷徹なる合理性」を、右述の「村の精神」と併せて、本論攷を展開する際の柱になる言葉と位置づける。『原理』の刊行された昭和一五年当時の農村でもっとも多種多様な「社会集団」は講集団だと鈴木は述べているが、ことに「自然村」論の文脈から講の役割・機能を捉える場合、当の「自然村」における「村の精神」と、そこに形成される講を特徴づける「冷徹なる合理性」の両概念が織り成す関係の分析が肝要であると、本論攷は捉えている。かかる観点よりこの問題について、まず、コミュニティ（母体）の現成員による共同意志がアソシエーションを母体内に統合するというマッキーバー説を踏まえて検討する。その結果、「自然村」を統合せしめる「村の精神」は、マッキーバーの説く共同意志とは似て非なるもので、現存する村びとにとどまらず、村の長い歴史をとおして作られた不文の行動原理であることが導き出される。また、そうした「村の精神」が「自然村」の孕む情緒的不合理性とそこに派生する講の「冷徹なる合理性」を制御し、村の秩序の維持に資する役割を担ってきた構図が、本考察をとおして輪郭を現した、とする。

高山秀嗣「浄土真宗における九州南部の講の現在的意義――信仰の紐帯としての「講」」

著者はかねて浄土真宗信仰の諸相の史的研究を試みているが、本考察では、九州南部に存在した講を取り上げる。この講が、同信仰の紐帯となったことも論じる。全国各地に真宗系の講は点在し、それぞれが地域的特色や信仰の独自性をもっている。その中で、九州南部の例は、講研究の観点からみても特徴的な存在である。いわゆる「かくれ念仏」と深くかかわる地域であり、真宗信仰を独自のかたちで保ち続けてきた点に大きな特徴をもつ、とする。この考察は、九州南部の講についてその特殊性と普遍性、そして現在の宗教を照射する歴史的な意義を考えていくことにもなるという。

著者は、薩摩の講を考えるに際し、いくつかのポイントをあげることができるとしている。第一に、浄土真宗本願寺派、すなわち本願寺教団の視点から考えた薩摩の講について、第二に、島津氏と薩摩地域の講との関係性、第三に、九州南部の地域的特色、第四に、かくれ念仏的な団体との関係性、第五に、現在の鹿児島教区にみられる寺院と檀家の関係性の源流としての位置づけ、第六に、講研究全体からみた場合の西日本の講に着目する意味などである。

著者はかねて九州における講の歴史に関心を持っているようだが、以上のような理由から、九州南部の例に、まずは焦点を当てている。ただし、南部以外の地域にも目配りし、九州地方の講の特殊性と普遍性を歴史的に追究する過程で、今後の講研究に資するような広い視点を探るよう試みたと述べる。

現段階のまとめとして、薩摩においては、「講」をとおして信仰を守りつづけたことが指摘できる。近世期の真宗禁制によって本願寺系の寺院が建立されず、その間、薩摩地域の人びとは講の結成・活動による紐帯をとおして信仰を存続させていった。このように、講を組織して浄土真宗の教えを守り続けたことに、薩摩地域の大きな特徴がある。近世を通じて受け継がれた真宗信仰は、廃仏毀釈をはじめとした近代初頭の荒波にもまれながらも、講を通じて、信仰を現代へと着実に伝え続けてきた、というのである。

高田　彩「鉄道網の発達による武州御嶽山の変容――大正期から昭和戦前期に注目して」

本論攷の目的は、交通網、とくに鉄道網の発達が社寺などの参詣地にどのような影響を与え、講を迎え入れる御師の活動や役割にどのような変化をもたらしたのかを明らかにすることに置かれている。

上記の目的を達成するため、本論攷では東京都青梅市にある武州御嶽山を事例とし、武州御嶽山が交通網の発達によって、どのように変化したのかを青梅鉄道と御岳登山鉄道（ケーブルカー）との関わりに注目しながら検討している。併せて、交通網の発達に伴い、従来から武州御嶽山に参詣していた講の人びと以外に如何なる動機や目的をもつ人びとが武州御嶽山を訪れるようになったのか、また、彼らを受け入れるために御師たちがどのような対応を行っていたのかについて、ツーリズムの視点から考察している。その際、鉄道会社が作成した図絵やチラシ・パンフレット、鉄道会社関係者の手記などを用いて、時代の変遷を追いながら分析を試みている。

分析の結果、①鉄道網の発達により従来の講員以外の一見客が増加したこと、②①によって、武州御嶽山の御師たちは、講員に対する御師業と一見客に対する接客業の二つの側面をもつようになったこと、③武州御嶽山が鉄道会社に対して主体的に交渉を行ったことで、武州御嶽山に有利な条件でケーブルカーが開業したことの三点が明らかになった。

このように、武州御嶽山は、時代や社会の変化に柔軟に対応できるという強みをもっており、運営方針をその都度変えることで現在まで御師業をつづけることができたと考えられる。上述の御嶽山の特徴は、宗教活動においても看取することができる。武州御嶽山の御師は、現在まで講社廻り（配札活動）などの宗教活動をつづけているが、本論攷で描いた昭和戦前期における夏期の講社廻りの廃止に代表されるように、宗教活動は従来から変わらず行われているのではなく、時代や社会に対応する形で変化していった。

以上の取り組みをとおして武州御嶽山は、講やそれ以外の一見客などを受け入れながら、参詣地としての機能を維持してきた、というのである。


長島三四郎「戦後沖縄の講的集団――龍泉の展開過程と会員を中心に」

本論攷の目的は、戦後沖縄で活動をつづけている新宗教、龍泉《いじゅん》の展開過程および同集団の講的な側面を明らかにすることである、とする。龍泉は一九七二年に立教し、宗教法人化した一九八〇年代は会員数が一万人を超えていた。しかし、度重なる危機や教えの変化により、現在は約千人となっている。従来の龍泉に関する研究は、一九九〇年代までの教祖（高安六郎）やその教えが中心である。その後、龍泉がどのような展開過程を経て現在に至ったのか、また、現在も参加している会員はどのような人びとなのか、などについての調査研究はなされてこなかった。

新宗教は、講集団と同様に近現代の日本社会のなかで存続してきた任意の社会集団であり、講的な会合や結びつきを核としている例も少なくない。筆者はそう捉え、本論攷では、新宗教とされる龍泉の展開過程を概観した上で、そこに参加する人びと（会員）の活動例を取り上げ、とくにその社会的機能の側面を論じている。

検討の結果、現在も参加している会員は、龍泉の教えだけでなく、人的なつながりとしての龍泉に価値を見出していることが分かった。それも、決して強制的・組織的なものではなく、むしろ緩やかで自由意志にもとづく任意のつながりである。そして、会員が困難に陥った時、頼りにすることができる社会的な関係でもある。このように今日の龍泉は、規模の縮小をみた一方、そのことがむしろ会員同士のつながりや支え合いという社会的機能を際立たせる方向に展開している。また、沖縄では、さまざまな社会集団が相互扶助等の役割を担っており、緩やかな組織である龍泉の会員の中にはそれらの集団と関わりをもつ例もみられる。そうしたセーフティーネットを利用しつつも、やはり会員にとって、龍泉は、自身や家族のことを話し、相談できる貴重な社会集団なのだ、としている。

第一部　論集篇

鈴木栄太郎の「自然村」説にみる「講」の位置づけ

長谷部八朗

一　はじめに

私はこれまで、歴史学・民俗学・宗教学・社会学など広く諸科学にわたる講研究の歩みを振り返り、その歴史に画期を刻んだ先学たちを取り上げ、かれらの残した成果の意義と課題を明らめるといった、いわば講をめぐる主要な学説史の考察を試みてきた(1)。今回は、『「講」研究の可能性』Ⅳで論じた内藤莞爾(2)につづき、同じく社会学の分野から鈴木栄太郎に焦点を当て、標記のような論題の下で若干の検討を加えることとする。

鈴木栄太郎（一八九四―一九六六）は、欧米の経験的社会調査法に関する諸学説を渉猟し、それを素地にしつつ、日本社会の現実に即して、農村、都市、国民社会・国家に関する独自の社会学理論を構築した社会学者である。戦前は農村、戦後は都市を主要な対象に、理論的な枠組みの構築とそれにもとづく実証的研究を進めた。主要著書である『日本農村社会学原理』（一九四〇）、『都市社会学原理』（一九五七）をはじめとする鈴木の研究業績の大半は、『鈴木

榮太郎著作集』に収録されている。(3)

本論攷は、同著作集に収められた鈴木の農村社会学に関する三つの著作、すなわち『日本農村社会学原理』（Ⅰ・Ⅱ巻、一九六八）、『農村社会の研究』（Ⅳ巻、一九七〇）、『朝鮮農村社会の研究』（Ⅴ巻、一九七三）に着目し、その内容の考察をとおして、日本農村に展開してきた講に対する鈴木の所説の特徴を剔出することをめざしている。その際、『日本農村社会学原理』（以下、『原理』と略記する）を主軸に据え、他の二書にみられる講関連の記述にも適宜言及する形で論を進めたい。

なお、『原理』を主要な考察対象とするのは、鈴木の研究業績の全容がほぼ見渡せる右の著作集のうちで、講に関する記述はおおむね『原理』に集中しているからにほかならない。しかもその記述は同書の各所に認められ、日本の農村社会を論ずる際に、鈴木は、ひときわ講の存在を重視していることが読み取れる。とはいえ、その論じ方は、「講」という言葉を冠した特定の章を立てるなどのまとまった記述ではなく（唯一、第五章第四節に「講中集団」との節題が掲げられている）、各章のテーマに即した部分的な記述があちこちに存在するものの、それらを総括した所説は見当たらない。

『農村社会の研究』は、鈴木農村社会学の形成過程を示す諸論文（未発表の原稿も含む）を編んだもので、第一部「農村社会学史」は三つの篇目と一つの「追録」、第二部「農村社会学と農村社会」は一〇種の篇目で構成されている。そのうち講に関する記述は第二部の四「部落組織と共同作業」にみられ、講とユイの特徴を相対的に論じている点が目を引く。

また、『朝鮮農村社会の研究』の内容は、一冊の既刊書、雑誌や論文集に掲載された既発表の論文・野帳の類い、著作集編者によって整理された未発表の調査記録や手控えなど、付録を含め計一二の篇目から成っている。それらのうち、第二「朝鮮の農村社会集団について」と第三「朝鮮の契とプマシ」の二篇では両国の農村社会集団を比較する視座から日本の講・ユイに言及しており、注目される。

しかるに、従来の講研究の歴史を改めてかえりみたとき、鈴木の講に関する見解を直接的に論じた研究者は、管見の及ぶかぎり存在しない。わずかに桜井徳太郎が著書『講集団成立過程の研究』で言及してはいるが、それは、「講」研究の諸相を回顧する文脈で、鈴木の講をめぐる所説、というよりもむしろかれの農村社会学の手法の特徴を述べるに留まっている。[4] ほかには、論説ではないけれど、『著作集』Ⅰ（『原理』上）の付録の「月報」に、本田喜代治が「思い出断片」と題する一文を寄せ、鈴木が独自の農村社会学を構築する過程で講や家族の研究に熱中していたと報じているのが目に留まる程度である。[5] こうした状況に照らせば、講をめぐる鈴木の見解の基調が如何なる内容であるかについては、『原理』にみられる講関連の諸々の言説がどのような文脈の中で論じられているかを追蹤し、併せて『農村社会の研究』や『朝鮮農村社会の研究』の記述における該当箇所も勘案しながら、総合的に検討することをとおして、それらの著作と向き合う読み手の側で探り出してゆかねばならないであろう。

右に述べてきたことを踏まえて、本論攷は、おおむね次のような手順で考察を進める。まずは、『原理』執筆に当たっての鈴木の問題意識を浮き彫りにする。次いで、本書を構成する各章の論題を掲げ、かつその章立てのもととなる社会学的な分析枠組みに関する鈴木の説明を略述し、同書の全体を俯瞰する。併せて、『著作集』Ⅱ（『原理』下）に寄せられた喜多野清一の「解説」（「鈴木農村社会学における村と家」）の中にも鈴木の方法論と『原理』の内容構成に関する言及がみられるので、その概要を予め共有しておきたい。

知られるとおり喜多野は、鈴木や有賀喜左衛門とともに日本農村社会学の黎明期を担った人物である。ちなみに鈴木は、『原理』の「序」の段で、日本社会の実証的研究をめぐり数人の同学の友を持ち、隔意なき論争や共同研究をとおして互いに啓培し合っていることを幸いに思うと述べ、そのうちの喜多野ら三人に同書の校正や索引製作の労を煩わしたと謝意を表している。(6) その意味で喜多野は、鈴木の学風や『原理』編述の経緯などを評するに最適な人物の一人といってよかろう。蛇足ながら付け加えておくと、これは個人的な体験だが、私は大学院生時代に喜多野教授の講義を受けた（科目名は失念した）経験がある。その際、氏がしばしば鈴木栄太郎のことを話題にし、その研究の意義を語っていたことを記憶している。おそらく氏自身にとっても、鈴木の学問や人となりから受けた影響には大なるものがあったのであろう。

こうして本書の内容構成の輪郭をなぞりつつ、その篇目にみられる社会学的な分析諸概念を確認する。しかるのち、鈴木の日本農村研究の主要な舞台である「自然村」概念の何たるかを押さえた上で、鈴木の説く講集団の定義・類型・一般的特徴、さらには「自然村」と講の関係についての見解等々を順次検討してゆきたい。次章では手始めに、鈴木は、本書を著すに当たりどのような問題意識 を抱いて臨んだのか、を探ってみる。

二　『原理』の基底にある問題意識と、章立てにみる社会学的分析の枠組み

(一)　本書の問題意識

『原理』の「序」によれば、東京・京都の両帝国大学に学んだのち、学究の道をめざした鈴木は、当初、社会科学の方法論の研究を実践し、その実証的調査をめざしていたが、やがて岐阜高等農林学校に就職し、みずから構想してきた理論を現実に適用・検証する対象を日本の農村社会に見出す機縁を得た、という。(7) 爾来、当地をはじめとする農村の実態調査を積み重ね、その成果を編述したものが、「日本農村社会学原理」と銘打つ本書である。

右で、かねて構想した方法論を現実に応用する対象を農村社会に見出した旨を述べたが、その理由を鈴木は、農村社会研究に好都合な職場への就職、そうした研究に理解のある校長との出会い、米国農村社会学の活発な動きからの刺激等々にあるとしている(8)。これらの誘因が重なり合って、かれを農村研究に向かわしめたことが分かる。それに加え、本考察を進める上で把捉しておきたいのは、かくて農村社会を調査対象とした鈴木が、実際に農村の現実に身を置き、向き合った際、一体何が問題であり、それを解き明かすためにはどうすべきと感じたのか、いわば、かれを本書執筆へと突き動かしたインセンティブが奈辺にあるのか、ということである。

冒頭に掲げたテーマを追究しようとする本論攷の口火を切るには、まずもってこの初発の疑問と対峙する必要があろう。とはいえ、この問いに対する回答、とりわけ書名をめぐっては著者自身が言及しているわけではない。しかしながら、本書の「序」の中にそのことを示唆すると思しき文言が見出せる。その当該部分を紹介しよう(9)。

彼等（「本書で取扱って居る農民」）の生活原理は彼等自身の胸の中にではなく、寧ろ村や家の伝統の内に生きて居る不文律に存して居る。この行動原理をよそにしては、個人の行動や関係も全然理解し難きものとなるであらう。又此行動原理を度外視して立てられた農村対策は所詮偏頗であり姑息であるに相違ない。都市は国家や民族の港町である。その雑踏の中にはエキゾティックな色々の旋律が含まれて居る。最も乱されない日本人の心は、農村の家や村の中にひそんで居る不文の生活原理にこそ其最も正しい姿を見出し得る筈である。所謂日本学が若し日本人の心の学であるならば、日本農村社会学は日本学の最も基礎的な領域を其中に含んで居ると云ひ得るであらう。

手厳しい言葉の一方でレトリックを利かせた表現も入り混じる印象的な文章であるが、その論点を述べれば、おおよそ次のようになろう。

近代化や都市化によって日本人に固有の心が失われつつある中で、そうした日本人の心の原点を探ろうとするならば、個人の心理や個人間の関係ではなく、むしろ農民の家や村を単位に継承されてきた不文の生活原理・行動原理に目を向ける必要がある。それを度外視した農村対策は一時しのぎに過ぎない。このように説いた上で、以下のごとく論を結んでいる。かかる日本人の心を探る学問が日本学とすれば、そのもっとも基礎をなす領域を（鈴木の言うところの）「日本農村社会学」は含み持っている、と。

要するに、純粋な日本人の心は外的要因の影響を受けない農村にひそむ不文の生活原理・行動原理に脈打っている。そうした生活原理・行動原理を、第一章第四節（「限定第三――現時に関するものたる事」）では「基礎的社会構造」と称し、その「現時」における在り方を組織的に明らめる研究領域が、すなわちかれの言わんとする「日本農村社会学」だと表明している。該当するくだりを引けば、左記のとおりである(10)。

私が日本農村社会学と名づくるは、（中略）日本農村の社会学的研究の雑然たる一括を意味するのではない。それは現時の日本農村の基礎的社会構造及び形象に関する組織的研究であって、現時の日本農村の社会的側面の全般的・組織的理解を意味するものである。

右の文章を以て第四節が終わり、第五節（「日本農村社会学樹立の文化史的意義」）に入るのだが、同節には次のような主旨の記述がみられる(11)。

日本農村は、明治以降顕著な変化を蒙り、今もなお続いている。この変化は日本農村の歴史の中で未曽有ともいえるもので、その要因を、経済史家は農村の資本主義化、農村指導者は農民の個人主義化・自由主義化などに求めるが、根本的な要因は、それらの諸側面に通底する「基礎的社会構造」が急激に姿を変えてきていることにある。かかる変化を正しく捉えることなくして、社会の諸変化の如何なる一面も的確に理解し得ない、云々と。

さらには、この記述を受ける形で論じられている次の文章に着目したい(12)。

この亡びゆく農村の社会容器を直視するならば、しかあるべきでないとか、あるべきであるとか、いろいろの意見が生ずべきである。しかし従来の農村対策家はほとんどみなこのもっとも重要な事実を見落としてきた。私はここに農村政策家を批判する事は任でないが、経済的に合理的できわめて有利な事であるならば、窮乏している農民は直ちにその指導に従うであろうという予想のもとに立案された農村対策が、過去にいかに多く失敗した事であるか。農村に存するいわば不合理の合理が考慮にいれてなかったからである。しこうしてこの不合理を合理たらしめているものは、農村の社会構造である。今日、多くの農村対策家は右の如き基礎的社会構造に対する充分の理解はないとしても、農村の経済的指導も農村社会生活の全般に関連せしむべきを認め、農村の社会学的研究にその闡明を期待している者が多い。

近代化の波に揺らぐ「現時」の日本農村を直視しつつ、これまでの農村対（政）策の在り方を強く批判する一方で、農村の社会学的研究への期待に応えようとする、そうした農村改革への深い思い入れが感じられる内容といえるのではないか。なお、一点見過ごしてならないのは、〝従来の農村対策家〟と〝今日、多くの農村対策家〟を区別している点である。従来の農村対策家は経済的合理性を重視したが、今日では、その多くが社会学的研究に理解を示すようになったというのである。農村変化に当面する同時代人としての鈴木が肌で感じ取った見方なのであろう。

以上、『原理』の著者としての立ち位置に関わると思しき一連の記述を、序から第一章にかけて拾い出してみた。これらの記述を重ね合わせたとき、「現時」の日本農村の在りようと、それと向き合う農村社会学者の在るべき姿に関する鈴木一流の認識と自覚を感じるのはおそらく私だけではなかろう。今は、当の記述の論点を次のように整理し、以て鈴木の本書執筆の基底にある問題意識と捉えたい。

すなわち、日本の農村社会を特徴づける基本的にして最要なるものは、その「基礎的社会構造」である。そこに、不文の、換言すれば慣習・慣行化された生活原理・行動原理が形成される。したがって日本農村の特徴を理解するためにはこの「基礎的社会構造」とそれにもとづく生活原理・行動原理の慣習・慣行（あるいは制度）が明らかにされねばならない。ところが、明治以降、国家は近代化（加えて『原理』執筆時の日中戦争の影響などによる不安定な社会情勢）の波濤に飲み込まれ、農村社会も激しく変化していったが、それを、資本主義化や個人主義化のごとく、いわゆる外部要因によって説明するのではなく、社会の内部に存する根本的要因を探求しなければ、変化の本質的な把握と的確な対策は望むべくもない。

こうした問題意識をまず踏まえた上で、日本農村にひそむ生活原理・行動原理とは如何なるものか、それがどのような姿や形をとって農民の生活や行動に表れているのか、を探ることに本書の課題・目的が据えられているといえよう。そのためには、もとより本書の課題・目的に見合った学問的方法・手続きを適用する必要があるが、それは、従来の欧米社会を対象とする欧米発の農村社会学(13)と異なる、すぐれて日本農村の特性を理解するのに適したものであることが求められる。この点に鑑みれば、鈴木自身は本書のタイトル命名の経緯についてとくに語っていないけれども、『日本農村社会学原理』という書名には、右に掲げたような問題意識の上に立って、日本農村を追究するための学問的「原理」（＝基本的な仕組み・法則）を示そうとするかれの研究意図が込められていると思うのである。

かくて、本節の冒頭で提起した、この論攷を進めるに当たって対峙すべき初発の疑問、つまり『原理』にみる鈴木の問題意識と書名の意味に関する私なりの回答と論拠を提示してみた。ところが、この初発の疑問と向き合う過程で、新たな疑問が一つ浮かび上がってきた。最後に引用した文中の、一見矛盾を孕んだような「不合理の合理」なる言葉をどう理解すべきか、という疑問である。農業対策家の犯した失策は農村の社会構造の生む「不合理の合理」を見過ごしてきたことによるというのだ。

とすれば、鈴木は、『原理』の、かつまた同書を主要な手がかりとする本論攷の問いに対する結論を、この言葉をもって半ば先取りする形で示唆したようにもみえる。そのことが具体的に何を意味するかについては、これからひとおり考察を加えたのちに改めて俎上に載せたい。ともあれ、『原理』の問題意識をめぐって縷々検討してきたが、それをもとに、次は、本書の章立てへと目を転じてみる。

（二）　章立てにみる社会学的分析の枠組み

本書は巻頭に序、それにつづく全一〇章から成る本文、そして巻末の索引という構成である。各章はさらに、いくつかの節、（章によっては）項に細分されているが、逐一挙げると煩瑣になるため、ここでは各々の章題のみを記すに留める。なお、講に関する記述はさまざまな章にわたって認められるが、なかでも第五章第四節には、「講中集団」の節題が冠せられ、講についての比較的詳しい記述がみられる。

第一章　日本農村社会学
第二章　日本農村社会研究法
第三章　日本農村の社会構造
第四章　農村における家族及び家族本位制
第五章　日本農村における社会集団
第六章　日本農村における社会関係
第七章　自然村の統一性とその社会意識
第八章　関心共同圏
第九章　自然村の社会分化
第一〇章　日本の村の分類

鈴木は、こうした内容で編まれた本書の全体構成をめぐり、第一章第六節（「本書における論述の構造」）でおおむね次のように述べている。まず第一章、第二章で学論を論じ、第三章以下で日本農村社会の組織的闡明を試みる。その際、社会を形態の上から「社会集団」・「社会関係」・「社会圏」の三者に分類し、これらの社会類型によって組み立てられた関係構造を、「社会構造」と呼ぶ(14)。そして、第三章では、この「社会構造」の日本農村における在りようを概観する。しかるのち、第四章から第八章にかけて「社会構造」の各構成要素を論ずる。すなわち、第四章・第五章では「社会集団」、第六章では「社会関係」、第七章では「社会圏」を取り上げる。第八章では、日本農村社会の潜在的構造、あるいは構造原理としての社会形象に着目する。具体的には、「自然村」の統一性と「社会意識」との関連についてである。第三章から第八章までは社会静態論的な説明であり、日本農村に住む人びとの〝結合〟の側面を対象とする一方で、第九章は主に社会動態論の視点から住民の〝分離〟の側面に光を当てている。第一〇章では「自然村」が如何なる「社会構造」を呈し、どのような発展過程を辿るのかという観点から、「自然村」の社会学的分類を試みている。

右の記述をみて気づかれた向きもあるかも知れないが、『原理』の目次と第一章第六節の記述を照合したとき、両者の内容は齟齬をきたしているようだ。すなわち、前述のとおり同節において鈴木は、「社会集団」・「社会関係」・「社会圏」を「社会構造」の構成要素とし、その「社会構造」にひそむ、いわば構造原理としての「社会意識」の働きに着目する。そうした視点から、第三章＝「社会構造」の概説、第四章・第五章＝「社会集団」、第六章＝「社会関係」、第七章＝「社会圏」、第八章＝「社会意識」の順序で編成した、と述べている。ところが、実際には第七章と第八章が入れ替わって、第七章は「自然村の統一性とその社会意識」、第八章は「関心共同圏」と掲題され、それらを主要テーマに各々の章が論じられているのである。差し向き今は、この事実を、一言指摘しておく。

ここで喜多野の「解説」に目を向けると、かれは『原理』の構成について、あくまで一見解にすぎないと断りつつ、次のように言及している。第一・二章は学論であり、方法論である。第三章は日本農村の基本的地域社会の構造に関するやや結論的なスケッチで、第五・六・七・八の各章はその詳論に割かれている。このうち中心になる章は「自然村の統一性とその社会意識」と題した第七章であろう、とする。また、同章との関連において、「日本農村における社会関係」を論じた第六章の重要性が浮かび上がってくる。第五章は、集団累積体としての村落社会の視点から、日本の農村界一般に認められる多様な集団を分類し、村落を中心とする地域圏におけるそれらの分布状態を検討して、第一・第二・第三の社会地区を設け、日本農村の基本的地域社会画定の基礎作業を行った章である。その際、鈴木は、

「社会集団」、「社会関係」、「社会圏」、さらには個人間の個々の交渉を指す「社会過程」などを「農村社会構造の（特徴を探るための）分析概念[15]」として用いているが、これは第四章にも適用されている。第四章で説かれる農村家族論は、日本農村社会学の礎石の一つをなすとともに、日本の家族社会学を立論する上でも重要な内容を含んでいるという。以上は日本農村の静態論的構造論であるのに対し、第九章は動態論的展開を扱っているが、同章は、「恐らく博士の努力のもっとも及び得なかった章として多くを後に托された分野ではなかったか[16]」と評している。第一〇章については、興味深い見解ではあるものの、全巻の構成からは一種の附論であろう、と位置づける。喜多野は、『原理』の全体を大略以上のごとく説いている。

縷々述べてきた鈴木と喜多野の説明を重ね合わせながら『原理』の構成を俯瞰すれば、およそ次のような構図が浮き彫りになってこよう。すなわち、「社会構造」は、「社会集団」・「社会関係」・「社会圏」の三つの位相が相互に関連し合うことで形成される。そして、その「社会構造」は、背後に潜在している「社会意識」の働きで維持・統合される。これらの社会学的諸概念の関係構造から導き出された「自然村」なる分析モデルをとおして、日本農村の実態の諸位相を論じている。この、わが国特有の村落社会の在りようを究明するためには、先行する欧米の農村社会学の焼き直しではない、すぐれて日本の文化的・社会的事情を反映した農村研究を切り拓くことが求められている。「かならずしも社会学に貢献せんがための研究ではなく、それ自身文化的意義をもつ一つの統一的研究[17]」をめざす。鈴木の言わんとする「日本農村社会学」には、まさにこうした意味が込められているというのである。

では、かかる「日本農村社会学にその存在理由を与えている現時の文化的社会的事情は、いかなるものであるか[18]」。鈴木は、このように自問し、それに答える形で「日本農村社会学樹立の文化史的意義」と題した一節（第一章第五節）を設けている。そこで目を引くのは、次のような主張が繰り返し述べられている点である。すなわち、「日本農村社会学」の課題は、農村社会の部分的・断片的研究ではなく、当該社会を構成する根本要素というべき「基礎的社会構造の組織的・体系的研究」を目指すことにある、と。(19)

こうした「日本農村社会学」の課題や目指すべき方向をめぐる鈴木の主張は、いうまでもなく、さきに論じた『原理』編纂のベースにある問題意識と表裏をなしている。したがって、「日本農村社会学（の）原理」を追究する本書の目的の核心は、まさに右の日本農村における「基礎的社会構造」の組織的・体系的研究にあるといえる。その際、「基礎的社会構造」なる言葉がまず以て何を指して用いられているのかを、さきに述べた『原理』の構成をめぐる構図を踏まえて確認しておく必要があろう。そこで、当の構図のあらましを再掲すると、「社会構造」は、「社会関係」・「社会集団」・「社会圏」の三つの柱から成り、その基層を不文の生活原理・行動原理、かれの用いる社会学的概念に置き換えれば「社会意識」が貫いている、ということであった。そうとすれば、ここでいう「基礎的社会構造」とは、このような「社会構造」と「社会意識」を主要な要素に構成された社会の骨組みを指すことになろう。

三　「自然村」の捉え方
——鈴木の「社会意識（の内容）」・「（村の）精神」論および「社会集団」論に着目して

（一）「自然村」

右に述べたような「日本農村社会学」の立場より、鈴木は、「現時」の日本農村の実態を、「自然村」という独自の概念を用いて追究した。しかるに、一言で〝農村〟といってもその含み持つ内容は単純ではない。たとえば、アメリカの或る地方の農村では、点在する農場はあっても、いわゆる「村」は存在しない。ここでいう村は、住民にとって「社会化の単位」をなすものである。[20] したがって、それらの農場に住む人びとの生活を繋ぐ社会関係の地域的統一はさして重要ではない。この場合の〝農村〟は、社会というよりも、単に農業者の定住する地域を意味している。

一方、日本の〝農村〟は総じて、こうした農場的な集落の形態ではなく、一定の「社会化の単位」を核に構成されている。その単位をなすものが、「村」と「家」である。[21] かくして、〝農村〟の語を〝社会〟という文脈に沿って用いるとき、それは「村」と重なってくる。こうした視座から鈴木は、「村」について以下のごとく規定する。まずは、「私はかつて、村を簡単に定義的に次のように説明した事がある」（ただし、この説明がどこで為されたかは不明）と前置きしつつ、

（ア）村とは地縁的結合の基礎の上に、他の様々の社会紐帯による直接なる結合を生じ、その成員が彼等にのみ特有なる、しこうして彼等の社会生活の全般にわたる組織的なる社会意識内容の一体系をもつ人々の社会的統一である。地縁社会を地域の近接に基く(ママ)結合とのみなすなら、かくの如き意味での村は明か(ママ)に地縁社会以上のものである。そこには他の幾多の社会紐帯による結合も存し、彼等にのみ特有の社会意識は、原則的に、相互面識的なる彼等の社会生活のあらゆる方面にわたって拘束を加えている。そのうちに生ずる多くの集団もいわばこの統一的・一般的意志にしたがって統制されている。かくの如き社会的統一が私の意味する村であって、それを自然村といってもよいであろう。

と述べている。[22] ここでは「村」と「自然村」が同義とされているが、右文に続けて「この説明だけでは私の意味す

る村、すなわち自然村がいかなるものであるかは、なお充分に明瞭ではないであろう」と述べており、その説明の含む曖昧さを自ら認めつつも、しかし、「自然村」は単なる行政上の自治体や村落ではなく、「一つの自然的なる社会的統一」体なのだと説いている。

このような〝かつて試みた定義的な説明〟を第二章で述べたのち、つづく第三章では、次のごとく筆を加えて「自然村」の説明を再掲している。(23)

（イ）村に生滅する個人等は、村の精神の表現者とみる事ができる。個人等の意志や関係が村をつくるのではなく、村の精神が、個人等の意志や関係を鋳出するのであると考える事ができる。制度や慣行も時代によって異なってはいくであろうが、村の精神の発展的同一性は常に厳として存している。村は発展し成長する一個の精神であり行動原理である。それは単なる集団または社会関係の累積体ではない。第二社会地区の上に存する社会的統一は実にかくの如き村であって、それを私は自然村と呼んでいる。

二つの引用文はいずれも、当該社会の人びとに特有の統一的・一般的意志の働きで形成された社会的統一（体）としての村がすなわち「自然村」である旨を述べている。この村特有の統一的・一般的意志を、（ア）は「社会意識」・「社会意識内容」、（イ）は「精神」、「村の精神」および「行動原理」と表現している。前述のように、（ア）の説明は『原理』を著す以前の見解を振り返ったものと解される。しかし、この「社会意識（内容）」の表現は当の『原理』中にも随所に見受けられ、鈴木の「自然村」論の展開過程で、その社会的統一をめぐる説明用語が、「社会意識」（「社会意識内容」）から「精神」（「村の精神」、「行動原理」）へ単純に置き換えられたとは考えにくい。そうとすれば、かれは、こうした類似の言葉を、本書の中でどのように意味づけ、関連づけて用いたのかが問われねばなるまい。

以下において、「社会意識」と「精神」の関連をめぐって論じるが、その前に、(イ)の記述内容から「(村の)精神」とともに「自然村」の規定を構成するキーワードと目される「第二社会地区」というタームに言及しておこう。(24)

およそ村内には諸種の「社会集団」が混在し、それらは、ときに構成員同士が相互に重複し合うなどして、一定の地域内に累積している。そうした集団累積体の見られる地区は、狭域から広域へと順次、「第一社会地区」、「第二社会地区」、「第三社会地区」の三つに分類することができる。これらの類型を実際に用いられている地域の呼称と重ね合わせれば、部落は「第二社会地区」と、部落内の小字や組は「第一社会地区」と一致する場合が多く、今日の行政上の町村は「第三社会地区」に相当する。また個人間の「社会関係」についても、生活の諸側面で比較的固定した関係を結ぶ個人同士は、「第一社会地区」・「第二社会地区」内に集中し、「第三社会地区」に拡散する例は僅少である。

日本農村は、このように多様な地域性を内包しているが、そこに暮らす人びとは古来、灌漑排水の協力、一定の土地に固着する傾向、共同防衛の必要性、社会的に等質な生活等々の歴史的・社会的事情によって、地域単位で一致協力せざるを得なかった。そうした性格を具えた地域は、おおむね江戸期の村に相当し、部落と呼ばれたり、明治期の町村制施行後に至ると大字と称されたりしているケースが多い。かかる分類に照らせば、当の地域は「第二社会地区」上に存する集団累積体を指しているといえよう。

鈴木は、こうして地域社会の広狭にわたる拡がりに沿った三つの「社会地区」類型を設定し、その中の「第二社会地区」に「自然村」の範囲を措定しているのである。

(二)「社会意識」と「精神」

「自然村」の輪郭を右のように捉えた上で、次に、その根底を流れるとされる「社会意識」・「精神」について考えてみたい。さきに、「自然村」は「第二社会地区」を構成する人びとの集団や関係の累積体の上に生み出された社会的統一（体）である旨を述べた。その際、一体何がこの社会的統一をもたらすのか。諸種の集団が累積している状態は、「第一社会地区」・「第三社会地区」でも同様にみられる。しかるに「第二社会地区」においては、単なる諸集団の累積にとどまらず、地域社会を一つのまとまりのある総体として統べ合わせる、いわば人びとの生活原理・行動原理が色濃く存在する。それを、前述の（ア）では、個人の意識を超えた「組織的なる社会意識内容の一体系」と言い表している。「社会意識」とは、「ある社会集団の成員に共有されている意識（心性）」を意味するが、ただ、精神分析学でいうところの「無意識」の領域も内包しており、したがって成員が自覚的に認識を共有する場合はもとより、むしろ潜在下で成員に作用している場合も併せ持っている点に留意が必要であろう。[25]そうした中で本書は、「村人の生活の長い歴史のうちにおのずから醸成されたいろいろの生活規範」[26]あるいは「全く個人より独立した村自体の発展のための規範」[27]のごとく、村の歴史によって醸成され、個人のレベルを超えて作用する規範力を「内容」とする「社会意識」に照準を合わせている。これがすなわち、本書の諸処で用いられている「社会意識（の）内容」という言葉の意味するところである。長い歴史を経て当の社会に形成された独自の「社会意識（の）内容」の存在と働きこそ、「日本の村を村たらしむるもっとも重要なものであって」、そうした村の姿を、鈴木は「自然村」と称したのである。[28]とはいえ、「社会意識」なる言葉の扱いには注意を要する旨、次のごとく述べている。[29]

しかし私達は社会意識という語を用いる時、文化の形而上学的実体論に陥る事を防止する事ができるが、（社会事象を個人意識に還元して理解するような〈I―七一頁〉心理学的社会学の心理分析の覆轍をくり返さぬように警戒する事が必要である。

社会学・社会心理学的用語である「社会意識」を用いれば、ヘーゲル流の文化を形而上的実体論で解釈する途を回避することはできる。にもかかわらず、本書では、「自然村」特有の「社会意識（の）内容」を敢えて「精神」とも称し、両者を併用した背景には、右のような「社会意識」をめぐる欧米の心理学的社会学による心理分析法の先例をくり返すことへの懸念も絡んでいた事情が伺える。つまり、かつてこの「心理学的社会学の流行と共に、もっぱら個人心理より社会事象を解釈する風盛んとなり、人間心理間の相互作用のみが直接に問題とされ、その背後に存する社会環境の理解はほとんど忘れられた観があった[30]」ことへの懸念である。それゆえ、「社会事象を個人意識に還元して理解するのではなく、できるだけ事象自体の発展のうちに説明の根拠をもとむべき[31]」だと、鈴木は述べている。

「自然村」に働く規範性を強調する上で「社会意識の内容」という概念は有効である一方、こうした懸念も付随する。そこで、「社会意識の内容」と同義の言葉を新たに設定し、いわばこの概念によって裏打ちする形で用いた。それが「精神」ということになろう。鈴木がこのような意図を持っていたであろうことは、次の文章から読み取れると思う[32]。

文化形象または社会形象という語を用いる時、それは単に事実一般にみられる行動や思想の平均的または総合的形態とみられる場合が多いのであるが、私のいわゆる精神はその規範性において第一義的性格をもつものである。現実における平均形態も精神の示すところと一致する場合が多いが、それは精神の規範に従っているだけである。私が精神を村の文化形象または社会形象として取扱う事をしないのは、その規範性が忘れられるおそれがあるからでもある。しこうしてそれを社会意識内容という時この困難はほとんどない。

かくて、時間の経過とともに個人や集団が生滅をくり返し、社会変化の波を受けつつも厳として命脈を保っている「社会意識」なる鋳型の鋳出する「内容」を、彼は「精神」と表現したのだと思う。だが、このような社会学的・社会心理学的用語である「社会意識」と、その「内容」としての「精神」といった観念論的・形而上学的響きのある言葉を同義的に扱うのは何か釈然としない思いを抱く向きもあろう。そのことに関しては、鈴木自身もこう弁明している[33]。

> 私は精神という茫漠たる言葉を用うる事によって、私の科学的分析が、形而上学の迷宮に入ったのではないかと思われる事を非常に気にしたのであるが、私がそこで意味しているものを、一語をもって表現する適当な言葉がほかに見当《（ママ）》らないのである。

要するに、「精神」という言葉の採用は鈴木にとって最適解ではなく、苦心の選択だったことが分かる。それだけに、「社会意識（の）内容」と「精神」の両概念をめぐる鈴木の記述はやや入り組んだ観がある。そこで、当該記述の論点を箇条書きにて整理しておこう。

ア・鈴木の用いる「精神」は、ヘーゲルの説くような私的経験の範囲外にある形而上学的・神秘的実体のことではない[34]。

イ・文化社会学は、文化すなわち社会環境とし、そこから社会を説明するが、鈴木はこうした立場を評価する。かれのいう「精神」は、この社会環境・社会的雰囲気を指す。(35) つまり「精神」は文化＝社会環境であって、ヘーゲルの説くような形而上学的実体ではない。そうした形而上学的・神秘的実体とみなされるのを避けるために、「精神」を、社会科学的概念である「社会意識（の内容）」と同義的関係に位置づけることは有用である。

ウ・ただし、その「社会意識」を個々人の意識レベルに還元し、個人間の意識・心理の相互作用として捉えようとしたかつての欧米心理学的社会学の先例をくり返さぬよう注意する必要がある。

エ・と同時に、「精神」という言葉のもつ「茫漠」たる響きが、かえって形而上学的迷路に引き込まれたかの印象を与えないかということも気がかりである。

鈴木は、両概念の長短にわたる特徴をこのように認識していた。その上で、両概念の長所を活かす形で併用しながら、それらの果たす（先述した）「個人より独立したムラ自体の発展のための規範」の内容を描き出すことに視準を向けている、と思うのである。

以上述べてきたことを図式化すれば、次のようになろう。

（A）規範・生活原理の鋳型である「社会意識」→鋳型の「内容」（＝鋳物）である「精神」（＝規範・生活原理）

これまで、「第二社会地区」における「社会意識（の）内容」＝「精神」の統一作用の在り方に、すぐれて「自然村」の特徴が見出せる旨を述べてきた。では、その抽象的で「きわめて茫漠たる精神」[36]の作用は、一体何をとおして知ることができるのか。この問いをめぐり、鈴木はおおむね次のように説く[37]。

一般的に、「社会意識」は本来「個人意識」に対しては常に客観的にならざるを得ないが、その客観性には種々の段階がある。しからば「自然村」における「社会意識」の客観的な働きは何をとおして表出されるのか。それは、当村の生んだ種々の制度や慣行のうちに認められる。中でも、村を強固な統一体たらしめ、成員の連帯を強化する「内容」を持つ「社会意識」の具体例として、鈴木は、氏神崇敬に関する制度、共同祈願および村仕事の慣行、土地の総有の制度等々をあげている。前述の図式（A）は本書第三章（「社会構造」）の記述をもとにシェーマ化したものだが、それに、第七章（「自然村の統一性とその社会意識」）で説かれる右の見解を加味すれば、次なる図式（B）が導き出されるであろう。

（B）　規範・生活原理の鋳型である「社会意識」→鋳型の「内容」（＝鋳物）である「精神」（＝規範・生活原理）
→「精神」の行為・作用としての「制度」・「慣行」

（三）「社会集団」

上来みてきたように鈴木は、形態論的視点から、社会の構成要素を「社会集団」・「社会関係」・「社会圏」の三つに分け、これらの要素が相互に働き合って生み出された関係構造を「社会構造」と呼んでいるが、当の関係構造を「自然村」の概念と重ね合わせるとき、その中核となる要素は、「社会集団」と「社会関係」の二つであるとしている。この見方に従って講活動の実態を探ろうとするならば、講員によって構成される「社会集団」としての性格はもとより、講員と他の村びととの間の「社会関係」をも視野に入れる必要があろう。だが、『原理』においては、「社会集団」を構成する類型、それも主要な類型の一つに「講中集団」を設定し、その特徴を多面的に論じてはいるものの、講員の「社会関係」をめぐっては別段取り上げていないようだ。そうした事情を踏まえ、以下では、講のもつ「社会集団」としての性格に論点を絞りたい。そこでまず、「社会集団」に関する鈴木の所説をみてゆく。

『原理』にみる「社会集団」論は、おもに第五章（日本農村における社会集団）で展開されているが、その冒頭部分のくだりに着目したい(38)。

ここに集団というのは主として組織的なる集団、即ち団体を意味するのであるが、現実に存する諸種の集団は組織化の様々の段階を示し、組織的集団と非組織的集団を具体的に截然と区別する事は明かに《（ママ）》不可能である。非組織的集団として考えられているものと団体との間には、組織化の様々の程度の中間的存在が事実多く存している。故に主として団体のみを拾いあげんとしているのではあるが、これらの団体前的集団をも事実上問題としなければならないから、集団の文字を用うるのである。

知られるように、ソローキンは、成員間の継続的な相互作用などの集団構成諸要件の充足如何による「組織化」の程度によって組織集団と非組織集団に集団を分類したが(39)、右の文中にある鈴木の視点は基本的にソローキンの立場と重なるようにみえる。また、組織（的）集団と団体をシノニムな関係とする見方はウェーバーの立場(40)に通じるといえよう。その意味で、いずれもオーソドックスな社会学的タームの使用法とみなし得る。しかるに、鈴木が試みている集団分類の内容からは、さきに触れた概念化や法則化をめぐるかれ一流の方法論的視座が映し込まれている印象を受ける。理由は以下に述べるが、その前提となる本書の集団分類の諸項目を示しておこう。[41]

一、行政的地域集団
二、氏子集団
三、檀徒集団
四、講中集団
五、近隣集団
六、経済的集団
七、官設的集団
八、血縁的集団
九、特殊共同利害集団
十、階級的集団

これら十種目にわたる類型を提示したのち、次のように文章を繋いでいる。[42]

この分類は論理的にはいろいろの矛盾を含んでいる。従来試みられた社会学者の集団分類の形式をここに採用しなかったのは、それらの分類形式に充分に満足し得ない理由のほかに、わが国農村における歴史的個性的集団形式をできるだけゆがめないで分類したいからである。（中略）十種目の集団は生活のあらゆる方面にわたり、そ

> の各々について、歴史的・具体的知識を組織的に得る事は容易のわざでないのであるから、私が直接の踏査や、文献的資料を通して得た狭い知識をもとにして試みた推断のうちには、多くの無理が存するかとも思うけれども、しばらく暫定的仮設《（ママ）》として役立ち得れば幸である。

科学的思惟は常に普遍化の道を進む。社会科学における概念化や法則化の営みは常に厳正な帰納法や演繹法によって極度に純化された一種の限界概念である理念型の構築をめざそうとする。しかし、そうした科学的思惟の惰性は現実態を説明する文化的な力をかえって削いでしまう。そうではなく、「現実態のある程度の理解と特に指導に役立ち得る」(43)ような、いわば抽象度や純度を抑えた「中間的法則性」の段階に留め、現実態に適用してこそ、その概念や法則の持つ文化的価値が高まる。鈴木は、社会科学に求められる概念化・法則化の意義を、大略このように説いている(44)。

右の引用文で鈴木自身、この分類はいろいろな論理的矛盾を含んでいるとしつつ、それは日本農村における歴史的・個性的な集団の形をできるだけ歪めずに（つまり、できるだけ現実態に即して）分類したいがためであると弁明している背後には、社会科学的概念・法則の構築における「中間的法則性」の重視という鈴木ならではの見方が働いているのであろう。それゆえ鈴木による概念化・類型化の手続きには、時として曖昧さが付随する。本書を通読した読み手の中には、少なからずそうした印象を受ける向きもあるのではなかろうか。とはいえ、この「中間的法則性」という主張は、かれの「日本農村社会学」ひいては「鈴木社会学」の方法論的特徴を理解する上で見過ごしてはならない要件であると思う。そのことをより厳密に論じるためには、前掲の社会集団をはじめ各種の分類概念に関する『原理』の記述を具体的に検討する作業が求められるだろうが、本論攷の主題からは外れるので、別の機会に改めて論じたい。差し当たり今は、右の引用文で鈴木みずから認めているように、たとえば、氏子・檀徒・（一部の）講中などの宗教性や経済性といった文化的社会的機能の面からの類型と血縁や階級といった社会的構造の面に沿った類型をともに含み、また近隣集団といった分類基準の曖昧な類型もみられる等々、状況に応じたアドホックな柔軟さはあるが、論理的に統一された分類指標を適用したオーソドックスな集団分類とはいい難い点を指摘しておく。

以上を踏まえ、次に、鈴木の説く講関連の所説について、前掲した第五章第四節（「講中集団」）を主要な手がかりとして取り上げ、その内容を整理しつつ適宜検討を加えることとする。

四　鈴木の所説にみる講の定義・分類・一般的性格

（一）「講とは何か」をめぐる鈴木の見解

すでに述べたとおり、鈴木は、第五章で「社会集団」の分類を試み、その類型の一つを「講中集団」と称し、同章第四節で論じている。そこで、まず第四節の書き出し部分を取り上げ、考察の糸口を探ってみたい(45)。

> 今日わが国の農村における集団類型のうち、講と名づけられているものほど、その数において多いものはないであろう。その組織や機能も多種多様で、講とはほとんど漠然と自然発生的な結社というほどの意味に解されていると思われるくらいである。いま現に存する多種多様の講の集団としての性格を明か《（マヽ）》にするために、いろいろの観点よりそれらのものの分類を試みる事によって説明するであろう。

このパラグラフは、鈴木の講に対する研究スタンスを理解する上で留意すべき複数の論点を繋ぎ合わせる形で構成されているように思われる。そこで、それらの論点を切り分け、箇条書きにすれば次のようになろう。

①今日の日本農村における十種の集団類型の中で、「講中集団」が最多数を占めている。
②講の様態は、組織の上でも機能の上でも多種多様である。
③講とは、おおむね「自然発生的な結社」といえる。
④現在活動している講の多種多様な様相を明らかにするために、「講中集団」という類型をさらに細分化して示す。

日本農村を拠点とする講の存在・活動をめぐって、鈴木はきわめて活況であると認識していた事実が①、②から見て取れる。また、④によれば、そうした講の数多かつ多種多様な実態を明らかにするためには、既存の分類ではなく、独自の分類を試みる必要があると認識していたことも伺える。しかるに、これらの論点の中でとりわけ注目すべきは、③の「自然発生的な結社」という、講に関する鈴木の定義的な言説であろう。もとより、それは、鈴木の講研究をトレースするための起点をなすものと思うからである。ただ、〝定義的〟と明瞭さを欠く表現をしたのは、その前後に、「ほとんど漠然と～というほどの意味に解されていると思われるくらい」などと曖昧さを示す言辞を幾重にも繰り返していることによる。

知られるように、社会類型の代表的な定義の一つに、テンニースの提示したゲマインシャフト／ゲゼルシャフトの概念がある。それは共同社会／利益社会と訳され、前者は、人びとが自然的、有機的に結びついた共同体、後者は人びとが互いに自己の目的や利益を達成するために人為的に結びついた結社（体）を指して用いられてきた(46)。また、こうした共同社会／利益社会の用語はマッキーバーのコミュニティ／アソシエーションの対概念にも転用されている(47)。社会学におけるこの基本的な社会類型論を踏まえるならば、鈴木による「自然発生的な結社」の表現は、「自然発生的」共同体と、ある目的達成のための人為的「結社」の一見対照的な二つの概念の持つ性格を結び合わせたようなものといえよう。もっとも、鈴木は、このような社会学的類型論を明示的に援用して右述の〝定義的〟な説明を試みているわけではない。しかしながら、それは、鈴木の講理論を分析する側の一方的な解釈ではなく、かれ自身の視座を反映していると見なし得ることは、たとえば、次に引用する文章から読み取れると思う(48)。

> 講は本来その組織としてはむしろ合理主義的であって、家の自主独立を尊重し、義理と人情に溺れんとする村人の態度を抑制し、その限度を示している冷徹なる理性を含んでいる。にも拘ら《ママ》ず講は主として信仰、娯楽、共済等のための共同社会的団体に加えられた合理化の組織であるが故に、講のゲシュタルト的性格は明か《ママ》に共同社会的である。それは農村の共同社会的団体の存続のために必要なる最小限度の合理性をもっているにすぎない。地縁的結合の上になる自然村のうちに養育されてきた講が地域的連帯性を著しく有しているのは当然である。

鈴木の提示する村の三類型の一つ、「講中村」に関する記述の一部である(49)。文意を掴みやすくするため適宜説明を補って言い換えれば、こうなろう。

講は本来、合理的な組織だが、「自然村」という義理と人情に満ちた共同社会の内に形成されたものである。それは、かかる共同社会の土壌に形成された、信仰・娯楽・共済などを目的とする合理的な組織である。とはいえ、あくまで当の農村と共存するために必要な最小限の合理性を有するにすぎない。したがって、ゲシュタルト的な視点、すなわち、全体を単なる部分の寄せ集めではなく、有機的な統一体と捉える視点からみれば、講（などの諸集団）は、「自然村」という共同社会を構成する有機的な単位である。

「合理性」を鍵概念に、「自然村」と講の関係を捉えんとする意図が伝わってこよう。講それ自体は本来、共同社会と対照的な合理主義的組織だが、共同社会としての村を母体に形成されたがゆえに、講の持つ「合理性」は、村の共同社会性を維持・存続せしめるためにもむしろ必要なものだ、というのである。鈴木は、「自然村」と講の二元的社会類型を、母体である「自然村」内に存する講といった、全体―部分、包括―被包括のコンテキストに沿って捉え返す視点に立っていることがわかる。さきに引いたような、講は「自然発生的な結社」だとする、共同社会（「自然村」）と利益社会（講）の特徴を折衷した鈴木の説明は、講の「合理性」が講のみならず「自然村」の維持・統合にとっても必要だとする複眼的な視点から導き出されたものといえる。

ところで、この共同社会／利益社会なる類型がテンニースのゲマインシャフト／ゲゼルシャフトのシノニムとして常用され、マッキーバーのコミュニティ／アソシエーションの訳語としても用いられていることは前述したとおりである。なかでもマッキーバーの類型についていえば、日本の農村・村落を共同体論あるいはコミュニティ論の領野で扱う傾向はすでに根付いた観がある。またアソシエーションは、一般に結社と訳されるが、講を一種の結社と位置づける見解は、管見のかぎり鈴木のそれが初出であり、爾来、内藤莞爾、桜井徳太郎を経て、社会学・民俗学をはじめとする関連諸科学においておおむね定着するにいたったとみてよかろう。(50) 問題は、鈴木がマッキーバーの所説を踏まえて「自然村」と講の関係を論じているのかどうか、であるが、『原理』にはマッキーバー著『コミュニティ』の引用箇所が複数みられるものの、この二者の関係をめぐってはそのはっきりとした形跡が確認できない。したがって鈴木に及ぼしたマッキーバーの影響については推察の域を出ないが、この件は、のちほどやや詳しく再説する予定である。よってここでは、以上みてきたような、講とは何かに関する鈴木の言説とその背景にある意味の考察にひとまずとどめたい。

以下では「講中集団」の諸位相に関する具体的な記述を概観してみよう。前出の論点④で述べたとおり、鈴木は、数種の観点から「講中集団」の細分化を試みている。その内容を順次掲げてゆく。

㈡「講中集団」の分類

〈一〉集団としての組織化の程度による分類

〈1〉群集的なるもの

〈2〉一時的団体

〈3〉一定期間存続の団体

〈4〉永続的にして成員不確実

〈5〉永続的にして成員決定

a、共有財産ありて集団の象徴なきもの

b、共有財産ありて集団の象徴あるもの

〈6〉複合的団体

〈1〉は、経（教）典を説く仏教法会の意で、講の歴史的起源をなす。ここでの群集とは僧侶の説教に集まった会衆のこと。講は僧侶による講義の講に発し、講義を聞く集まりのことを「講」と呼んだ。

〈2〉は、各自が費用を出し合って茶菓等を求め、何らかの慰労のための集会をもつ場合。多忙な農事が済み、村びとが○○講と称して集まるなどする。たとえば銭洗い講、ザル洗い講、能登のハンカイ講などの類い。

〈3〉の一例として、一般に頼母子講、無尽講と称されるものが挙げられる。また、萱講は長期間にわたる場合が多い。千人講、百人講など、講員が所定の人数に達するまで続けられる講もこの類い。

〈4〉は、組織性は弱いけれども永続的である。定期的に催される。世話役が存在する例も、しない例もある。集会を開く度に費用を徴収するが、参加者はいつも同じとは限らない。娯楽性が強い。月待講、二十三夜講、庚申講と呼ばれるものの中に多い。

〈5〉については、小字や組単位で講運営のための山林や田畑を持ち、小さな神社・祠堂を共同で維持、崇敬する例が多い。また、神社などの建造物はなく、神仏の小像を当屋の家にて持ち回り、その神仏名を講の名称としている例もみられる。近江の宮座には「○○講」と称する例が相当にある。代参を立てる伊勢講にもこの類型が多い。ただ、鈴木はａ、ｂの具体例を明示してはいない。

〈6〉は、十数万人規模の高野山講・秋葉山講のようなものを指す。地域的に大きな範囲の統制を受けており、その場合、全体が一つの講というよりも、小さな講の連合とみなすべきである。また、社会事業のための陰徳講（千葉県）、感恩講（秋田県）もこの類型に属するとしているが、それらの具体的な内容の説明はなされていない。

〈二〉　講員の性質による分類

〈1〉　性　別

〈2〉　年齢別
〈3〉　職業別
〈4〉　階級別

講には老若男女が参加する例もあるが、〈1〉の性別によって構成されている場合が多い。男性の講は宗教、娯楽、金融関係など広く存在するが、女性の講は宗教、娯楽関係に限られている。女性の講の一例を挙げれば、土佐の婦人楽講、大阪府下の尼講、京都府下の観音講など。なお島根県では男性は荒神講、女性は観音講、能登ではトトお講（毎月二十八日）、カカお講（毎月八日）が並び行われている。ただ本書には、これらの講に関する具体的な内容の記述はない。

〈2〉については、若い女性の講は目に付かず、また青年男性の講には永続的なものはみられないようである。その理由として、若い世代の場合、講以外にいろいろな機能をもつ結社があるからとも考えられるし、講は多少とも財物出資を必要とするので経済的自立性の脆弱な若年層にとって講への参加は難しい場合もあろう。また、日本の家族制度における若い女性の地位の劣勢が講の現実にも現れている、という。

〈3〉の例として、伊勢講は農業関係のもので、全国的な広がりをみせている。ほかに、商人の蛭子講、大工・左官の太子講、漁師の竜宮講・金比羅講、養蚕農家の蚕影山講、馬を飼う人の観音講などが挙げられる。

〈4〉の例には、愛知県下の地主頼母子講と小作講がある。ほかに、近代的な意味での階級的講があることを聞かない、としている。〈4〉に関する鈴木の指摘で特筆されるのは、従来は講と呼んでいた結社を、「会」や「組合」などと改称しているものもあり、また新規に結成された集団の中には、講と同一の性質を有していても、講といわない傾向が認められると述べている点である。[51] 同様の指摘は、桜井徳太郎によってなされている。すなわち、終戦後、講は名称を変えて、「クラブ」、「4Hクラブ」、「サークル」、「研究集会」等々がぞくぞくと生まれたが、それらはほとんど原型を在来の講集団に置き、それを現代風に再構成したものであるという。[52] 桜井がこう指摘したのは一九七〇年代半ばだが、鈴木は、一九四〇年の著作で既にこのことに言及しているわけである。講の歴史的変遷をめぐる視点から、いわゆる「講的集団」の出現に論及した嚆矢といえよう。[53]

〈三〉講の機能による分類

〈1〉宗教的

〈2〉娯楽的

〈3〉経済的

講の機能は、講の歴史的発生の事情から読み取れる、という。集団としての講の起原・沿革を知る手がかりは、講会・無尽・頼母子の歴史に存するが、当初は、集団の形態をなしていなかった。講の起原は、聖徳太子が勅を奉じて勝鬘経（五九八年、一説には六〇六年）および法華経（六〇六年）を宮中で講じたこと、僧恵隠が無量寿経（六〇四年）を宮中で講じたことなどに求められる。このように、講とは元来、講説を聴聞し、祈願する人びとのその場かぎりの行動を意味した。

無尽の語の文献上の初見は、建長七年（一二五五）の鎌倉幕府の御教書で、当時は、質屋を土倉・土庫と呼び、担保・利息付で金銭を貸す業を無尽銭土倉、貸与される金銭を無尽銭といい、こうした方法で貸し付けることを無尽といった。

頼母子の起原は、〝憑《たの》（＝頼）む〟の習慣にあるとされる。鎌倉時代より八朔の節句を憑の節句といい、公家・武家ともに物品を贈答する習慣が生まれた。贈る側からは贈られる側を憑む人、贈る物を憑物といった。一方贈られる側は返しとしてそれ相当の物品を返した。鎌倉末期に今日の親無尽の性格をもつ憑支（憑子、頼支、頼子、頼母子）が存していたが、それが無尽の影響を受けて利息付となり、無尽とも呼ばれるようになったのは室町時代初期である。その後頼母子講は寺院関係が主で、寺社の修繕・法式あるいは寺社参拝の費用のために作られたが、江戸時代に入ると民衆の金融制度ともなった。

かくて、歴史的な発生当時に遡れば、講は宗教的、無尽は経済的、頼母子は相互扶助的慣習であった。やがて講と頼母子が結びつき、集団化も進んでゆくと、そこに娯楽的性格が生まれてくることは想像に難くない、と鈴木はいう。また曰く、頼母子と無尽を比較すると、社会類型的には、前者は共同社会的、後者は利益社会的であると。

従来の歴史学者による頼母子講の研究(54)は、その集団としての歴史的発展にあまり着目してこなかった。だが、「講はいかにして集団形式の一類型として生ずるに至ったか」という問題はもっとも興味深い点である、と鈴木は述べている(55)。そう述べた上で、右の問題に関する目下の主張を次のように展開している(56)。

経典の講義、憑の風習がいかにして集団化したか。思うにそれは強固なる地域的集団が既に存し、それが経典の講義や憑の風習を集団の機能としてとりいれ、あるいは組織化したのである。経典の講義のための集会が反覆の後組織的な集団と化したのでもなく、また憑の風習がそれ自体として集団化したのでもない。既に存していた集団が、これらの事項をその集団活動のうちにとりいれ組織化したのである。既に存していた集団とは、家を単位とした地域的共同社会即ち自然村である。講や憑の風習が集団化されたのは、農村の自然村があったからであると思う。集団としての頼母子の初期の文献がいずれも農村に関しているのは決して偶然ではないと思う。

講や憑の原初的形態が「自然村」との歴史的な接触・交渉・習合のプロセスをとおして集団化されていったとみる鈴木の視座が端的に示されている。とはいえ、その根拠を例示して論証する手続きはなされていない。なお、これは〈2〉の娯楽的な機能に関連するといえようが、今日の講は信仰であれ金融であれ、当の目的を問わず、飲食をともにするのが通例である。それは、講が共同社会の上に、あるいは共同社会そのものの活動として存しているからだ、とかれは述べる。

(三)　講の一般的性格

かくして講の諸相をいくつかの角度から論じたのち、鈴木は、「現時」における講の「一般的性格」を次の五項目にまとめ、提示している。

①　地域的制限を受けている事
②　共同社会的性質を有する事
③　冷徹なる合理性の存する事
④　各自出資の負担を伴う事
⑤　成員がみな対等の権利を有する事

①については大略次のように述べている。農村における宗教的、娯楽的講は大抵一つの「自然村」内に存する。経済的講の内、頼母子講・親無尽講などはそうである。だが、親無し無尽講の場合は、大規模のものではいくつかの「自然村」にまたがる例もみられるとする。また高野山講、秋葉山講のような連合組織の講は全国に及んでいるが、それは概して「自然村」内の講員の集団を最小単位とした講の連合である。

右に掲げた諸項目の中で、とりわけ注視しておきたいのは、③である。「冷徹なる合理性」と聞いて、すでに言及した講の定義をめぐる鈴木の見解を想起した向きもあろう。村の三類型の一角を成す「講中村」に関する記述の中にこの語がみられた。その「冷徹なる合理性」を、鈴木は右のごとく、講の示す「一般的性格」の一つに数えているのである。私はさきの講の定義についての文脈の中で、かれの論じる「自然村」と講の関係を理解する鍵は講の持つ「合理性」にあるだろうと述べたが、その「合理性」をかれは「冷徹なる合理性」と表現しているわけである。ただし、右に掲げた講の「一般的性格」に関する『原理』の記述は、ほぼ項目のみの提示に留まり、「私（鈴木）は次の如き性質を認むるのであるが、ここにたちいって考える余裕をもたぬ[57]」とし、①と③について僅かに触れているのみで、他の項目についての具体的な説明はみられない。

しかるに、同じく講の「一般的性格」をめぐる記述が『朝鮮農村社会の研究』の中にも見出せる。そこでは、日本の講集団におけるこの「一般的性格」が朝鮮農村の「契」集団についてもおおむね該当するとし、当の「冷徹なる合理性」に関する説明がなされており、はなはだ興味深い[58]。『原理』を刊行した翌々年の春、鈴木は、京城帝国大学助教授としてソウルに赴任する。そして、日本農村研究で培った知見をもとに、朝鮮農村の実態を調査・分析した諸論攷を著した。それらは、前掲のごとく『朝鮮農村社会の研究』として後学の有志の手で編まれ、著作集に収められている。右で触れた講関連の記述は、「朝鮮の契とプマシ」と題する一九五八年発表の論攷中にみられる。戦後になると都市社会の研究に軸足を移したとされる鈴木だが、『原理』刊行から二〇年近くを経てものした右の論攷では、朝鮮農村にかつて滞在した経験から、彼我の農村社会を比較している。すなわち、日本の部落に当たるものが朝鮮農村では李朝時代の旧洞里であるとし、それを朝鮮の「自然村」と位置づけ、両国の「自然村」に存する講と契という集団の類似点を考察している。その当該部分を次に挙げておこう(59)。

冷徹なる合理性の存在とは、講組織契組織の中枢的機能を物語っているものである。講も契も、その有する合理性の故に、存在の価値をもってきたと思われる。村落社会は、愛憎の感情と支配の暴圧が無制限に跋扈し得る社会であるからである。村落社会の存続のために必要な最少《ママ》限度の合理性は、講方式や契方式によって保たれねばならなかったのであろう。各自出資の負担を平等に伴う事、全成員が対等の権利を有する事、この二点が講方式や契方式の合理性の内容をなすものである。人をすべて対等に考えるという事は、人の力の不同が眼についていた村落生活においては、驚くべき仮定であったであろう。講や契は、人間平等の理想に合理性を認める一つの信仰の上に成立しているものである、という事ができる。

契は、朝鮮における伝統的な相互扶助組織のことであるが、その具体的な内容の考察は別の機会に譲り、ここでは、鈴木が、「冷徹なる合理性」と呼ぶところの合理的機能を、講組織の具える「中枢的機能」要件としてとりわけ重視している点に着目したい。すなわち、それは「愛憎の感情と支配の暴圧が無制限に跋扈し得る」村落社会を保持・存続せしめるための必要最小限の合理性だというのである。加えて留意すべきは、「各自出資の負担を平等に伴う事」(=④)と「全成員が対等の権利を有する事」(=⑤)の二点が、講の「合理性の内容をなすもの」と述べている点である。とすれば、鈴木が講の「一般的性格」として挙げる③・④・⑤の三要件は、互いに並列的な関係ではなく、③の「冷徹なる合理性」が、④「各自出資の負担を伴う事」と⑤「全成員が対等の権利を有する事」の両者を内包するところのより包括的な要件だとみるべきであろう。人の力の不揃い・不平等が目につく現実の村落生活の中で、人は皆平等・対等であるとの「驚くべき仮定」を理想とすることに講の「合理性」が存する、というのである。要するに鈴木は、講（および契）にみる「合理性」を、人を平等・対等に扱うことこそ道理にかなっている、といった意味で用いているのだ。

ちなみに、既述のとおり本書では、講の「合理性」を論じる際に、「冷徹なる」の語をほぼ定型的に冠して用いている。また、前掲した論攷「朝鮮の契とプマシ」の中には、次の記述がみられる(60)。

暴力と愛憎が強く支配し、個人の力の評価の差が大きく現われがちの村落的社会に、各人平等に一口の出資負担を当然と定め、またいかなる人の一口も一様に一口としての価値だけを認めるという定めは、はなはだ冷厳な合理的な定めである。人をすべて平等とみる見方を原則的に認めようとしているものである。この原則を認める事は人間協力の合理的秩序の発展には、何としても不可欠であったのであろう。

講の「一般的性格」とされる五項目の内、④、⑤を共に含んだ③の「冷徹なる合理性」にもとづく定めを「冷厳な合理的な定め」と表現している。一般に、「冷徹」は「感情に左右されず冷静に見通すこと」を指し、「冷厳」も「感情に動かされない厳しさ」を意味する言葉であるが(61)、同論攷にはこうして、「冷徹」を「冷厳」と言い換えている箇所も見出せる。いずれにせよ、他者との交わりを情緒的に判断するのではなく、引用文にもあるように、「人をすべて平等とみる見方を原則的に認め」ること、それを鈴木は講の持つ「冷徹なる合理性」と言い表したのである。かかる原則が「人間協力の合理的秩序の発展には、何としても不可欠であった」のだとする、このすこぶる強い語調に、講が村落社会の秩序維持に果たす役割を重視する鈴木の認識が見て取れよう。

五　「自然村」の基底にある「村の精神」と講の中心的性格とされる「冷徹なる合理性」

これまでの考察によって、鈴木の講に関する所説を理解する鍵の一つを「冷徹なる合理性」という概念が握っていることを闡明し得た。また、かれが「自然村」と呼ぶところの、講を生む母体の構造を理解する鍵の一つを、「村の精神」という概念が握っていることも明らかになった。とすれば、鈴木の講理論の要諦は、この「村の精神」と「冷徹なる合理性」の両概念の交差する時空に描き出されるのではないか。ところが、鈴木自身は、この点に関してとくに論じていないのである。そのため、「自然村」の枠組みをとおして講を理解するという、本書を中心とした鈴木独自の講に対する向き合い方が、読み手に明瞭に伝わってこない。そのような印象を受ける。

そこで以下においては、これらの概念を相互に関連づけ、いわば両者間のダイナミクスをとおして、「自然村」と講の関係を捉え返してみたいと思う。具体的には、次の二つの観点から検討を加える。

（一）　コミュニティとしての「自然村」とアソシエーションとしての講

（二）　「村の精神」と「冷徹なる合理性」

（一）　コミュニティとしての「自然村」とアソシエーションとしての講

既述のとおり、コミュニティとアソシエーションの用語は、アメリカの社会学者マッキーバーが、一定地域に自生的に形成された社会である前者と、特定の利害・関心を求める人びとの結びつきによって形成された人為的・契約的な社会である後者を対置的に捉えたことで知られる。[62] 日本語では、前者は共同体・共同社会、後者は結社（体）・利益社会などと呼ばれている。『原理』には、かかる表記が諸処にみられる。以下に、そうした文章の一例を挙げておこう。[63] 右のような社会類型に関する社会学的基礎概念をベースに、講やユイの「冷徹なる合理性」を論じたものである。

> ユイや講に存する冷徹な合理性はそれを権利義務の契約的関係とみることもできるが、家を単位とする共同社会的な村の秩序を維持するために、最少《ママ》限度に必要な礼儀であると解する時、それはもっとも正当に理解され得ると思う。

適宜説明を補いながら、その内容をよりかみ砕いて述べれば、次のようになろう。講やユイの有する「冷徹なる合理性」は、講やユイ自体が相互扶助性を実践するために求められる権利義務の契約的関係を指す場合と、農村社会における無制限な隣保共助に向かわんとする義理や感情をむしろ抑制することで、農民の間にいわば「親しき中にも礼儀あり」として互いの援助に節度を与える場合の二つの意味を含んでいるが、その内、後者の意味で捉える時、最適解が得られるだろうというのである。

従来の講研究では、講集団を、或る目的を達成するための結社の一種とみなしてきた。右述の二つの意味のうち、前者における「合理性」の捉え方は、講（ユイ）それ自体を、講員間の相互扶助の実践を目的とする結社とみる視点に立っている。それに対して後者は、あくまで共同社会としての「自然村」を構成する結社というコンテキストの中で「講（ユイ）」の「合理性」を捉える立場である。すなわち、講（ユイ）は本来人びとの相互扶助の実践を目的としているが、同時にそれは、母体である村のともすれば際限なく働きかねない共同性に、対等な互換性という一定の抑制や節度を与える役割を内包しているとみなす視点に立っている(64)。

右の引用文は、こうした複眼的な視野に立ち、講（ユイ）の「合理性」の意義も認めつつ、「自然村」からみたその「合理性」の意義を重視する姿勢を婉曲に語っているのである。先述の「自然発生的な結社」という鈴木の講解釈が想起されよう。こうした鈴木の見方を念頭に置きながらふたたびマッキーバーの所説をながめた時、特筆される記述が目に入ってくる。すなわち、アソシエーションをコミュニティという母体を構成する「器官」とみなすものである。その際、アソシエーションの形成されるコミュニティが開放性の色濃い都市社会の場合は、周辺地域を視野に収めつつも、アソシエーションそれ自体を分析の主軸に据えることが有効であろう。翻って、閉鎖的で自足的な生活を特徴とする農村社会にあっては、そこに生み出されるアソシエーションはその母体であるコミュニティと相関させて理解することがより重要になってくるといえる。さきに講の定義をめぐる論説の中で、鈴木に及ぼしたマッキーバーの影響をどう捉えるかを話題にしたが、アソシエーションをコミュニティの器官とする見方と、「自然村」なる母体とそこに生成する講をめぐる鈴木の見方とは　一見して似かよった関係にあるとの印象を受ける。そこで、マッキーバーが著書『コミュニティ』第三章第一節「コミュニティの器官としてのアソシエーション」で展開している主張を具体的にみてゆくとする(65)。その要旨は粗々次のとおりである。

アソシエーションはコミュニティを母体に成り立っているが、両者には、それらを構成する人びとの意志が働いている。アソシエーションの創出に際しては、それに対する関心やそれを求める声がコミュニティの意志、すなわち共同意志（社会意志とも）の中から生まれる。その意味で、アソシエーションの創出は、かかる共同意志の一側面の顕在化した結果である。したがって、コミュニティは、創り出されたアソシエーションを当のコミュニティ内に整合的に組み入れる機能を有している。その意味で、アソシエーションはコミュニティを構成するいわば「器官」であるといえる。個人はアソシエーションの成員である以前に、コミュニティの成員である。コミュニティ内の各人は、通常一つ以上のアソシエーションなる統一体の成員であり、各統一体の一部である。人びとはさまざまなアソシエーションを維持するために、多様な方法で互いに結びつく。ただし、アソシエーションはコミュニティの内部に存在はしても、コミュニティを構成する単位とは言えない。換言すれば、個々のアソシエーションを総合すればすなわちコミュニティができるわけではない。コミュニティの統一性は、そこに各種アソシエーションが単純に集合した結果ではなく、コミュニティ内の、より一層深いところに存在する根本的な意志の働きによるものなのだ。マッキーバーの主張はおおむねこのような内容である。要するに、個別のアソシエーションを生み出す意志も共同意志の一つの表象ではあるが、当のコミュニティ全体を統合する働きは、共同意志のうちの、より根源的なレベルからもたらされるというのである。そして、かかる根源的な意志とは、「哲学者達のいう観念的な『一般意志』に最も近い生きた類似体である」と述べている。(66)

あくまで概括的なトレースではあるが、こうしてマッキーバーの見解をたどってみると、かれのコミュニティ論における共同意志の概念は、鈴木の「自然村」論における「村の精神」の概念と内容的に近似しているように思われる。ところが、鈴木は、マッキーバーの説く共同意志、およびそれに類する他者の主張をめぐって次のように論断しているのである。(67)

点から少々言及しておきたい。鈴木の農村、ひいては地域社会に関する学問的方法論には、文化社会学や文化人類学の知見に依拠した「文化」に対する強い関心が窺知できるからである。(71) その「文化」をめぐる見解の骨子はおおむね次のようになろう。(72) 社会事象は、なべて文化の歴史的発展の線上にあり、如何なる社会事象にも歴史的文化が浸透している。村における社会集団や社会関係も「精神」文化の歴史的発展の中で生まれ、ゆえにそれ自体が一種の文化形象である、という。社会集団が存続すれば制度が生まれ、社会関係が反復・類型化すれば慣習が形成され、個人を規制する。このように個々の文化形象はその背景をなす「精神」文化によって固定・定着する。そうした意味から、「精神」は「文化形象一般」ともすべきもの、と鈴木は説く。こうしてかれは、「文化形象一般」という「支配的な文化」の方向から特定の文化・社会を説明する試みを正当化する。アメリカの文化社会学はまさしくそうした学問的スタンスを取っているとして、斯学の立ち位置に共鳴する姿勢をみせている。

併せて着目したいのは、「デュルケームの集団形象もまた文化一般を意味するものと思われる」と述べている部分である。(73) この「集団形象」が今日のデュルケーム論で用いられるどのタームを指すか明瞭ではないが、それは、「文化形象一般」すなわち鈴木の説く「精神」を意味するとみなしていることに鑑みれば、おそらく「集合意識」やその具体的な表現対象を意味する「集合表象」のことであろうと思われる。ちなみに「集合意識」は、個人の意識に還元できない固有の生命を持つ一つの体系で、集団に共有された信念や感情などの総体を指す用語である。(74) このような文化社会学およびデュルケームに対する鈴木の評価は、個人意識の基盤となる社会環境や社会的雰囲気を重視する立場に立つコント・スペンサー・デュルケームなどに代表される初期現代社会学の段階から、個人心理によって社会事象を解釈する心理学的社会学の段階に移り、やがてふたたび社会環境を重視する文化社会学が台頭してきたという欧米の社会学の歴史的潮流をめぐるかれの理解にもとづくものである。(75)

ともあれ、コミュニティとアソシエーションの関係において、両者を繋ぐ意志の捉え方は、マッキーバーの説くような「共同意志」ではなく、むしろデュルケームの「集団形象」に近い。このことが、『原理』ほかの著述をとおして浮き彫りになった鈴木の「村の精神」論を構成する主要な特徴の一つといえよう

(二)「村の精神」と「冷徹なる合理性」

次いで、「自然村」に潜在する「村の精神」と講の持つ「冷徹なる合理性」の関係をめぐる鈴木の見解の整理を試みるが、それに先立ち、両概念について以下の点を確認しておく。

これまでの考察で、鈴木が、「自然村」の特徴を理解する鍵概念の一つに「村の精神」を据え、また、講の「一般的性格」を構成する機能要件の中枢に「冷徹なる合理性」を挙げていることを知り得た。すでに述べたとおり「村の精神」は、村びとの社会生活を維持・統合する規範・原理として作用する。一方、「冷徹なる合理性」の主たる機能は、農村社会の人間関係にみられがちな無制限なる義理や感情の働きに正しい制限を加えることにある。また、鈴木の講理論は、「自然村」を母体として形成された講という分析枠組みの中で展開されている。

右に指摘したように、鈴木の描く農村研究の枠組みでは、「自然村」にせよ講にせよ、それを支える社会的機能の中心に、成員間の関係の安定・維持の問題が据えられているといえる。そこで今は、その具体例として、農村社会や講集団にみる成員間の「相互扶助」行為に着目し、当行為を手がかりにして「村の精神」と「冷徹なる合理性」の関係を考えてみたい。

鈴木は、そもそも「扶助」という行為は、「その事自体に目的が存するのであって、当事者が対手《(ママ)》方に対する主として感情的親和的態度によるものである」[76]、と捉えている。ゆえに、本来それは不合理な性格を有する。しかるに、

このアドホックな「扶助」行為が村びとの予測可能な慣習として定着すると、おおむね「相互扶助」行為の形をとるようになる。「扶助」が「相互扶助」として根づくと、それは、むしろ互いの行為の反復をとおして規範性を強め、合目的的で合理的な行為の性格を強めてゆく。「自然村」において、こうしたいわば「扶助」とその「抑制」のバランスを生む源泉が、すなわち「村の精神」である。

それに対して、講の主要な特徴の一つである成員間の均衡・秩序に寄与する「相互扶助」性は、もとより講のもつ「冷徹なる合理性」の所産である。そのことを講の形成母体である「自然村」の視座からながめれば、かかる「冷徹なる合理性」は、当の講のみならず、その母体をなす村全体の秩序の維持・統一に資する役割をも果たしている。いずれにせよ、そうした役割は、「自然村」に潜在する「村の精神」の力や作用によるものだ、というのである。

かくて、「相互扶助」を主要な手がかりとしつつ、「自然村」・「村の精神」・講の「冷徹なる合理性」の三概念を絡めて鈴木の講理論の骨子を再構成するならば、以下のようになろう。すなわち、それは、

(1)　共同社会である「自然村」の孕む情緒的な不合理性

(2)「自然村」に派生する講の具える「冷徹なる合理性」

(3)「自然村」に潜む「村の精神」の、こうした（1）と（2）の対照的な性格をコントロールして村の秩序・統一に資する働き

といった、不合理性と合理性をめぐる三つの位相から成り立っていることがわかる。

してみると、本論攷の第二章で論じた「問題意識」の内容が改めて思い起こされよう。その大要を再説すれば、以下のとおりである。多くの農業対策家たちは、近代化・都市化に伴う農村社会の秩序の崩壊過程を表面的な構造変化のレベルで捉え、窮乏化した農村は単純に合理的な経済政策を講じれば回復すると判断した。しかし、そうした方策

は果たして失敗に終わった。その理由は、結局、「不合理の合理」と称すべき、従来から日本農村の呈してきた社会の在りように気づき視野に収めることができなかったからだ、粗々このような内容である。そしてかれは、この「不合理を合理たらしめているものは、農村の社会構造」にほかならないと論断している。ちなみに、ここでの「農村の社会構造」とは、より厳密には「農村の基礎的社会構造」を指すといえる。なぜなら、右の「不合理の合理」云々の記述へとつづく前段の文章の中で、こう述べているからである。[77]

日本農村はその基礎的社会構造をいま急激に変化しつつある。個々の側面における社会的変化は、この基礎的社会構造の変化の、現われであり随伴的現象である。またどの一面の社会的変化も他の全面に具体的に関連しているものであるから、基礎的社会構造の変化を正しく理解する事なしには、どこの一面の社会的変化の理解も不可能である。

鈴木が論鋒鋭く迫る、農業対策家の犯した失策・失政への批判に通じる内容といえよう。ともあれ、この文章に照らしてみると、「不合理を合理たらしめているものは」、農村の「基礎的社会構造」であるとみなすことができる。既述した「問題意識」の項では、「不合理の合理」なる言葉の意味するところが明瞭ではなかった。だがここに至って、あくまで試論ではあるが、その疑問に対する解答を見出すことができた。それを要約すればおよそ次のとおりである。

「自然村」は元来隣保共助による人の繋がりを基本とする一方、「愛憎の感情と支配の暴圧が無制限に跋扈し得る社会」[78]でもある。そこに創られる講は、かかる「共同社会的なる村の道義と伝統によって維持されているものであるから、道義と伝統を無視した個人主義・自由主義的態度によっては、容易に破壊され得るものである」[79]。このような不合理な性格をもつ村に講が根を張るためには、講の持つ合理的性格を村の維持・統合のために活用しなければならない。その両者を繋ぐ役割を果たすものが「村の精神」である。したがって、結局「村の精神」にみる「不合理の合理」の働きとは、講の持つ「冷徹なる合理性」のごとき合理的要素を、情緒的で不合理な社会である「自然村」の維持・統合の力学に取り込み、活かすことを意味するといえよう。

六　おわりに

以上、鈴木が遺した講に関する諸々の著述をもとに、かれの講理論の特徴を探ってきた。論を結ぶ段に至り、本考察を顧みて、主要な根拠資料に据えた『原理』を読みこなすのは容易でないとの感を深くした。それは、いくつかの理由が重なった結果であると思う。すなわち、国内外の関連分野にわたる鈴木の該博な学殖が著述の前提をなしていること、農村社会の実態を知悉しながらも、具体的なモノグラフにもとづく理論の提示という順序を踏んだ記述が少ないこと、理論化・概念化に際し、帰納法や演繹法を徹底してその抽象度・純度を高める方向にもっぱら向かうのではなく、必要と思えば、農村の現実態をそのまま採用した用語や類型の構築をめざすという、鈴木自身が「中間的法則性」と呼ぶところの独特の概念化・法則化作業にまつわる一種の曖昧さ等々が考えられよう。

さらには、農村生活の諸相を広く視野に収めた鈴木の研究の中で、とりわけ講理論に関心をもつ立場からすれば、講関連の部分的、断片的記述は『原理』の随所に認められながらも、同書編纂の構図全体の中で講が一体いかなる位置を占めどんな意味を持つかを著者自身が明示していないことは、本考察を進めるに際してまず当面した困難であった。

冒頭の「はじめに」で触れた内容の繰り返しになるが、桜井徳太郎は著書『講集団成立過程の研究』の中で鈴木の講研究の特徴に言及している。そもそも歴史学によって先鞭を付けられた講の研究はその後社会学や民俗学、地理学などの分野に広がり、次第にそれらの分野からの臨地調査も増え、かくて講の実態研究は学際的に盛行していった。社会学にあってはひときわ農村社会学者による講の事例調査が厚みを増す。その状況を桜井は「実際に農村に足を踏み入れ、そこに結成展開している講集団そのものに手を触れ実見することによって、直接その本態を解明する、いわゆるオーソドックスな地域社会研究であった」と述懐する。(80) そして、大勢がそうした傾向にある中で、「鈴木榮太郎博士のように農村社会学の体系的理論化をこころみるために、広く農村に実在する社会集団としての講集団に注目する学徒もあった」と述べている。(81) つまり、斯学の講研究の趨勢が、講自体のインテンシブな事例研究を目的としたのに対し、鈴木の場合は、先行する欧米の農村社会学を参考としつつも、それとは異なる、すぐれて「日本農村」を対象とした「日本農村社会学」という独自の学問領域を構築し、その見地から「日本農村」の理想型である「自然村」を設定して、それを維持する統一的な行動原理・生活原理を究明することに研究の主眼を置いている。

その際、問われるべきは、かかる研究目的に即した講の位置づけである。『原理』が、こうした目的を追究すべく、その主要舞台を「自然村」に設定したとすれば、そこで論じられる講は、当の目的を究明するための手がかり、あるいは手続きとしての意味を持つといえる。鈴木にとって講研究は、あくまで「自然村」とセットで把捉する時にその役割や意義が浮き彫りになってくるはずである。しかるに、鈴木は、かれのめざす農村社会学理論において果たす講の役割・機能に目を向けた研究視座を示したといえるか。桜井は、鈴木をして、「農村社会学の体系的理論化をこころみるために、広く農村に実在する社会集団としての講集団に注目」したと評するが、果たして農村社会学の体系的理論化に資する講の意義に注目し、それを検証する方向に筋道を立てて論を展開しているだろうか。読み手の側でも、『原理』を一読したならば、講を扱った記述を諸処で目にするであろう。とはいえ、具体的なモノグラフは少なく、講をめぐる言説も高度に理論的で、ゆえに、あえてその講を主題にして鈴木の「日本農村社会学」を捉え返そうとする姿勢は生まれにくいと思う。

私の場合は、右の桜井の指摘を目にする機会を得たことが、鈴木の講をめぐる所説に関心を寄せるきっかけとなった。もっとも、本論攷が、「はじめに」で述べたような所期の目的を達し得たかと問われれば、未だ途上にあるといわねばなるまい。しかし、そのプロセスにあるとはいえ、如上のごとく『原理』その他に散見される講に関わる諸言説を自覚的に重ね合わせ、できるだけ体系的にながめてきて、母体をなす共同社会とそこに形成される講や講的存在（ユイなど）との間のいわば関係の力学が、鈴木の「自然村」論を構成する柱の一つである村の維持・統合機能に大きく与っている状況が浮かび上がってきたように思うのである。そうした力学を示す最たるものが、共同社会の孕む不合理性と結社の具える合理性と「村の精神」の規範作用の三者を軸にもたらされる「自然村」の維持・統合作用であろう。

鈴木は、このような関係の力学によって存続してきた「自然村」の姿を、さきに引いた「不合理の合理」という言葉を用いて表現している。そして、「自然村」に生じつつある風化・変容の生む「社会構造の瓦解」をめぐる諸対策が奏功しなかったのは、もっぱら経済的な合理化の方向に走り、従来の村の「基礎的社会構造」を支えてきた「不合理の合理」なる特徴を考慮に入れてこなかったからだと、農政の在り方に苦言を呈している。

これまで、鈴木の講言説の種々相をみてきたが、結局、かれの講理論の要をなすものは、この「不合理の合理」の言葉がシンボリックに物語るごとく、個々の概念のレベルでは対照的な特徴を有する共同体（「自然村」＝母体）と結社（講＝派生集団）が互酬的に機能し合うところの、両者間の力学的関係を論じることにあるといえよう。

註

（1）長谷部八朗編著『「講」研究の可能性』Ⅰ～Ⅳ（慶友社、二〇一三―二〇年）で、順に、桜井徳太郎、堀一郎、高取正男、内藤莞爾の講に関する所説を取り上げ、論じている。

（2）長谷部八朗「内藤莞爾による社会学的講研究」（右書Ⅳ所収）。

（3）鈴木栄太郎著作集編集委員会編『鈴木榮太郎著作集』全八巻、未来社、一九六八～七七年

（4）日本における社会学界の活動は、当初、もっぱら理論研究に終始する傾向が顕著であり、ために社会の実態を調査・分析する地域社会研究は著しく手遅れとなった。けれども、やがて農村社会学者たちがこの研究領域の展開に辛抱強く貢献していったことを指摘する。そうした斯学の状況の中で、鈴木の学風が、他の研究者のそれとひときわ趣を異にする旨を、次のように論じている。「鈴木栄太郎博士のように農村社会学の体系的理論化をこころみるために、広く農村に実在する社会集団としての講集団に注目する学徒もあった。けれども多くは、実際に農村に足を踏み入れ、そこに結成展開している講集団そのものに手を触れ実見することによって、直接その本態を解明する、いわゆるオーソドックスな地域社会研究であった」（桜井徳太郎『講集団成立過程の研究』吉川弘文館、一九六二年、一六頁）。もとより鈴木も、講の体系的研究の一環として実態把握を重視し、自身も実践していたことは『原理』その他の著述から読み取れる。ただし、かれの講理論は、みずからの実態調査資料に即した理論構築の営みを体系的に集成したものとはいい難い。本論攷の「おわりに」で述べているごとく、鈴木の講理論に存する掴みづらさの一因がこの辺にも見て取れるように思う。

（5）本月報には、本田喜代治のほかに、有賀喜左衛門、喜多野清一、C・C・ジンマーマン等が寄稿している

（6）鈴木『著作集』Ⅰ―五頁。他の二人は、米林富男と渡辺万寿太郎である。また、喜多野は右の月報で、「われわれを驚かせることは、何よりも村落生活の事実的データを豊富に集積するのみでなく、その意味を理解して、これらを社会学的理論に昇華させてゆくという大変な仕事を、おそらくほとんど独りの思考で成し遂げたということである」と評し、

『原理』形成をめぐる鈴木の学問的営為に対して非常な敬感と興味を覚える、と述べている。

(7) 鈴木Ⅰ、四―五頁。

(8) 同右書、五頁。

(9) 同右書、三頁。

(10) 同右書、四三頁。

(11) 同右書、四三―四四頁。

(12) 同右書、四五頁。

(13) 詳細は割愛するが、イギリスのル・プレー派社会学者のP・ゲデス等、アメリカのジンマーマン、P・A・ソローキン、C・J・ギャルピン等の農村社会学者、ドイツのL・v・ヴィーゼ、その他多彩な欧米農村研究者に言及している。

(14) これらの用語については次のように説明している（前掲Ⅰ－四八頁）。「社会集団」は「組織的集団すなわち団体を含む事もちろんであるが、組織化の様々の段階を含み得る」とする。「社会関係」は「個人間の社会結合の関係であり、これをも広義の社会集団と解する事もできるけれども、具体的事実の処理のためには別々に分類するのが便宜である」とする。「社会圏」は「社会集団の成立の可能性が比較的多いと思われる人々の間の想定的関係圏である」としている。そして、「右の三種の社会が具体的に組み立てている関係構造を社会構造と呼」んでいる。

(15) 鈴木Ⅱ－七一八頁。なお喜多野は、鈴木の用いるこの「社会過程」の語は「社会集団」・「社会関係」・「社会圏」の三つのカテゴリーに通じて関係するところの個人間の個々の交渉を指す、と解している（同右）。もっとも、鈴木はこのように言明しているわけではない。かれ自身の表現では、たとえば、「もし社会関係をもって静的な社会の形貌、社会過程をもって動的な社会の形貌とみなし、社会形象をもって規範としての社会とみるならば、一般社会学はこの三方面の研究を含まなければならぬ」云々と述べている（鈴木Ⅰ―七〇頁）。

(16) 鈴木Ⅱ―七一八頁。

(17) 鈴木Ⅰ―四三頁。

(18) 同右。
(19) 同右書の四三—四七頁を参照。
(20) 同右書　五三頁。「社会化」とは、個人が他者との相互作用の中で、自己の生活する社会、あるいは将来生活しようとする社会に、適切に参加することが可能になるような価値や知識や技能・行動などを習得する過程の意（森岡清美他編『新社会学辞典』〈有斐閣、一九九三年〉の「社会化」渡辺秀樹執筆の項目）。
(21) 同右書、五三頁。
(22) 同右書、五六頁。
(23) 同右書、一〇七頁。
(24) 同右書の九九—一〇七頁を参照。
(25) 前掲『新社会学辞典』の「社会意識」（見田宗介執筆）の項目を参照。なお、鈴木は、「社会意識（の）内容」や「社会意識の自足的作用」などの表現でしばしば「社会意識」に言及している。しかし、そこには、そもそも「社会意識」とは何かという基本認識が付されていない。しいて挙げれば、「個人の意識内にあって個人的自我意識に対立する社会環境の規範意識」（鈴木Ⅰ—一一六頁）なる記述であるが、明快な内容とはいえまい。この一文に関してはのちほど触れる予定である。
(26) 鈴木Ⅱ—四二二頁。
(27) 同右書、四三六頁。
(28) 同右書、四一九頁。
(29) 鈴木Ⅰ—一一五頁。
(30) 同右書、一一三頁。
(31) 同右書、七一頁。
(32) 同右書、一一五—一一六頁。

(33) 同右書、一三五頁。
(34) 同右書、一二二頁。
(35) 同右書、一二三頁。
(36) 同右書、一二二頁。
(37) 鈴木Ⅱ―四二〇頁。
(38) 鈴木Ⅰ―三二二頁。
(39) Sorokin,P.A.,Society,Culture,and Personality,1947.
(40) Weber,M.,Soziologische Grundbegriffe,Wirtschaft und Gesellschaft.（清水幾太郎訳『社会学の根本概念』一九七二年）
(41) 鈴木Ⅰ、三三一―三三三頁。
(42) 同右書、三三三―三三四頁。
(43) 同右書、二三頁。
(44) 同右。
(45) 同右書、三四一頁。
(46) 『新社会学辞典』「共同社会／利益社会」（浜島朗執筆）の項目を参照。
(47) 同右。
(48) 鈴木Ⅱ―七〇一頁。
(49) 鈴木Ⅱ、第一〇章を参照。鈴木によれば、従来、日本の村の分類には、おおむね地理学的手法と歴史学的発生論的な手法が用いられ、社会的特性にもとづくものは見られないという。そこでかれは、この社会的特性の見地から、村の三分類―講中村・産業組合村・農場村―を試みている。その場合、社会的特性による村々の間の異同は、おもに社会的風化の程度にもとづくとする。すなわち、伝統的、道義的、地域的、連帯的な集団が次第に姿を消し、そこに自由主義的、個人主義的、合理的、契約的集団が漸次加わり、やがて後者の占める割合が高くなってゆく。かれは、そうした変化の基点となる集団の代表的なものを講中とみなし、おもに、この講中的性格を具えた諸集団から成る村を一つの類型と措定して「講中村」と呼んでいる。

(50) 内藤莞爾は次のように述べ、講は結社という社会集団の一種だと指摘する。「講はひとつの結社であるかぎり、その集団的側面には注目しなければならない」(内藤『日本の宗教と社会』お茶の水書房、一九七八年、七八頁)。桜井徳太郎は、「講」を次のように定義している。「講とは、宗教もしくは経済上その他の目的を達成するために、志を同じくする人々の間で組織された社会集団の一種である」(桜井編『日本民俗学講座3・信仰伝承』朝倉書店、一九七六年、九八頁)。この定義には「結社」という言葉は含まれていないが、その内容は「結社」の意味を踏まえているとみなし得る。たとえば、『日本国語大辞典』(第二版、4、小学館、二〇〇一年)によると、「結社」とは「特定の目的で人為的に組織された社会集団」を指し、「自然発生的な社会集団である共同体に対する」言葉だとしている。『日本民俗大辞典』の「講」の項目を執筆した宮本袈裟雄は、同語について「ある目的を達成するために結ぶ集団」云々と説いているが、その解説には、前述の「結社」の意味が内包されていることに気づかされよう。また、『新社会学辞典』の「講」の項目は真野俊和が担当しているが、そこでは「講」を「日本において宗教的、社会的、もしくは経済的機能を果たしている結社形態の一つ」云々と規定している。なお、長谷部八朗「『講』とは何か」(同監修、講研究会編集委員会編『人のつながりの歴史・民俗・宗教──「講」の文化論──』八千代出版、二〇二二年、五─七頁)を参照。

(51) 鈴木1─三四五頁。

(52) 桜井編『日本民俗学講座3・信仰伝承』九七─九八頁を参照。

(53) 「講的集団」に関しては次を参照されたい。長谷部八朗「叙文」(『「講」研究の可能性』慶友社、二〇一三年)一一─一二頁、右掲した長谷部「『講』とは何か」一二─一三頁を参照。

(54) 従来の頼母子講関係の論文として鈴木は、次の論文その他を挙げている(I─三七七頁)。三浦周行「頼母子ノ起原ト其語原」(『経済論叢』第七巻第五号)、中田薫「頼母子の起原」(『国家学会雑誌』第一七巻第二〇〇─二〇二号)、保田次郎「社会制度上より観察したる頼母子講」(『国家学会雑誌』第一七巻第二〇二号)。

(55) 鈴木Ⅰ―三四七頁。
(56) 同右。
(57) 同右。
(58) 鈴木Ⅴ―九八頁。
(59) 同右。
(60) 同右書、九九頁。
(61) 『日本国語大辞典』における「冷徹」と「冷厳」の項目の解説。
(62) 『新社会学辞典』「コミュニティ」（園田恭一執筆）の項目を参照。
(63) 鈴木Ⅱ―四〇九頁。
(64) 従来、講とユイの関係については明確に論じられて来なかったように思う。そうした中で、鈴木は両者の関係を共通点と相違点の二つの面から論じている。共通点については、両者は農村における私的な相互扶助の慣行の典型的なものであり、そのうちの財物に関する面は主に講が、労力に関する面は主にユイが担っている。両者は、歴史的意味は異なるが、農村の慣行として永らく存続してきた実際の形式においてはきわめて似通っている。「ユイ講」の呼称のみられる地域もある（鈴木Ⅱ、四〇五―四〇六頁）。先掲した講の「一般的性格」の内、「各自出費の負担を伴う事」を除く四つの項目はユイにも該当する、としている（鈴木Ⅳ、二八八―二九二頁）。「ユイ講」については桜井も言及している。山陰から東北地方にかけて　労力交換を伴う協同労働をユイコ・イイッコ・エエッコなどと呼ぶ地域が分布する。この呼称は「ユイ講」の訛ったものであろう、と桜井は推論する。そして、相互に労力交換するための講結合が、ユイの場合にもみられることに注意すべきであると述べている（桜井『講集団成立過程の研究』四二二―四二五頁）。一方、両者の相違点について、鈴木は大略次のように指摘する。講は、「社会集団」の一類型である「講中集団」の範疇に属する。それに対して、ユイは、個人間の「社会関係」の範疇で捉えるべきである。もちろん、ユイの中には永続的な集団を成す例もあるが、その場合、人びとを統一する力や機能は、集団であることから生まれるのではなく、むしろ個人間の「社会関係」の集積をとおしてもたらされるのだ、とする。ユイの本質は、あくまで個人間の労力交換に存するというのが鈴木の見方である（鈴木Ⅱ―四〇九頁）。

(65) マッキーバー前掲書の一五二―一五五頁を参照。
(66) 同右書、一五五頁。
(67) 鈴木Ⅰ、一二〇―一二一頁。
(68) マッキーバー前掲書の四五四―四六四頁（「付論Ｂ・新ヘーゲル学派の『社会』と『国家』の同一視批判」）を参照。
(69) 鈴木Ⅰ、六八頁。
(70) 同右書、一二二―一二三頁。
(71) 同右書、七〇―七一頁を参照。
(72) 同右書、一二二―一二五頁を参照。
(73) 同右書、一二五頁。
(74) 『新社会学辞典』「集合意識」（宮島喬執筆）、「集合表象」（飯田剛史執筆）の項目を参照。
(75) 鈴木Ⅰ―一二三頁。
(76) 鈴木Ⅳ―二八二頁。
(77) 鈴木Ⅰ―四四頁。
(78) 鈴木Ⅴ―九八頁。
(79) 鈴木Ⅰ―三四九頁。
(80) 桜井『講集団成立過程の研究』一六頁。
(81) 同右。

浄土真宗における九州南部の講の現在的意義

――信仰の紐帯としての「講」

高山　秀嗣

はじめに

宗教を考えるに際して講に注目することは、宗教が現代に至るまで発展してきた理由を探るためのヒントとなる。宗教は歴史的に混迷の時代を乗りこえて存続してきている。その構成要素として、結集原理や信仰の紐帯としての講の存在があった（参考　高木［二〇二〇］・長谷部［二〇二二］）。講は日本宗教の発展要因となってきたのである。講は参加者それぞれが信仰を再確認し、教えの内容に対する理解を深めるための場でもあった。日本全国各地に講は存在し、民衆の宗教史を広く深く支え続けてきたのである。

本稿では、九州南部に存在してきた浄土真宗の講について検討していきたい。全国各地に講は点在し、それぞれが地域的特色や信仰の独自性をもっている。九州南部の講は、講研究の観点からみても特徴的な存在である。いわゆる

「かくれ念仏」(1)と深くかかわる地域であり、浄土真宗の信仰を独自のかたちで保ち続けてきた点に大きな特徴をもつ。全国に存在する講について学際的・多角的に検討することは、宗教史や真宗史の蓄積をふまえつつ、民俗学研究などの諸分野にも新たな地平を開くと考えられる。本稿は、九州南部の講についてその特殊性と普遍性を検討し、現在の日本宗教のあり方にもつながる講の歴史的な意義を考えていくこととなる。

一　九州の講を取り上げる意味

九州の講を対象とする意味と意義について、まず考えておきたい。それは九州南部に属する薩摩の講をなぜ取り上げるのかということにもつながってくる。重要であると考えられるいくつかのポイントをあげてみよう。

第一に、日本宗教史の観点から、浄土真宗すなわち本願寺教団の視点から考えた場合の薩摩の講についてである。本稿での浄土真宗とは、主として西本願寺教団（本願寺派）を扱うこととなる。現在の九州南部においても本願寺派は一定の存在感がみられるため、この地域で本願寺派を扱うことは研究史的にも意味をもつ。九州全体を見渡した場合にも、九州地方は本願寺派において独特の地歩を占め、近世における本山との距離も九州真宗独自の信仰や文化を発展させることとなった。

第二に、薩摩藩を支配していた島津氏が浄土真宗や本願寺派にたいしてどのような認識を有し、それが藩内の真宗信徒への統制につながっていったのかという視点がある。これは、薩摩藩の宗教統制の独自性や薩摩藩内では武士が多数の割合を占めていたという特殊事情にもよる。薩摩藩がなにゆえ浄土真宗を禁止しようとしたのかという理由について、のちほど多角的に考えてみたい。この考察は、講の比較研究あるいは藩を支配した武士がどのような政策や方針によって宗教統制を行っていったのかという問題にもつながってくる[2]。

第三に、九州南部、特に薩摩藩を中心とした地域の地域的特色である。たとえば、山などによって県境がさえぎられており、他藩の人間が入ってくることが困難であったという環境がある。さらに種子島や奄美大島、あるいは薩摩藩が支配を及ぼしていた琉球（現在の沖縄県）などの離島も点在し、同一藩内において多彩な様相が検討可能である。

第四に、かくれ念仏やかくれキリシタンという宗教学や民俗学の分野で重要な研究対象となってきた、いわゆる「かくれ」てきた宗教団体の存在がある。薩摩藩による真宗禁制が「かくれ念仏」を成立させたとみてよいが、実際に薩摩藩の統制と本願寺の布教、そしてかくれ念仏の信仰の関係性や歴史についてはいまだ解明されていないことも多い。ただし、真宗禁制にたいして薩摩藩内のかくれ念仏の信徒が本尊を壁の中に隠すといった信仰形態とかくれ念仏の一つとされるカヤカベにおける「カヤカベ」の類似性もある。さらに、カヤカベにおける「おつとめ」や「おつたえ」と九州北部のかくれキリシタンの「オラショ」の共通性から考えると、九州の講についての研究が深まることにより、さまざまな宗教間における講的な集団の同根性や同質性が浮かび上がってくる可能性もある[3]。

第五に、本願寺派における現在の鹿児島県を中心とした鹿児島教区における寺院と檀家の関係性がある[4]。鹿児島教区内においても、鹿児島市の市域部と島しょ部では差異がみられるため、こうしたあり方が歴史的に形成されたものかどうか講を通してあらためて考えておくべきであろう。

第六に、全国各地に講が現在も複数あり活動も続けられているものの、講といった場合に東日本の講が取り上げられることが多い印象もある。これまで刊行されてきた講研究会の論集（ⅠからⅣ）や近年の『人のつながりの歴史・民俗・宗教』の成果をうけつつ、今後、西日本地域の講についても取り上げる必要性が論じられている。本願寺派の講は特に西日本地域に多くあるため、講研究の将来にとっての九州地方の講の意義を強調しておきたい。

ここであげた理由から、本稿では九州の講を対象とする。論点をしぼるために九州南部にまずは焦点を当てていく。ただし右記の理由のいくつかをふまえ、九州の他の地域にも目配りし、九州地方の講の特殊性と普遍性を歴史的に明らかにする過程で、今後の講研究全体に役立つような幅広い視点も探っていきたい。

二　九州南部における講

九州南部に存在した講の中で、「薩摩の講」を中心として扱っていく。薩摩とは現在の鹿児島県を中心とした地域のことである(5)。近世においては薩摩藩の支配地域であり、薩摩藩は次のような特色を有する土地であった。「薩摩藩は今の鹿児島県のほか、宮崎県西南部地域や沖縄県（琉球）をふくむ広大な地域を所有していた……薩摩藩の支配する地域は文字どおり、日本列島の最南端の地であった……かくれ念仏のような秘密が外に漏れにくいことにもなった……さらに離島も非常に多い」（『薩摩』六頁）。近世を通じて念仏禁制が行われ、念仏が禁止されていた「かくれ念仏」の地としても有名である。「かくれ念仏」については、後にふれる。

「講」について桜井徳太郎氏は、「講とは、宗教上もしくは経済上その他の目的を達成するために、志を同じくする人々の間で組織された社会集団の一種である」とする（桜井［一九七六：九八頁］）。講は多面的な集団であり、宗教的にはある種の共同体として存在し、信徒間の連帯機能を果たしてきた。講にはさまざまな形態がみられ、宗教的な講について本稿では対象とする(6)。宗教教団が発展してきた背景には、講という大きな存在があった。つまり、宗教教団の活性化に対して講が果たしてきた多様な役割について明らかにする必要性がある。真宗をはじめとした多数の宗教教団にとって、講は発展要因となってきた(7)。

九州南部における講の歴史的経緯をふりかえる前提作業として、九州への真宗の伝播について概観しておきたい。つぎにあげるようないくつかの説があり、一五世紀末頃に伝わり、その後、九州各地に広がっていったとされている。

「九州には明応四年（一四九五）九月に実如宗主より絵像本尊が、摂津照寺門徒の豊前小倉津の者へ（北九州市永照寺所蔵写）、永正二年（一五〇五）四月に実如宗主より絵像本尊が興正寺門徒の豊後別保村惣道場へ（大分市専想寺所蔵）、永正三年（一五〇六）二月に絵像本尊が薩摩千野湊の者へ（海南市浄国寺所蔵）授与された。以後、豊後には興正寺に属する端坊が、豊前には端坊と仏照寺が教線をのばし、その教線が九州各地へ伝播していった」（『増補寺史一』五一〇〜五一一頁）。

「十六世紀前半に九州の瀬戸内海地域へ本願寺教団の教線が、特に端坊が中心となり堺より海路に沿って展開された……『天文日記』には、他の九州からの上洛の事例は、肥後国西光寺への斎への相伴、日向国慶西門徒の西了よりの斎の調進の記事が見られる。すでに、肥後人吉相良、薩摩島津の「一向宗禁制」が実施されていることが知られているから、一六世紀中頃には、ほぼ九州全域への真宗伝播と門徒団の存在が確認しうる」との見方もある（中川ほか［二〇一四：一四〜一五頁］）。

「享和三年（一八〇三）に記された『豊後国誌』によると、豊後国（大分県）高田郡森村の専想寺が文明八年（一四七六）僧天然によって開創され、これが浄土真宗寺院の九州南部で最も早く開かれた寺とされる……しかし、「貞享四年高鍋藩寺社帳」には日向国美々津（日向市）の真宗正覚寺が文明三年（一四七一）慶西によって開山されたとあり、豊後専想寺より五年先んじている。いずれにしても、豊後専想寺や日向正覚寺の創建年代から、一向宗は日向・薩摩など南九州へ十五世紀後半に伝わっていたと考えられる」（前田［二〇二一：一五頁］）。

真宗の全国への伝播は、九州地方への広がりも可能とした。おおまかにみれば、九州北部から南部へと進展し、各地に寺院ができ、その周囲に教えが伝わったと考えられる。近世を通じての寺檀制度の成立にともなって、寺と檀家という関係がしだいに形成されていく。ただし、薩摩藩の支配地域においては近世に入る以前から禁制が敷かれ、この地域の独特の発展につながっていく。その影響は近代以降も残り、現在でも鹿児島別院では直属の門徒をもち、一つの寺院と門徒の関係も広い地域を包括することが多い。寺院と檀家の関係にも多少の独自性がみられる。

大分県豊後鶴崎の専想寺に調査に赴いた際に、当時、前住職であった大内秀麿氏から伺った話がある。大内氏が龍谷大学在学中に、授業担当であった宮崎円遵教授に対して自坊にある真宗関係宝物についてのレポートを提出した。そのレポートに基づいて、宮崎氏が専想寺を中心とした九州調査を実施したとのことであった。「九州真宗の源流」（宮崎［一九九〇：二〇九～二一〇頁］）にも、「この二、三年来私は福岡県田川郡添田町法光寺の井上順清氏から天然のことや法光寺の縁起並に寺宝のこと、その他九州の古寺院のこと等について聞く機会があり、その方面への関心を次第に深めていた。しかるに昨年（昭和二十四年）夏龍谷大学在学中の専想寺の大内秀麿君が史学のレポートとして提出した同寺史の中に記した寺宝目録は私の多大の関心を喚び起こした」とする記述がある。

宮崎氏の九州真宗への視点は、しだいに深まりをみせていったようである。カヤカベに関する大規模な宗教実地調査もその一つとしてあげられよう。九州南部に属する薩摩地域については、宗教史や真宗史に加えて民俗学や社会学の立場からもさまざまなアプローチが試みられてきた。代表的な調査としては、昭和三十年代後半に龍谷大学宗教調査班によるカヤカベ調査が実施されている。この調査の代表者であった宮崎氏は、つぎのように述べている。

「九州に真宗が入ったのは室町時代の中頃で、同じころ薩摩にも波及している。ところが、その末頃から江戸時代を通じて、薩摩藩では真宗を禁止し、明治初年にまでそれが続けられた。真宗禁制は薩摩藩の重要な宗教政策であったから、その近在人吉藩のようにこれに倣うものもあった。しかし薩摩における真宗の信仰は、これによって絶えたのではない。その信徒は藩の弾圧に苦しみながらも、地下に潜行してその信仰をもちつづけ、本願寺（とくに本派）もまた特殊な配慮を払って、それを助成した」（『カヤカベ』一頁）。

この成果を受けつつ、宮崎氏は九州への真宗伝播について、「九州真宗の源流として知られるのは、豊後鶴崎専想寺の祖天然（浄祐）で、浄土宗鎮西派から転じて本願寺の蓮如に帰依したという。当寺の資料からみて、この寺伝は信頼できると思う。その後、真宗は九州各地に伝わり、やがて薩摩にもそれが現われる」と述べている（『集成一八』三八七頁）。

九州はそれぞれの地域に多様な特色があり、本稿では十分に全体を論じる用意をもたないが、バリエーションが豊かであるところが魅力の一つでもあろう（参考　中川ほか［二〇一四］）。九州地方の環境と京都の本願寺との間の地理的な距離も教えを地域の実情に合わせたように変化させ、柔軟な捉え方を可能とした面がある。各地の宗教状況の違いも、真宗の教えを先鋭化させたり、変質させたりしていったこともあったであろう。

講全般については、「一種の老人倶楽部のごときもので、多くの村には昔から一つずつの念仏講がある……その仲間に入れてもらうと、彼岸、盂蘭盆、寒念仏、その他活発有為の念仏講にあっては年に何度ともなく集会がある……以前の念仏講においては必ずしも用のない村の老人ばかりがその講員ではなかったので、これに加入する利益はひとり精神上の慰安であったのみならず、一朝家内に喪のある時にも、この団体に属しておるとおらぬのとは大いなる便益の差があったために、その必要からもこの講は一村または一部落を区域とした鞏固な組合であったかと思う」とのまとめもある（柳田［一九九〇：四二九頁］）。

九州南部における講もまた、宗教の発展要因となっていく。真宗の伝播を受けた門徒の信仰保持の努力と本願寺教団による梃入れが、九州南部、特に薩摩藩における厳しい禁制下においてさえ、講を通じて念仏の教えが維持されていったのである。門徒は島津氏支配の上位に本願寺を位置づけており、生活の基本に勤行を行っていた（『薩摩』二七頁）。この信仰のあり方からは、仏法と王法（国法）の関係についても考えることができる事例である（参考　塩崎［二〇一一］）。

三　近世までの薩摩の宗教状況

時代は近世を迎えていく。全国的に進められた宗教統制とともに、九州では天草島原の乱が一七世紀前半に発生し、統治する側からの宗教への見方が厳しくなっていく。幕府の政策に則って各地でそれぞれの統制が行われていくが、九州南部に属した薩摩藩での宗教への禁制は特に厳しいものがあった。

先述したように、「永正三年（一五〇六）二月一九日に実如（一四五八～一五二五）宗主が薩摩千野湊の明心に授与した阿弥陀如来絵像裏書が伝来し（鹿児島県始良市性応寺所蔵）、そのころまでに薩摩地方に真宗が伝播したと考えられる」（『増補寺史二』四三一頁）。そして、「少なくとも一六世紀初頭には、本山と繋がりを有する真宗関係者が薩摩に存在したといえる」（長谷部［二〇一六：三三頁］）。

九州南部においては、真宗禁制は行われていた。たとえば近隣の相良藩でも、「国家権力・支配者から「抵抗の宗教・民衆の宗教・開放《ママ》の宗教」として警戒を受ける真宗（一向宗）が念仏禁制という形で現われたことが知られている。天文二十四年二月七日に肥後人吉相良が定めた「相良氏法度」第三十六条には、「一向宗之事、いよいよ法度たるへく候、すでに加賀の白山もえ候、せつせつ顕然候事」と定義されている。このことにより、戦国期において、相良では一向宗禁制が戦国期領主権力の領域支配の基本政策として定められ、幕藩体制を通じて明治維新期まで継続し」ていた（中川ほか［二〇一四：一七頁］）。

教如が一五八七年頃に秀吉からの命で九州下向した際も、「肥後人吉相良・薩摩島津は「一向宗禁制」であり、真宗念仏の禁教地と戦場という緊迫した空気の中、教如一行は旅したことになる……肥後より南下後の禁制下の土地には、本願寺教団に属す寺院・道場はないことになる。しかも、島津降伏という新しい状況が出現とはいえ禁制が解禁されたわけではなく、領内の本願寺門徒は「隠れ念仏」であったわけ、門徒を名乗るわけにもいかない地域を意味した」とされる（中川ほか［二〇一四：三四頁］）。一五八七年の時点ですでに「義久、領内の真宗を禁ず」（『本願寺年表』浄土真宗本願寺派、一一二頁）とあり、大変緊張感のある状況で九州に赴いたことがわかる。

日本全国を俯瞰すれば、本願寺教団における「寺院増加の速度は、江戸時代初期まではきわめて徐々で、寛永年間（一六二四―四四）から急速に増え、現存の寺院の九〇パーセント以上はこのころにできたものである。したがって、江戸時代までは、真宗の伝道施設としては、道場が主であった」とされている。(8)

一方で、厳しい真宗禁制をした地方は、「寺より小さい道場という建物は東西の本願寺派に今でもたくさん置いている。北海道とか薩摩とかの明治の世になって伝道を盛んにした地方にはことに多い」という状況であった（柳田［一九九〇：四二二頁］）。「薩摩地方の講道場については、お座仏・講間・内寺・里寺・花元・番役寺・寺元等と多くの呼称がある。道場主については……御講役・番役・お里さん・親・おやじ・おとうさん等これまたさまざまである」（千葉［二〇〇一：四五四頁］）。

薩摩藩は近世真宗寺院が存在することが許されなかった藩であり、その事実が幕府や藩、本寺と一般寺院（末寺）という通常の本末関係とはかなり異なった関係性を生み出した。幕府と藩という視点からは、薩摩藩独自の宗教統制をひき起こし、特に真宗に対して過酷な禁圧がなされていった。薩摩藩では、次第に藩内の統制を強化しようとしていく。

島津氏による真宗禁制の動きは、一六世紀末になると急速に進む。一五九三年に、島津義弘の家老であった新納旅庵から、朝鮮出兵中であった義弘に宛てて真宗信徒の処分の許可を求める手紙が出されている。引き続き、四年後の一五九七年にも義弘は、

一向宗之事、先祖以来御禁制之儀ニ候之条、彼宗体になり候者は曲事たるへき事

という留守中の「置文」を朝鮮出兵に際して発している。これは「薩摩島津においても、慶長二年（一五九七）二月二十二日「一向宗禁制」の継続が確認され、文禄・慶長の役による朝鮮半島への動員中の家臣団統制の手段の一つとして使用された。藩の「素法」として薩摩島津が「一向宗禁制」を位置づけたことは……（この）文言に反映されている」とみられている（中川ほか［二〇一四：一八頁］）。

「（豊臣）秀吉は全国を統一すると朝鮮出兵をするが、その二回目の一五九七（慶長二）年の出兵に際して十七代義弘は、留守中の領内の治安維持のため家臣たちに日常の勤務や生活の心得を二十ヶ条にまとめた掟を出している。その最後の条に「一向宗の事、先祖以来御禁制の儀に候條、彼の宗体になり候者は曲事たるべき事」とあり、一向宗は先祖から禁止してきているので、この宗教を信ずる者は処罰する、というのである。これが一向宗禁止令として領民に示された最初のものと言える」（『新編』一一頁）。

真宗禁制が島津氏によって法制化されていったのは、このような経緯であった。

「薩摩においては戦国時代に領主島津氏によって真宗が禁止されて以後、その政策を永く堅持し明治に至るまで解

禁をみなかった。禁制の理由については諸説があるが、一向一揆のような封建支配に支障をきたす事態が生じることを警戒したためとみられる」とされる（『寺史三』三五二頁）。

厳しい禁教下で真宗が残り続けたのは、薩摩に講があったからである。藩の宗教統制にたいして、内部からの信仰強化や禁教を押し戻すエネルギーとなったのが各地に結成された講である。講は近世において、真宗信仰をかくれ念仏として残すとともに、カヤカベや真宗の勢力を保持し続ける要因となった。かくれ念仏の歴史をていねいにたどると、講をベースとして発展したことが知られる。

浄土真宗において講は、門徒の間を結びつける紐帯として機能していた。その機能は時代を経るにつれて強化されていき、さまざまな種類の講が本願寺教団においても形成されていく。全国各地における特色もみられ、教団を支える有益な存在として本願寺からの期待も高く、本山側からの講への積極的な働きかけもあった。

「本山は特定の権力者から領地の寄進を受けるのではなく、門末から進納される懇志に経済的基盤をおいていたため、門徒による講組織の結成は重要な意味をもっていた。また、室町時代後期に講が結成されたことは、当時の一般社会の地域結合である惣村の発達と深く関連していた。蓮如宗主以降、真宗が全国的に広がると各地で講が結成された。そして本末制度のもと、本山・末寺と門徒の講が非常に重要な関係となっていった……講の名称は、毎月一度の集会の日にちなむ六日講・十三日講などが基本であったが、本山や所属寺院に特定の物品を納める目的で結成された講には、炭講・花講・呉服講・御鏡講・焼香講・塩講・仏飯講・蝋燭講・御戸帳講・灯明講・障子講・油講など、その物品の名が付けられた。また地域の特産物を献納することを目的とした講もあった。たとえば大和の晒講、備後の畳講、安芸の柿講、紀伊の蜜柑講、讃岐の砂糖講、薩摩の煙艸講・沈香講・椎茸講などである」（『増補寺史二』一五三頁）。

近世までの講はこのように推移し、薩摩藩独自の禁制に伴った状況として「かくれ念仏」が登場してくる。

四　「かくれ念仏」と「カヤカベ」

ここまでの論をうけつつ、「かくれ念仏」と「カヤカベ」について概観しておきたい。

「かくれ念仏は広義には徳川幕府や領主あるいは本山などから異端として扱われ、全国的に禁止された念仏信仰をさし秘事法門なども含まれるが、狭義には主として薩摩藩（鹿児島県）や人吉藩（熊本県）における真宗禁制下での密かな信仰をさす。この薩摩藩や人吉藩のかくれ念仏は、藩の禁制によってやむを得ず隠れる信仰となったもので、多くのかくれ念仏は本願寺に属した」とされる（『増補寺史二』四三一頁）。

「かつて島津氏の支配した地域においては親鸞聖人の教えは禁止されていた。現在の鹿児島県、宮崎県の諸県地方そして沖縄県である。同時期に一向宗禁制政策がとられた地域に、相良氏の支配した人吉地方がある。禁制下の真宗門徒のことをいわゆる「かくれ念仏」といっている」（『新編』「はじめに」）。

日本宗教史から近世をみた場合、「江戸時代には、かくれキリシタン、不受不施派、かくれ念仏と三つの宗教的異端があり、きびしい弾圧にもかかわらず、それぞれの地域の民俗と結びついて、明治維新以降に生きのびた。民俗と結びつくことで、宗教的なものがいかに強靭な生命力を獲得することができるかということのみごとな実例である……江戸時代の社会は、宗教的諸勢力から有力な異端の運動を生みだすような活力を剝奪し、異端を社会の片隅に凍結することで安定化された社会であった」と位置づけられてきた（安丸［一九八六：四四〇頁］）。

「かくれ念仏」についてはいくつかの先行研究があるものの、具体的な様相は、信仰の特性からも必ずしも伝えられていない。「かくれ念仏」については、つぎのような整理がある。

「薩摩藩では真宗は禁制になっていたので、真宗門徒は信仰を公然と表示することができず、いわゆる「かくれ念仏」としてひそかな信仰の場をもたねばならなかった。このかくれ念仏に二つの形態がみられる。真宗の信仰を純粋な形のまま維持しようとするものと、民俗信仰に仮託し、それにかくれて保持しようとするものとである。前者は薩摩のほとんど全域にわたって分布する本願寺認可の「講」、後者は霧島山の西麓（鹿児島県始良郡牧園町・横川町）に所在する「萱壁講」（カヤカベ教）および東麓（宮崎県北諸県郡山田町）の「かくれ組」等である」（千葉［二〇〇一：四八二頁］）。かくれ念仏は、「念仏信者が「講」を主要な活動単位に据え、ひそかに実践してきた信仰である」とする整理もある（長谷部［二〇一六：三八頁］）。

「かくれ念仏」の信仰形態としては、「真宗門徒は禁圧されたが、信者の数は増加した。禁制下においても真宗門徒は人里離れた洞穴（ガマ）や、人目につきにくい土蔵の二階などに深夜集合して信仰を確かめ合った。この組織の単位を講間、また御座という。一晩のうちに集合し帰宅できる圏内の人びとにより構成され、その規模は一集落から二、三集落の範囲と考えられる」とされる（『増補寺史二』四三六頁）。

その頃の状況を物語る「かくれ念仏」の集会所跡が、現在もいくつか遺されている。たとえば、鹿児島別院の東俣出張所の付近には「花尾かくれ念仏洞」がある。かくれ念仏洞では、実際に禁制時代にはかくれ念仏の集会が行われており、雨や嵐など役人の見回りがない日をねらって会合が行われていた。念仏洞は、山のかなり奥に位置しており、現在は階段も設置されているものの、昔は単なる山道で、人がほとんど入ってこないような場所であった。不便な場所が、念仏洞として選ばれていたようである。念仏洞に向かう山の下には見張り所があり、見回りの役人が来た時には見張り所から木に渡した綱によって合図を行い、上で集会を行っていた信者は合図に応じて散会していたとのことであった。

「かくれ念仏」と「講」を直接結びつけてよいかについても、いろいろな見方が可能であろう。ただし、近世のかくれ念仏が講の形態を取りながら存在し、近世に結成された講が近代になって時代の変化に応じて本願寺教団のもとに再結集し、九州南部の各教区の核となっていったことも事実である。信仰の紐帯という視点から考えてみると、諸種の念仏洞も薩摩における禁制の時期の様相を如実に伝えてくれる、意義深い遺跡の一つであるといえよう。近世のかくれ念仏の歴史をたどるに際して、講を中心に据えて検討していく必要が今後出てくると考えられる。(9)

「カヤカベ」という講的な集団もある。先述の大規模調査によって、カヤカベの実態がかなりの程度まで明らかにされた。「カヤカベの宗旨は、課題に記したように大雑把にいって、浄土真宗本願寺派のそれに霧島山と霧島明神への信仰を習合させ、浄土真宗と修験道とを巧みに合揉したものと見ることができる」との整理がある（『集成一八』六九八頁）。

「真宗禁制下の薩摩藩で本山とのつながりを断ち、独自の道を歩んだ信仰もあった。それがカヤカベ講であった……カヤカベ講という名称は親幸の時からのようで、かやぶきの壁の中に阿弥陀仏を隠し、壁の表面には霧島紙を祀る神棚を置き、その前で『正信偈』を読み、真宗行事を執りおこなったことに由来する」（『増補寺史二』四三九頁）。「元々は、他のかくれ念仏の講と同様に本山本願寺とのかかわりを持ち、信仰を続けていた。しかし、激しくなる藩の弾圧から隠れるあまり、本山とのつながりを絶って独自の形態を取り、講の中から教祖が生まれ、霧島神道と密着した教義体系を作り上げたとされる…おつとめは、「正信偈」を主としてその前後に独自の作法があり、最後に「お伝え」という法話がある。読経などはすべて経本を見ずに暗記しているという」（『本願寺新報』三二八三号、二〇一七年一〇月一〇日号）。

「カヤカベ」と講の関係については、「「講」を中心に民衆布教を展開してきた真宗の伝統に照らすならば、まずその淵源は、この「党類」はおそらく「講」やそれに類似の集団と考えてよいのではなかろうか。そうとすれば、このエソテリックな「講」（あるいは「講的」）集団が、近世前期から近現代に至る時代を、しかも近世の過酷な弾圧政策を潜り抜けて、脈々と生きつづけてきたことになる」とする見方がある（長谷部［二〇一六：四一頁］）。

「かくれ念仏」をはじめとして、近世という時代は、体制にとって不都合なよくわからないものを「キリシタン」と名づけた時代でもあった。「キリシタンとはなにかということがその信仰に即して具体的に把握されていたのではなかった。むしろ、近世社会の普通の生活者から見て異様な存在は、誰でも「切支丹」とされる可能性があったのである。とりわけ、異端的な宗教は「切支丹」とされる傾向がつよく、たとえばかくれ念仏は「犬切支丹」と称され、また「切支丹」として処分された。かくれ念仏がキリシタンと同一の存在とされたことが、きびしい取締まりが行われた理由だったともいう」（安丸［一九八六：四三七頁］）。九州においては、「かくれ念仏」とかくれキリシタンの間に共通性をみる見方もあったようである(10)。

本稿の視点から考えると、「かくれ念仏」が他の信仰と比べてなぜ残ってきたのかという点も考察すべきことである。そこに講をベースに発展していた信仰であったことが指摘できる。たとえば「カヤカベ」は、講に基づいて小教団となっていくし、講元が教祖化していった事例の一つでもある。

「かくれ念仏」が発展してきた近世から近代への移行において、時代の変化の中で失われたものが多くある。「カヤカベ」などで重視されてきた口伝によって伝えられてきた宗教伝統は、近代になってしだいに消滅していく方向にあった。「無文字文化の伝統の圧殺」（参考　米山［一九八六：五一一頁］）といわれるようなあり方は、集団で守り続けられた伝承形態を変質させていった。一方で、講によって守られたものもある。講があったことによって真宗信仰も残り、かくれ念仏も残ったといえる。近世から近代への移行によって失われたものもあるが、論を先取りするならば、近世の宗教状況を近代以降にスムーズにつなげたものが講であったといえる。

五　近世の薩摩の講

近世の薩摩の禁教状況

時代は近世に入っていく。

薩摩は他の地域に比べて、「薩藩の禁制は封建時代を通じて永く踏襲されたことに他の例を見ない特殊性が存する」という特色がある（福間［一九七〇：二一五頁］）。さらに、「島津藩の宗門改めは、必然的にその方法からして、独自の内容をはらんでいた……（この）制度は更改につれ、キリシタン禁制と結びついた一向宗の禁制も、次第に士分から百姓身分にいたるまで、厳重に実施されることになったが、そこにみられる最大の特色は、寺院がこれに参与していないという点にあった……（薩摩藩では）すべて宗躰座、のちに宗門改所の指揮でなされ、寺院自身が禁制の宗旨に関係ないかという監視の対象になっていたらしい……領民のあいだに安定した寺檀制度が、一般的に成立していなかった…寺請けを可能にするような部落ごとの寺檀制が、一般に成立していなかった」という点にも特徴がみられる（高取［一九七三：五二頁］）。

近世をとおして、薩摩の真宗信仰は厳しい弾圧を受けながらも、根強い生命力を保持していく。その大きな基盤となったのが、「講」である。さまざまな種類の「講」が信徒主体で存在し、それぞれのカラーを有しながら、真宗信仰を各地域に浸透させていった。近世は薩摩の真宗にとって、厳しい禁制下の時代であった。九州各地には、浄土真宗の教えがしだいに広がりつつあったものの、一方で薩摩藩では厳しい禁教政策が取られていく。薩摩の真宗はこの禁制をとおして、独自の発展をとげた。

「戦国時代以来、薩摩では真宗が禁教であり、寺院を建立することが認められず門徒の真宗信仰も禁圧されていた。しかし実際には薩摩の門徒は禁圧されつつも、脈々と本山とのつながりをもち、講を結んで決まった日に念仏を称え、本山へ種々の献納品を送り、確実に進行は根付いていた……本願寺所蔵「講名録」に見られる、おもな講は次の通りである……日向……大隅……薩摩　薩州御煙草講・薩州十八日講・薩州御焼香講・薩州椎茸講・鹿児島仏飯講・薩州島講……琉球　中山国歓喜講・中山国廿八日講」と紹介されている（『増補寺史二』一五五〜一五八頁）。

「文献による講名の初見は、煙草講で、元禄七年（一六九四）に同講に本願寺から宗祖影像を授与している。すなわち『御講仏御示談簿部分』に

御開山様・蓮如様御免之年時取調候処、御納戸御免物留ニ左之通、

一御開山様御影　　日向直純寺取次

元禄七甲戌年二月廿日　　御煙草講…

と記されている。もちろん煙草講以外に、これ以前にいくつかの講が所在していたであろうが、なにぶんにも禁教のため、現地の講には記録等がほとんど残って」いないとされる（千葉［二〇〇一：四五五〜四五六頁］）。

「かくれ念仏略年表」（『薩摩』一〇六〜一〇九頁）に基づき、近世の薩摩の禁教過程と状況を確認しておく。

一五九七（慶長二）年　島津義弘、真宗を禁止
一六二四（寛永一）年　島津家久、真宗とキリスト教を法度とする：弾圧の制度化
一六三五（寛永一二）年　最初の宗門改・宗門手札改が実施される
一六三八（寛永一五）年　横目による監視
一六五五（明暦一）年　宗門改めのための宗体座が設置される
一八三五（天保六）年　「本願寺財政改革上納帳」発覚に伴う真宗に対する天保の大弾圧

薩摩藩は独自の宗教統制を行い、宗体奉行が設置され、その役所が宗体座とよばれていた。寺院はその動向に関与せず、藩主導で禁制が行われたことも特色であった（参考　高取［一九七三：五二頁］）。一六二四年から一六四四年は、弾圧の第一期的な時期であった。庶民同士の相互監視制度も整備されていた。藩側が変化に気づきやすいようにしていた。

江戸幕府が全国的に仏教宗派に対して行った寺請制度は、全国各地に点在した各寺院が幕府や藩の名代として庶民の信仰を把握する形式を取り、人別掌握の面もあったことで知られている。寺請制度は信仰掌握を目的としていたものの、人別掌握につながったことにより、各戸の人数や経済状況を把捉することもでき、寺院に藩権力よりも直接かつ密接な地域に根差した庶民統制を行うことを可能とさせた。ここから類推するに、仏教教団の各本山も末寺からの情報をとおして、庶民層の状況を知り、教団財政の立て直しや梃入れにつなげていった事実もあったであろう。ただし薩摩藩においては本末関係が藩の介入によって断ち切られていた。そのため真宗の本山は講をとおして薩摩の状況を知り、講と直接交流することにより、真宗信徒を後援することで教団の伝道成果を戦略的にあげていったとみられ

る。薩摩藩にとって真宗の本山は意識せざるをえない存在であったが、直接対立することはなかったようである。藩内の統制をはかる意図は、藩内の人民としての真宗信徒、すなわち「かくれ念仏」の徒に対して強権的に行われていた。薩摩藩の真宗禁制による特異な信仰体制は、他藩には例をみない本山と薩摩地域の講の独特の関係を成立させたのである。

薩摩の講の歴史には伝統がある。「島津氏は領内で真宗を禁止し、寺院・道場や手次坊主の存在を許さなかったので、門徒はひそかに講を組織して教えの伝持をはかった。元来、講は真宗の門徒組織の基本的形態として蓮如以後ひろく採用されており、薩摩地方の講組成は、おそらくこの地に真宗が伝わった当初になされたものと考えられる」（千葉［二〇〇一：四五五頁］）とされる。

薩摩における講の重要性は、先行研究でも繰り返し強調されてきた。「薩摩藩においては室町時代末期より明治九年（一八七六）に至るまで一貫して真宗が禁止された。その間、本願寺門徒は時として厳酷な弾圧を受けながらも、講を結成して本願寺と連絡を保ちながら信仰を相続しようとした」（星野［一九八五：二〇九頁］）。「薩摩の門徒は信仰相続のために非合法の結社である講を結成し、執拗に本願寺との連絡を保持……そのような講が幕末期には「七十余講悉露顕」したという」（星野［一九九〇：四七六頁］）。

「戦国時代以来、薩摩では真宗が禁教であり、寺院を建立することが認められず門徒の真宗信仰も禁圧されていた。しかし実際には薩摩の門徒は禁圧されつつも、脈々と本山とのつながりをもち、講を結んで決まった日に念仏を称え、本山へ種々の献納品を送り、確実に信仰は根付いていた。さらに琉球でも講が結ばれ、本山と連絡が取られていたことは注目される」（『増補寺史二』一五五頁）。薩摩を含めたエリアであった「薩摩・大隅・日向は島津一門によって典型的な封建支配が行われたところであり、そのもとでは真宗禁制が伝統的政策として持続され、また隣接の人吉藩においてもこうした政策がとられていた」（『寺史三』三五二頁）。

薩摩藩における真宗禁制には、いくつかの理由があったとされている（参考 福間［一九七〇：一二一頁］）。

真宗禁密ノ理由トシテ伝フルモノ四説アリ。一ニ宗派的感情。二ニ石屋禅師ノ懇請。三豊公征薩ト真宗ノ関係。四幸侃事件ノ関聯……此ノ四説何レカ其正ナルヲ知ラザレドモ厳禁セシハ事実ニシテ、今尚真宗信仰ノ為ニ刑ニ処セラレシ古老ノ現存スルアリ。カカル厳禁中当甑島ニハ何時頃ヨリ真宗伝播シ、如何ナル状態ナリシカヲ知ルニ足ランカト、繁キヲ顧ミズ下江伊之助蔵書ノ数種ヲ写サン（「一向宗禁制甑島関係史料」『集成一八』四五七頁）

禁教の理由としては、つぎの二つが大きかったと考えられてきた。

Ⅰ　封建支配のイデオロギーと真宗の性格が背反していたこと

Ⅱ　薩摩藩内の金銀を門徒が本願寺に納めることを防ぐため

「Ⅰ」については、島津氏からの度重なる心得が出されている事実もあり、「徳川幕府が隠れキリシタンを摘発するため「宗門改」を行うようになると、薩摩藩ではキリスト教徒と同時に一向宗信者の摘発も行うようにした」と禁止が強化されていく。「一八世紀の初めには真宗門徒が増えたため、藩は自首して宗旨替すれば許すと達示したところ、一七〇八（宝永五）年、自首して転宗した人が数千人に及んだ。この様な状況の中で鹿児島城代の島津将監は一向宗禁止と合わせて、山伏・念仏坊・平家座向等の取締りについても書付けをもって度々禁止している。山伏や念仏坊などの姿で一向宗を語る者が数多く薩藩領内に入り込んで、各地の講と連絡を取っていたからである」とされる（『新編』一四頁）。

「Ⅱ」に関しては、「本願寺では寛政（一七八九〜一八〇〇）年中から天保（一八三〇〜四三）年中にかけて財政改革が施行されたが、この間本願寺と薩摩の講は密接な関係をもち、使僧の派遣や懇志上納がおびただしくなった。一方薩摩藩においてもこのころ藩の財政改革に乗り出したので、藩外へ金銀が流出することは黙視できなかった」とする記述もある（『寺史三』三五三頁）。

文政一〇（一八二七）年、調所広郷（一七七六〜一八四八）が、大きな負債を抱えていた薩摩藩の財政改革に着手する。調所は薩摩から本願寺に流れる真宗門徒の上納金を防ぐために、非常に厳しい信者摘発を主導した。それを行うために、「京都における信者達の宿泊所で薩摩からの参詣者名簿を手に入れた。この確実な証拠を元にした信者の摘発は、藩役人にとって極めて有効で効率的なものであった」（『新編』一七頁）。近世薩摩における最大級の弾圧とされる「天保の摘発」である。

近世の薩摩の講

近世には、さまざまな種類の講が形成されていた。本願寺派において講の形成は全国的な状況であり、薩摩のみにとどまるものではない。「講は本来、各地において自発的に結成され広がったものであり、その構成は多様である。一村一郡の講や、末寺の名前などが付いた小寄講は各国毎に編成される場合があった」（『増補寺史二』一五四頁）。薩摩の講の特色は、その形態にもあり、「薩摩藩の支配体制の基盤をなす門割・外城制や郷を超えた広がりをもつ民衆の結びつきを示しており、それが江戸後期には藩内各地でみられるに至った」のである（長谷部［二〇一六：三二頁］）。

さらに、士分層が参加していたことも特徴である。福間光超氏も、「士分の者が講中に参加し、しかも指導的な地位を占めていた……薩藩における門徒の主体は、強度の封建圧制に苦しむ百姓及び村方郷士であった」と述べている（福間［一九七〇：二三〇頁・二五一頁］）。

薩摩の特色は、禁圧の中で講をとおして信仰を深めたことにある。薩摩の真宗弾圧については、「薩摩国諸記」[11]などをはじめとした史料が残されている。いくつかを紹介することによって、厳しい弾圧にたいして真宗信仰を守り続けた講や門徒各人の姿勢をみて取ることができる。

近世期の講の例を列挙してみたい。「文献による講名の初見は、煙草講で、元禄七（一六九四）年に同講に本願寺から宗祖影像を授与している」とされ（千葉［二〇〇一：四五五頁］）、これ以前にいくつかの講が存在していた可能性も示唆されている。江戸時代中期以降になると、薩摩地方の講は急激な増加を見せていく。たとえば、下甑島の信徒が本願寺に宛てて提出した「願い」がある。

乍恐奉訴候一札

一、金二両

右は先年御祖師様御影御免被仰付置御法義相続仕、年々金二両つつ差上上来申候得共、向後永代御本山様へ灯心代として志仕度、同行中申談候。

何卒灯心講と講名被仰付被下度奉存候。（「薩摩国諸記」『集成一八』四八一頁）

自分たちの講を「灯心講」と名づけてほしいという願い出であり、こうした依頼が講から本山である本願寺に宛てて出されることもあった。(12) 信徒が講を組織して、本山に届け出て、講名の下付を受けるというスタイルも一般的であったようである。

実際に各地に多くの講が存在していたことは、文政一〇（一八二七）年時点での薩摩の諸講を記録した「薩州諸講中略記」によっても伺うことができる。

御鏡講・仏飯講・御身講・椎茸講・煙草講・御膳米講・焼香講・灯明講・蝋燭講・御影供講・御戸帳講・灯心講・細布講・朱墨講・沈香講・冥加講・専修講・御花講・六条講・西照講・御幕講・三日講・十四日講・十五日講・十六日講・十八日講・廿五日講（千葉［二〇〇一：四五六頁］。参考『鬼界出役中御用諸記』『集成一八』四二八～四二九頁）

それぞれの講が負担する具体的な品物の名称が、各講につけられている。また、講名に日付を冠したものが多いことも、定期的に講の集会が行われた様子を物語っている。「右の名称による講が各地に結成されており……当時多数の講が存在していたことが知られる。そして、それら諸講の分布は、本島はもちろん上下甑島から琉球にまでおよんでいた」（千葉［二〇〇一：四五六～四五七頁］）。講は広い範囲に存在しており、「都城を初めとする諸県郡内には仏飯講や焼香講・椎茸講などがあって本山と直結して」いた（瀬戸山［一九八三：三二頁］）。

薩摩の講に対する本願寺側の見解も残されている。本山と直結していたために、宗主と直接交流することも可能であった。近世末期の宗主である第一九代本如（一七七八～一八二六）が、文化一三（一八一六）年に薩摩の内場仏飯講・内場焼香講・山田煙草講に宛てた「消息」には、つぎのようにある。

抑其国は元亀（一五七〇〜七二）之頃より爾来法義相続に難儀なる掟にして、末寺もあらねば、使僧等も差向難きに、各々後生之一大事に心を懸られ、講を結び、遠境を厭はず本山へ参詣せらるること、有難きことにこそ候へ（宮崎［一九九〇：三〇二頁より引用］）

「厳しい掟によって、寺もなく使僧も滅多に来ず、その法義相続は容易ではなかったが、門徒たちは「法座はおおく深山中、但しは辺土にして、夜中のみたつ御座候、併五重の遠見を入置、参詣之人数をあらため、若不審の事候は、竹かひをあひづと仕候、一国出入に転座の節は、かつらに彼国の風俗の紋付、但しは大島の羽織、大小にして夜中に往来仕候」（薩摩国諸記）という状況であった」（『寺史三』三五三頁）。

薩摩では、「真宗の教えは依然として存し、信徒は地下に潜行して、何度かの弾圧に苦しみながらも、信仰を伝持していった。その場合、（上の）消息にもいうように、真宗の寺院は認められないから、彼等は人の耳目を避けながら、講を結んで信仰を存続し、また本願寺とも密々交渉をつづけた。本願寺としては、そうした事情を察して、薩藩内の信徒や講に対しては特殊な待遇を与えていた」（宮崎［一九七〇：一四頁］）。

薩摩の講にたいしての特別な待遇は、本願寺内でも通知されていた。文化八（一八一一）年の本願寺寺務員の「諸事心得之記」には、薩摩の信徒への丁寧な対応を求めた表現がみられる。

一、薩中講中𠮟申物等願之節、何に而も被為在御免、且御取扱等も格別之義は由緒有之、講中に而之事に者無之、薩州は御宗門御弘通国禁にᅡ処、国法に背き忍ひて御宗門を奉帰依、且御馳走筋も余国と違ひ格別出精も有之、殊に御末寺一ヶ寺も無之国柄にて、御本廟を奉崇敬御法義相続致〆事奇特の至〆……右等之訳柄故格外之御取扱也、右講中之義は上京有之〆とも、随分粗略無之取扱遣し可申事（宮崎［一九七〇：三〇頁より引用］）

薩摩における講の位置づけの重要性と、本願寺教団全体にとっても薩摩の講が重視されていたことが、これらの史料群を通じて浮かび上がってくる。薩摩の講は本願寺と密接な結びつきを保つことにより、信仰の命脈を保っていたのである。

薩摩の「門徒は講を結成し、肥後の源光寺・西念寺・西方寺・光明寺・順正寺・正光寺・西性寺、日向の直純寺・正国寺・善照寺、大坂の西教寺・浄徳寺、京都の正光寺等を手次寺として、本願寺と密接な連絡をとりながら信仰を存続し、信者の数も増加の一途をたどった」とされている（『小史』一三頁。参考 福間［一九七〇：二五五頁］）。「薩藩全土にわたって多数の信者が蔓延していたことが窺えるが、その多くは講を通じて本願寺と結び付いていた…これらの講と本願寺との関係が具体的にどのようなかたちで行われていたかを考察しよう。講と本願寺の関係は（A）本尊・御影・聖教・御消息類の下附、（B）講名の下附、（C）懇志上納、（D）隣藩並に京都・大阪の寺院を手次とする諸事上申、（E）使僧の派遣巡回、等が主要なものであった」と整理されている（福間［一九七〇：二五一～二五二頁］）。長期にわたる厳しい禁圧にも屈することなく、本山である本願寺との直接的な関係を保ち、本山への懇志を継続してきた点にも、薩摩の講の強靭さがよくあらわされている。薩摩の豊かさも本願寺からの期待につながり、納められる懇志は多大なものであったと考えられ、それが禁制の強化にもつながるのである。薩摩の門徒は「積極的な本願寺教団参加意識」をもっており（福間［一九七〇：二五九頁］）、薩摩の講は紐帯として、信徒同士の横のつながりとともに本山と各講との間の縦のつながりにも寄与していたのである。

「薩摩地方では、僧侶による寺院が成立するまでは、真宗門徒の宗教行事はすべて講の番役が司っていた」とする指摘もある（千葉［二〇〇一：四七二頁］）。真宗禁制の影響から、薩摩の講は信徒を中心に運営されていたとみることもできる。薩摩の講は自律的に運営されており、禁制の影響からやや流動的な団体でもあった。取り締まりによっていったん解散した場合にも、のちに再び結成して本願寺に届け出を行うという不屈の生命力をもっていたのである（参考『寺史三』三五三～三五四頁・福間［一九七〇：二五三～二五四頁］）。薩摩の講は藩からの厳しい禁制にたいして、自分たちの講および信仰を守ることに心を砕いていた。

薩摩藩のかくれ真宗は見張りを立てて深夜集会をおこなった。薩摩の真宗門徒が潜入した他国の僧を招いて説教を聞くときには、夜でも提灯をとぼさず村の役人の家のまえをとおりすぎた。草履をぬぎ、咳一つせず、息をこらしてとおりすぎたという。説教を聞くには大雨とか嵐とかの夜をことさらにえらんだ。場所は部落はずれの家か土蔵であった。村の要所要所には二歳《にせ》衆と呼ばれる若者組が見張りをした。また村の中でスパイ役をするようなうたがわしいものがあれば、これらの人を操縦する係りがもうけられた。酒飲みには酒の相手、釣好きには釣の相手をして集会が開かれていることを知らさないようにした。集会の最中に宗門奉行がふみこむようなことがあると立番の伝令で、ただちに灯明をふき消して、真暗やみにした（谷川［一九七二：三頁］）

薩摩の近世末期から近代初頭の宗教状況を、次項との関わりで概観しておこう。

『薩藩例規雑集』によると、薩・隅・向の三カ国にわたる島津藩内に所在した寺院は千六十六カ寺というが、幕末から明治初年にかけて、維新回天の事業発現の基地にふさわしく、すべて廃仏の嵐によって破毀され、現存の寺院はすべて明治以後の建立か、再建のものである」とされ（高取［一九七三：五八頁］）、この地域の仏教界は厳しい状況下に置かれていた。「全国各藩で最も激しい廃仏を実行したのは、旧薩摩藩で、日向国内薩摩領で百五十七か寺あった寺院は一か寺も残さず廃棄され、薩摩藩全体では一〇六六の寺院が全廃された」（前田［二〇一一：二五二頁］）。

また、「幕末維新期にはすでにそれぞれ真宗講社のネットワークが張り巡らされていた……明治九年、この地方に信教自由がゆるされ、直ちにこの地に真宗の説教所さらに寺院が建設されることになるが、その運動の土台を真宗講社のネットワークと組織が提供していた。こうして従来の真宗講社たちは、また真宗寺院の門徒となっていった。ここにこの地方独特の真宗門徒の形態が生じることになる」との見方もある（古賀ほか［一九九三：二〇三頁］）。

廃仏毀釈によって九州南部にあった多くの仏教宗派の寺院が失われたものの、真宗においては近世以来の「講」を中心とした再建が行われていった。こうした経緯を経ながら、近代以降の薩摩地域の真宗が形成されていく。

六　近代の九州南部の講

薩摩において真宗禁制が解かれたのは、明治九（一八七六）年のことである。長期間にわたる禁教政策にもかかわらず、真宗の教えが守られていたのは講の存在によると考えられる。「鹿児島県下における真宗の全面的な解禁は、結局のところ、維新後、明治十（一八七七）年の西南戦争の終わるまで待たねばならなかった」（『集成一八』六九八頁）。

解禁三年前の明治六年に出された本願寺派第二一代明如による「南州有志同行宛」消息がある。

其地ハ久シク弘教ノ路ヲ絶チ、聞法ノ門ヲ閉チタレハ、イカカ心得ラレ候ヤト、旦暮心ヲ痛メ候ヒシニ、幸ヒニ天運循環シ、四海一般ノ皇路ニ属シ候ヘハ、追々公ニ弘教ノ端モヒラケ、心オキナク聞法ノ良縁モ来ヘキ事ナレハ（『小史』一七〜一八頁）

真宗の解禁を待ち望んだ様子がうかがえるような文章となっている。もともと「鹿児島における廃仏毀釈は、ほかに例をみないほどに激しいものであった…鹿児島において、廃仏毀釈がこのように徹底して遂行されたのは、旧藩時代以来、寺請制度がなく、僧侶の社会的役割が小さく地位も低かったこと、早くから一向宗禁制が徹底して行われ、庶民のなかに仏教信仰の浸透定着が未熟であり地下信仰化していたことなど、仏教と民衆の結びつきが比較的希薄であったことが大きく影響していた」とみられる（原口ほか［二〇一五：二八〜二九頁］。参考 芳［一九七七：三五三頁］・前田［二〇二一：二五三頁］）。

僧侶がある意味で不在であったという点から考えると、薩摩の講こそが「門徒主体型の講」の一つの典型であると考えられる（参考 長谷部［二〇二一：九〇頁］）。組織の面からみると流動的ではあったものの、土地の実情に根ざした真宗教義のとらえ方や行事の独自性が特徴となっている。門徒主体であったことが、薩摩の講に独特の性格を付与していくことにもつながった。

本願寺派としては近代を迎え、開教地として鹿児島県を射程に入れていく。近世までの「講」の歴史を踏まえつつ、近代の浄土真宗の展開があった。明治六年、本願寺派第二一代宗主の明如（一八五〇〜一九〇三）は、薩摩開教を志した消息を「南州有志同行中」宛に送っている。

明治九年、鹿児島県参事の田畑常秋が、県内の各区長宛に「信教の自由」を布達する。

信仰自由の布達

各区々戸長

各宗旨ノ儀　自今人民各自ノ信仰ニ任セ候條

此段布達候事

鹿児島県参事　田畑常秋

明治九年九月五日

本願寺派は「鹿児島県下の信者代表は直ちに上山し開教を依願するところがあったので、同月本願寺は小田仏乗・紀州宗学・暉峻普瑞……等の布教使を派遣し、つづいて竜川賢流・桑門無着……香川黙識……野崎流天……等が赴いて開教を開始した。また一一月には当時教団の元老であった大洲鉄然が開教視察のために下った」（『寺史三』三五五～三五六頁）。大谷派からは同明治九年九月下旬、「延岡の三ヶ寺から権藤圓海、香春大容、覚永霊心の三名が鹿児島に派遣されて開教の準備にとりかかった」（『新編』三一頁）。一一月二八日には、「渥美契縁・細川千巌……ら出張の上、鹿児島市南端大門口附近に仮掛所の開所式挙行。これ鹿児島別院の濫觴とす」とある（『宗門開教年表』真宗大谷派宗務所組織部、四頁）。

しかし明治十年、この地域で西南戦争が起こり、本願寺から派遣された僧侶が「官軍のスパイ」とみなされ、薩摩軍によって殺害される事件も起こる。なお、「浄土真宗禁制政策が解かれる契機は廃藩置県であった。旧薩摩藩の大隅・日向は都城県となり、ここでは真宗は解禁された。その後、県の統廃合が繰り返され、明治九年八月には宮崎県が廃され鹿児島県に合併された。政府の中枢にいた大久保利通は、県内の地域によって真宗の解禁と禁制があることの行政上の不都合をあげて、解禁を支持している」との解禁に至る背景があった（『新編』三〇頁。参考『寺史三』三五八頁）。

西南戦争終了後の明治一一年になると、本格的な鹿児島開教が始められていく。積極的な伝道活動によって、説教所が次々と開設されていった。解禁を待ちわびた信徒の思いに応え真宗は急速に広まった一方で、「幕末から明治初年にかけて廃仏の嵐が吹いたあと、大多数の人が新たに真宗に帰依したことから古い慣習はほとんど消滅し」ていくという事態も招いた（高取［一九七三：六三頁］）。「本願寺派はすでに禁教時代から多数の門徒を教化しつづけた伝統があった……（明治二年）一一月ついに全寺院を廃絶し僧侶を還俗させた。やがて廃仏策は撤回されたが、廃絶した寺院の復興は成らず、かえって「かくれ念仏」として農民層に浸透していた真宗が発展した。かくて鹿児島県においては、本派は仏教各宗派の中、最大の勢力を占めるに至った」（『寺史三』三五九頁）。

九州南部ではある種の禁制ネットワークがあった。薩摩藩に隣接する相良藩においても近代を迎えて教団の再編成に取り組むこととなる。

> 球磨地方の開教は明治を待つまで許されず、この地の門徒たちは長い法難の時代を、密かに講を組織し、見張りを立てて聴聞にいそしむことで法義を護った。これは「かくれ念仏」と呼ばれ、相良氏に遅れて同じく真宗を禁じた隣藩、薩摩藩をはじめとし、南九州一帯にその苦難の歴史が残されている。（『宗報五八一号』二〇一六年：三頁）

> 旧幕時代球磨一郡（人吉市を含む）は相良藩二万三千石の録《（ママ）》高所領で、相良公は薩摩藩の島津公（七十余万石の所領）

と結んでいたので、宗教政策も薩摩藩に従って一向宗（真宗）の念仏禁制を布くに至った。記録によると第十三代相良長毎公の永正年間に禁じられている。従って明治九年九月五日の禁制が解かれるまで実に三百六十有余年間の永きに亘り、きびしい圧制にしいたげられた殉教の哀話は枚挙にいとまがないほど数多く伝えられている……人吉別院‥真宗禁制解禁第一号の浄土真宗寺院で、明治十一年（一八七八年）上地に本願寺人吉説教所として二月起工され、十月二十一日竣工している。これが人吉別院の創建で、明治三十六年十月二十一日「光尊寺」と改称し、同時に本山別院と定めて地方庁の許可を得る。同三十七年六月四日別格別院となり大正八年八月九日人吉別院に昇格、同年十一月二十一日認可され本願寺人吉別院と改称。（「本願寺人吉別院提供資料」より引用）

宮崎県の都城でも本願寺派の布教戦略に沿って、新たな拠点となる寺院建立がなされていく。

開教再開に伴い、明治一一年六月、本願寺は伊勢田雲嶺（後に佐々木鴻濎と改名）を寺務所長に任命した。同時に四三名の布教担当者らが派遣され、布教使は鹿児島県内各所に掛所を設けた（参考『寺史三』三五八頁）。同年三月には都城において、都城説教所建築着工が始まり、翌明治一二年二月頃に落慶法要が開催された。のちに摂護寺と名付けられることとなるこの寺には、明治一六年、雲嶺が開基住職として赴任することになる（参考　瀬戸山［一九八三‥四九頁］）。

種子島をふくめた島しょ部においては、真宗はどのような状況であったのだろうか。

藩政時代においては種子島は法華宗一色であったので、他の宗教が伝播信仰される余地は全くなかった……浄土真宗は薩摩領内各地で隠れ念仏として、ひそかに信仰されたが、西之表市はじめ種子島では現在まではその形跡は見つかっていない。しかし今日、浄土真宗は、島内三ヵ市町村の中でも西之表市は門徒が多い。これはいずれも維新後の門徒である。

鹿児島県が一向宗布教の禁を解いたのは明治九年九月であった。ところがその翌年にはさっそく種子島布教もまず西之表で開始された。以来、真宗本願寺派、真宗大谷派、真宗興正派が流入し、甑島移住民を背景に門徒をふやしていった……越中真教寺の野崎竜天師を招いて開教したのが、明治一〇年であった……明治三五年、村岡映智師が甑島から来島し、寺号をはじめて西岸寺と公称してその住職となり、本堂ならびに庫裡を建設した。（『西之表市百年史』四一一〜四一二頁）

薩摩の中心的な寺院となる鹿児島別院も、次第に発展していった（参照「鹿児島別院沿革」）。鹿児島別院は念仏が解禁された後に建てられた別院であるため、他の県や地方とは教えの広がりのスタイルや寺院と信徒の関係に特色がある。廃仏毀釈の影響などもあり、地域内に一般寺院が近代初頭においては全く存在しなかった。そのため、出張所という存在が登場した。現在二二の出張所が旧鹿児島市内に点在しており、出張所の主任は、別院からの派遣によって、別院職員が勤めることになっている。現代にまで続く鹿児島県独特の寺院と檀家との関係も、こうした近代の影響下にある。(13)

七　現代の九州南部の講

近代は、薩摩の浄土真宗全体の再構築・再編成の時期であった。この時代をこえて、近世的な「講」は、ややかたちを変えながらも現代に受け継がれている。二〇一四年調査時に収集した史資料や聞き取りを中心としながら、その事例をみていく。

まずは、九州南部の講の代表格であった「薩州内場内仏飯講」に関する史料紹介を行う（星野元貞氏よりの提供史料）。昭和三六年に、宛先からも当講から本願寺参拝部に宛てて提出された史料の写しである。この史料をとおして、薩摩の講が現代を迎えても、本山と直接のつながりをもっていたことがわかる。さらに、近世を通じて真宗信仰が講の存在によって保たれてきたことを物語るものである。[14] 全一四条から成る「講則」から、本講の特色をあらわす条項のいくつかについて紹介してみたい。

講則
第一条　本講は薩州内場内仏飯講と称ス
第四条　本講は浄土真宗の教義に基き《ママ》　本山を宗（崇？）敬し　二諦の妙旨を実践して仏化助揚の実を挙げることを目的とする
第五条　本講は前条の目的を達成するため随時法座を開き　法義の相続に努め　毎年講員相互に本山に参詣し懇志を上納すること

第十一条　本講は講員の拠出した講金の総額の内から本山へ上納し　その残額を以て本講の経費に充てる

昭和参拾六年十一月廿日　薩州内場内仏飯講

参拝部部長　八雲義成殿

「薩州内場仏飯講などのように禁制時代念仏講を組織し、日向直純寺（宮崎市）を取次寺院として永代経懇志を直接本山へ納めていた講社は、明治以降浄土真宗寺院が建立されその門徒となってからもその仕来りを維持した。念仏講は本願寺直末の扱いをされ、その扱いは変わらなかった」（前田［二〇二一：一三一頁］）。

つぎに、鹿児島教区の鹿児島別院が、「親鸞聖人七五〇回大遠忌法要」に際して実施した「かくれ念仏現地調査報告書」（以下、「報告書」）がある。その内容を紹介する。

まず、「柊野仏飯講」である。鹿児島県薩摩郡にある信教寺に所属する仏飯講である。

講の活動としては、「毎年定期的に講を開いている（①年始会、②御正忌、③春彼岸会、④盂蘭盆会、⑤秋彼岸会）。講頭と所属寺（信教寺）の住職でお勤めと法話を行っている。

講の現状としては、「柊野仏飯講は区管轄の講であり、昔からこの地域に住んでいた人は自動的にこの講に加わるようになっている……先祖から引き継がれる形で現在の人たちは仏飯講を形成している状態である。そのため、新規参入というのは難しく、多くの（講の）場合と同じように次世代がなかなかいないということが悩みの種となっている……講の構成人数は現在八〇名ほど。昔は一二〇人ほどの規模であったという。それはそのまま柊野区の世帯数と同義であり、講の人数の減少は世帯数の減少に伴うものである」（「報告書」）。

講が独自に行っている報恩講についてのレポートもある（『御堂さん』二〇一六年一〇月号）。九州南部の下甑島にある「片野浦岡寺説教所」の二〇一五年一二月の報恩講開催についてである。甑島や種子島の島しょ部に真宗が古くから伝わっていたことは、「甑島ニ於ケル真宗ノ濫觴ニ就テ或人ノ云ク。約二百年以前……我等既ニ」（『集成一八』四六三頁）との記述からもうかがえる。

甑島は、全国の離島の中でも最も人口減少が激しい島の一つであり……取材地である下甑島も、少子高齢化の進む過疎地……鹿児島は、江戸初期から明治初期までの約三百年の間、為政者の手により、念仏が禁止された地である。度重なる摘発に多くの殉教者も出た。それでも、藩内の門徒たちは、洞穴や山中、海上に隠れながら信仰を守り続けた。当時、門徒たちが作った地下組織が「講」と呼ばれるグループで、一八七六年にようやく信教の自由が許されると、島内にも浄土真宗の寺院が建立されるのだが、その土台となったのが、この「講」なのである……毎年十二月二十七日と二十八日の二日間が、ここの報恩講……続く十七時からの御座は、「お寺の報恩講」で、二人の門徒の代表者が調声を勤める……二座目は、「講」時代から続く御座なのではないかと推察する……法要までの準備などもすべて、ご門徒たちがされている。中心となるのが、「番役」を務める橋元一弘さん……その橋元さん以下、数名の役員さんたちが、ロウソクに火を灯したり、法要の始まりを知らせる鐘を打ったり、普通のお寺なら、住職がすることを手分けしてこなし、報恩講を粛々と勤める（同『御堂さん』四頁）。

この講は行事の主導権が信徒にあることからも、門徒主体型であることをよく示している。九州南部の講は、本山とも強く結びつきながら地域の信仰を活性化する主体となっていったのである。

九州南部の講において特徴的な講的集団に、「小寺《こでら》」という存在がある。今では、種子島の信楽寺を残すのみとなったが、一九七〇年代までは三〇ヶ寺が確認されており（参考 星野［二〇一四：一一二頁］）、「講」の一形態であるといえる。

（コデラは）本願寺派、大谷派ともにあるもので、昔は全国的に存在したが、現在はめったに見られなくなった。しかし種子島では依然としてコデラの存在価値が高く、熱心な活動をしている。西岸寺系（本願寺派）の小寺は、野木ノ平、柳原、沖ガ浜田……など二一ヵ所にある。万徳寺系（大谷派）の小寺は、柳原、川氏……など九ヵ所にある。

小寺とは、以上の各部落（移住部落がほとんどである）にある仏を拝むところで、西之表の寺からやってくる僧侶がお経を上げ、説経をするところである……小寺になった家を御番役ともいう……このほかにコーシという触役が一名つく。この制度は甑島における維新前の隠れ念仏以来の制度であるといわれる（『西之表市百年史』四一三頁）

種子島のこうした「講」は、もともと甑島からの移住者を中心として行われてきた。現在、種子島内に真宗寺院は数ヵ寺ある。ただし、現在も「講」を続けている集落は野木平のみである。他の集落についてはすでにこの「講」が終了しており、所蔵していた仏壇や宝物類の中には所属寺院である西岸寺などに預けられた物もある。

もともとは集まって法会を行うことを「小寺」と称したようであるが、野木平では小寺として「信楽寺」を建てた。信楽寺は必ずしも宗教法人ではなく、名称は野田久教氏（西岸寺住職）によって付けられたという。毎月一七日を例会とし、定期的な活動を行っている。

（信楽寺は）正式な寺院ではなく、公民館にお仏壇を置いたようなものと言った方が適当かもしれない。建物は昭和五五年に完成……この信楽寺は、甑島から移住してきた人の子孫たちによって作られたものである……地元の人は信楽寺のことを小寺と呼んでいる。常駐する僧侶はいないが、ご本尊を安置して礼拝する方法をこの地域ではそう呼ぶようだ。いわゆる講のことである。つまりこの信楽寺は講が発展してできあがったものといえる……明治一九年に移住してきた甑島の人たち……が移住に際して小寺を制度ごと持ち込んだようだ（「報告書」）

野木平地区において、小寺が「信楽寺」という建物を伴うかたちで現在も継続されている理由をいくつか探ってみたい。野木平では信楽寺を建て、必ずしも宗教法人ではないが名称も所属寺院の西岸寺住職である野田久教氏によってつけられたという。

第一　野木平地区（約六〇戸）は、すべての家が西岸寺の門徒であるため、地域の結束が非常に強く、信楽寺の建立や講の継続についても地域が一体となって行われたこと。

第二　地区の結びつきがしっかりしているため、信楽寺の維持費についても、家庭ごとにある一定の金額を定期的に集めていること。

第三　毎月の例会がきちんと定期的に行われ、多面にわたって適切に機能していること。

毎月の例会のおおよその状況は、出席者全員で『正信偈』を唱和し、その後、法話を行う。それに引き続いて、懇親会のような共同飲食がなされる。参加した例会の場合、地域の人たちが世代をこえて自由な雰囲気で参加していた。若い人たちの姿も多く、地区における世代間の交流にも毎月の例会が大きな役割を果たしている様子が伺えた。この地区では子どもが生まれると、初参式のようなかたちで、信楽寺にお参りすることが多いとのことである。そうした通過儀礼に伴う写真も、信楽寺の中に多く飾られていた。また、毎年一一月二七日には西岸寺の野田住職を招き、報恩講を信楽寺の行事として行っている。

現状について紹介してきた九州南部の講には、どのような未来予想図が描けるのであろうか。近代以降に加速した生業の変化についてすでにふれたが、日本全体における農業を中心とした生活からの変化に伴い、地域ごとに伝承されてきた信仰が変わってきたとする事例もある。(15) 全国に点在する講にとって、集うことが困難になってきた状況は年々進んでしまっているものの、人と人との結びつきによって信仰を活性化するエネルギーの源泉はやはり講にある。

講が近世までとは異なって、縮小傾向にあることも事実であろう。ただし、近代以降は講のとらえ方を近世までと同一にみることはできない。現代には現代に適したあり方があり、講はたしかに世代間の伝承を継承する場として機能しており、人びとの紐帯における核となっていると考えてよい。現在の講の状況把握を通じて、社会状況の変化にともなった課題はあるものの、同時に講および講的集団には多くの可能性もみてとることができる。

おわりに――人のつながりとしての講

薩摩の講をとおして、九州南部における真宗信仰の変遷が明らかになった。本研究は、近代になって登場した新たな開教地における浄土真宗の展開の一事例でもある。たとえば、近代を迎えて活性化した海外への開教や現在の首都圏開教などにも通底する諸要素が、薩摩の事例には種々含まれているように思う。本稿ではさまざまな事例を収集し紹介することを主目的としたため、やや研究ノート的な色彩をもつものとなった。この基礎作業をふまえつつ、講の多角的な検討に向かって取り組みを進めたい。

九州南部の特色は、「講」をとおして信仰を守り続けたことにある。近世を通じての真宗禁制によって本願寺系の寺院が建立されず、その間、薩摩地域の人びとは講を紐帯として信仰を存続させていった。講を組織して浄土真宗の教えを守り続けたことに、薩摩地域の大きな特徴がある。近世をとおして受け継がれた真宗信仰は、廃仏毀釈をはじめとした近代初頭の荒波にもまれながらも、信仰を現代へと着実に伝え続けてきた。

浄土真宗の宗祖である親鸞の誕生八百五十年および立教開宗八百年の慶讃法要が、近年、真宗各派の本山で開催された（参考　今井他［二〇二四］）。この法要を契機として、歴史的に本山を支えてきた各地の講に、あらためて焦点が当てられる可能性がある。薩摩の講の歴史と伝統は、現在も受け継がれながら脈々と生きている。九州南部に存在してきた薩摩の講は、現代の伝道の諸課題を考える上でも大きな示唆を与えてくれるに違いない。

註

（1）「かくれ念仏」とは『浄土真宗辞典』（本願寺出版社、二〇一三年）によれば、「江戸時代に浄土真宗が禁止された地域において、かくれて念仏の教えが護持されたこと。伝統的政策として禁教が行われた薩摩藩などの領内に見られ、表面上は他宗派への帰依を装い、秘密裏に講が組織された。カヤカベ教のように土着の信仰と融合したものもある」と整理されている（同八六頁）。「かくれ念仏」の現状については、森田［二〇二〇］も参照のこと。

（2）講の比較研究は、今後の講研究がもつ可能性の一つであろう。ここでは、塩崎久代氏の論文（塩崎［二〇二一］）を念頭に、近世初頭から各藩が真宗門徒に対してどのような政策を取っていったのかということについて注目しておきたい。塩崎氏の論文は加賀藩、すなわち前田氏と本願寺と真宗門徒の関係性を論じており、本稿は島津氏と本願寺と真宗門徒の関係性を考えている。塩崎論文は北陸の一向一揆を起点とするが、島津氏は島原の乱などの九州独自の状況が真宗禁制につながるため、この両者の比較は可能であろうと想定される。

（3）かくれキリシタンについて、変化する地域の実情をふまえつつ世界遺産とのかかわりで論じた著作に（広野［二〇二一］）がある。同様の信仰形態を取ってきたかくれ念仏も宗教学や民俗学においては注目された存在であり、実態を明らかにするためのカヤカベ調査も行われていた（『集成一八』・『カヤカベ』。参考 長谷部［二〇一六］）。「一般的にいって潜伏キリシタンは仏教をかくれみのとし、非公認の仏教は神道をかくれみのとしたということができる……秘密宗教にとって文字をもつことはタブーであった……カヤカベの「おつたえ」も……例外を除けばすべて口伝であった」との、両者の共通性への指摘もある（谷川［一九七三：三頁］。参考 宮崎［一九九〇：三二五頁］）。

（4）「鹿児島市内には、本願寺派の末寺設立を認めず、別院出張所を設け、現在十九の出張所がおかれ、八千戸の門徒をもつが、これら出張所は、ほとんどが番役寺であったとのことである」（千葉［二〇〇一：四七六頁］）。「今は二二の出張所とともにこの地の根本道場として歩みを進める鹿児島別院」（『宗報五五八号』二〇一三年：一三頁）。

（5）本稿でさす薩摩の範囲については、つぎの見解を参考にする。「薩摩藩（今日の鹿児島県）と隣の宮崎県の一部」（芳［二〇〇九：八頁］）。「鹿児島藩とも。薩摩鹿児島におかれた藩。薩摩・大隅二国と日向諸県郡の一部を領有」（『角川新版日本史辞典』四四三頁）。「薩摩地方というのは島津氏支配下の薩摩・大隅・日向をさす」（千葉［二〇〇一：四五五頁］）。薩摩は本願寺派にとって、近代の新たな開教地と位置づけられていた。『浄土真宗辞典』の「開教」の項目によれば、「仏教が普及していない土地で伝道を行うこと。本願寺派では、幕末明治期以降、当時開発が進められた北海道や念仏禁制が解かれた鹿児島への伝道が行われた」（同七八頁）とある。

（6）本稿では、特に「講的人間結合の本質」および「講を存続させている要因」についてのアプローチを試みる（参考 髙木［二〇二〇：二二九〜二三〇頁］・長谷部［二〇二一：ⅱ頁］）。信仰の紐帯、つまり人のつながりとしての「講」の機能面にも注目する。宗教的講については、滝口［二〇二〇：七一～七四頁］も参照のこと。

(7)　一般に念仏講は、「旦那寺とはかかわりなく行われる村人たちの宗教習俗で、御馳走がでて……にぎやかに福引・博奕・歌などがあり」とされるような面もあり、娯楽としての一面をもち、地域においてたしかな存在感を示していたとする見方もある（安丸［一九八六：四一七頁］）。

(8)　千葉［二〇〇一：四五二頁］。同様に「近世寺院成立の最終局面は、キリシタン禁教が強化された寛永末から寛文期とするのが通説だ……近世民間社会における寺院の一般的成立の前提として、寺や僧の帰属する仏教教団に対しては、近世国家による公認が必要であり、それが明確になされたことで近世寺院の成立が促進された」とする見方もある（木越［二〇二一：三七五頁］）。

(9)　今後、比較を行う対象としては、東北地方の「隠し念仏」も想定される。「浄土真宗の教えを秘密裏に信仰するものに政治権力の圧迫を回避して地下に潜行し教えを保持する薩摩の「かくれ念仏」と、教えの内容自体が秘密性の保持を要請する東北地方その他に行なわれる「かくし念仏」の二つの形態がある」（『集成一八』二九七頁）。

(10)　「日常を生きるためには生業を持たねばならぬ。また、厳しい近世社会のなかでは一人では生きられなかった。たとえば、村社会ならばその共同体の秩序にしたがわなければならない。要するに、彼らはキリシタン信徒であると同時に、それぞれの生業の従事者でもあり、村社会の一員でもあり、さらにほかの属性も併せ持っていた。この点を十分に念頭に置いて宗教問題も考えるべきである。つまるところ、潜伏キリシタンがなぜ幕末まで存続し得たのかという問いに対しては、彼らの強靭な信仰心だけでは説明したことにはならないのではないか……これらの問題を併せて彼らの営為の意味を考えるには、彼らが同時にまとっている複数の属性の存在を念頭に置くべきである」との指摘もある（大橋［二〇一九：一九二頁］）。

(11)　『集成一八』四八一～五三七頁。「元来、本願寺と諸国の末寺・門徒との間に交換された文書を記録した諸国記というのが本願寺に保管されている。薩摩国諸記はその記録中にあり、安永八（一七七九）年から文政十三（一八三〇）年までのもの一冊と、天保二（一八三一）年から嘉永四（一八五一）年にいたるもの一冊とである……安永八年起筆のものは…

この年間委は藩の弾圧もさほど厳しくなかったようで、とくにとりたてて事柄も起らなかったため……ところが第二冊の天保二年から嘉永四年までには、天保の大弾圧があり、その関係記事が多く」とある（『集成一八』四七九頁）。

（12）「薩州下甑島灯心講中ニ、軸ノ宝物九字十字ノ名号ハ、ソモ本願寺第十七代法如上人ノ御宸筆ナリ」（「一向宗禁制甑島関係史料」『集成一八』四五九頁）。

（13）本願寺派の現状は、「現在、鹿児島には別院と二一カ所の出張所、一七〇カ寺の本願寺派寺院があり、浄土真宗は広く浸透しています」（『鹿児島別院パンフレット』）。大谷派は、「現在、教区内には、別院・別院支院を始め、宮崎県十九ヶ寺、鹿児島県七十六ヶ寺、沖縄県一ヶ寺、合計九十八ヶ寺の聞法の道場を数えるに至っている」（『新編』三二一頁）。出張所の一例として、鹿児島別院所属の東俣出張所の沿革についてみておきたい。「東俣出張所提供資料」によれば、「昭和二一年七月三日、別院の呼びかけや地元信者の出張所設立への気運の高まりにより、太夫半助氏が湯屋川東部にあった敷地とともに進納された稚蚕飼育所をそのまま本堂とし、西部からご本尊をお迎えし、初代主任に農坂勝真師が赴任……東俣出張所……として出発した……昭和三八年頃には、現在とほぼ同じ七五〇戸にまで拡長《ママ》した……範囲の拡張によって、全国でも有名な宮脇地区にある花尾の隠れ念仏洞が管轄となった」と記述されている。

（14）現代につながる伝統のある講であったが、室町時代から続いたこの「内場仏飯講」も、「平成十五年に活動を閉じることとなった」のである（前田［二〇一一：一三一頁］）。

（15）民俗学からは、「ムラの生活の変化は…精神生活面にも大きな影響を与えてきた。とりわけ、農作業の機械による簡便化や兼業農家率の増大は、個人主義の台頭と信仰生活の衰微をもたらした……氏神祭祀や年中行事、人生儀礼などにうかがわれるムラの信仰生活も……カミに対する依存心も、急速に衰退し、諸儀礼を形骸化させたのみならず、多くの儀礼や行事を消滅させたのである」（高桑［一九八三：二二九頁］。参考 広野［二〇一一：二四八〜二四九頁］）。「人口動態や産業構造の変化だけでなく、日本人の生活様式や考え方もまた急激なる都市化・近代化が進行した」とする見方がある（岩本［一九八三：二三三頁］）。

最近の講研究においても、「地域社会において社会生活や民俗生活を展開していくうえでは、複数の講に所属していくことはごく普通のことであった。すなわち、かつての村落社会では講が生活を支えていた……生業が多様化して世代交代が進むと、多くの講は休止されてきている」ことが指摘されている（長谷部［二〇二二：二九頁］）。

参考文献

『さつまの真宗小史』（本願寺鹿児島別院、一九八二年）→『小史』
『新編　真実に生きた人々――薩摩のかくれ念仏』（真宗大谷派鹿児島別院、二〇〇六年）→『新編』
『増補改訂　本願寺史一・二・三』（本願寺出版社、二〇一〇年・二〇一五年・二〇一九年）→『増補寺史一～三』
『西之表市百年史』（西之表島市長名越不二郎、一九七一年）
『本願寺史二・三』（浄土真宗本願寺派、一九六八～一九六九年）→『寺史二・三』
『民間宗教』（日本庶民生活史料集成一八）』（三一書房、一九七二年）→『集成一八』
今井雅晴・橋本順正編『東国にいる親鸞――八〇〇年目の浄土真宗文化』（自照社、二〇二四年）
岩本通弥「都市の民俗」（『日本民俗学概論』吉川弘文館、一九八三年）
大橋幸泰『潜伏キリシタン――江戸時代の禁教政策と民衆』（講談社、二〇一九年）
かくれ念仏研究会編『薩摩のかくれ念仏――その光りと影』（法蔵館、二〇〇一年）→『薩摩』
芳　即正「薩摩藩」（『新編物語藩史一二』新人物往来社、一九七七年）
芳　即正『権力に抗った薩摩人――薩摩藩政時代の真宗弾圧とかくれ念仏』（南方新社、二〇〇九年）
木越隆三「近世真宗の寺院形成と寺請寺檀制受容――加賀藩前田領の寺檀関係と地域形成」（『地域統合の多様と複合』桂書房、二〇二一年）
古賀和則・中別府温和・辻正二「共同研究　九州地方における「かくれ念仏」の実証的事例研究」（『龍谷大学仏教文化研究所紀要』三二集、一九九三年）
桜井徳太郎「講」（『日本民俗学講座三』朝倉書店、一九七六年）
塩崎久代「加賀藩における真宗道場の近世化と地域社会」（『地域統合の多様と複合』桂書房、二〇二一年）

瀬戸山計佐儀編著『摂護寺百年史』（天竜山摂護寺、一九八三年）
髙木大祐「つながりを活かす人びと――講研究の可能性」（『「講」研究の可能性Ⅳ』慶友社、二〇二〇年）
高桑守史「過疎と民俗の変貌」（『日本民俗学概論』吉川弘文館、一九八三年）
高取正男『仏教土着』（日本放送出版協会、一九七三年）
滝口正哉「講」（『郷土史大系 宗教・教育・芸能・地域文化』朝倉書店、二〇二〇年）
谷川健一「民間宗教 序」（『民間宗教（日本庶民生活史料集成一八）』三一書房、一九七二年）
千葉乗隆『地域社会と真宗（千葉乗隆著作集二）』（法蔵館、二〇〇一年）
中川正法・緒方知美・遠藤一編『九州真宗の源流と水脈』（法蔵館、二〇一四年）
長谷部八朗「高取正男の研究軌跡にみる「カヤカベ教」調査の持つ意味」（『「講」研究の可能性Ⅲ』慶友社、二〇一六年）
長谷部八朗監修『人のつながりの歴史・民俗・宗教――「講」の文化論』（八千代出版、二〇二二年）
原口泉・宮下満郎・向山勝貞『鹿児島県の近現代』（山川出版社、二〇一五年）
広野真嗣『消された信仰「最後のかくれキリシタン」――長崎・生月島の人々』（小学館、二〇二一年）
福間光超「禁教下の薩摩門徒」（『カヤカベ――かくれ念仏』法蔵館、一九七〇年）
星野元貞「かくれ門徒の意識構造」（『中世仏教と真宗』吉川弘文館、一九八五年）
星野元貞『薩摩のかくれ門徒』（著作社、一九八八年）
星野元貞「薩摩藩の封建支配体制の特異性――特に宗教政策を中心として」（『日本の社会と仏教』永田文昌堂、一九九〇年）
星野元貞「維新期薩摩藩の宗教政策と真宗の解禁」（『真宗史論叢』永田文昌堂、一九九三年）
星野元興「過疎地域における寺院経営――種子島・信楽寺を事例として」（『地域政策科学研究』一一、二〇一四年）
前田博仁『隠れ念仏四百年――薩摩と日向・諸県における一向宗禁制と信仰の諸相――〔改訂増補版〕』（鉱脈社、二〇二一年）
宮崎円遵「カヤカベの系譜」（『カヤカベ――かくれ念仏』法蔵館、一九七〇年）
宮崎円遵『仏教文化史の研究（宮崎円遵著作集七）』（思文閣出版、一九九〇年）

桃園恵真「南九州における能化派――〝さつまのかくれ念仏〟三業のあと」（『日本の社会と宗教』同朋舎出版、一九八一年）
桃園恵真『薩藩真宗禁制史の研究』（吉川弘文館、一九八三年）
森田清美「隠れ念仏」（『郷土史大系　宗教・教育・芸能・地域文化』朝倉書店、二〇二〇年）
安丸良夫「「近代化」の思想と民俗」（『日本民俗文化大系一』小学館、一九八六年）
柳田国男『柳田国男全集一二』（筑摩書房、一九九〇年）
米村竜治『殉教と民衆――隠れ念仏考』（同朋舎、一九七九年）
米山俊直「都市化と民俗――戦後四〇年を中心として」（『日本民俗文化大系一二』小学館、一九八六年）
龍谷大学宗教調査班編『カヤカベ――かくれ念仏』（法蔵館、一九七〇年）→『カヤカベ』

鉄道網の発達による武州御嶽山の変容

――大正期から昭和戦前期に注目して

高田　彩

一　はじめに

交通網が未発達だった前近代において、遠隔の参詣地に訪れることは様々な困難を伴った。例えば、目的地までの旅費をどのように捻出するのかという経済面の問題や、参詣地へ向かう道中での怪我や病気などの健康面の問題が挙げられる。本書の共通テーマである講は、そのような参詣に伴う困難を乗り越えるために結成された側面を有している。人びとは、遠隔の参詣地に訪れるための講を組織し、参詣にかかる費用を積み立て、選出した代表者を参詣させるシステムを生み出した。

一方、参詣地で講を迎え入れる人びとも、参詣に伴う困難を解消するための工夫を行っていた。そうした担い手の一人である御師は、現代でいうツアーガイドのような役割を担い、参詣地に訪れる講の人びとを迎え入れ、自身の経営する宿坊に宿泊させ、講の人びとを手厚くもてなした。その後、講の人びとは御師の案内によって社寺や聖地に足を踏み入れた［市田二〇二二］。さらに、御師は講の人びとが参詣地を後にする際に、紙札のほかに土産物を持たせるなど、参詣を通じた関係性を継続するための心配りを行っていた。このように、講の人びとを迎え入れ、参詣地を案内する御師は、講の人びとと参詣地を結びつける役割を果たし、「人と場」の往還関係を取り持つ存在であったといえよう。

現在、講の人びとなどの参詣者と参詣地の関係性を論じる際に、ツーリズムの視点が用いられる場合がある。こうした宗教とツーリズムに関する研究において、従来「人と場」を結びつける役割を果たしていた御師などの宗教的職能者や宗教集団に代わって、現代では宗教や信仰に関わりのない旅行会社や鉄道会社などの企業がその役割を担うようになり、参詣という行動自体が商品化され、消費される対象となったといわれている［星野・山中・岡本編二〇一二］［山中編二〇一二、二〇二〇］。

他方、講の人びとと参詣地との往還は、近代交通網の発達によって大きく変化することとなる。特に、明治中期以降、全国的に進められた鉄道網の発達による影響が挙げられる。各鉄道会社は、旅客誘致のために各地の有名社寺などの参詣地まで鉄道を敷設した。

鉄道網と社寺参詣の関係性をツーリズムの視点を用いて考察する研究では、鉄道会社が社寺へのアクセス手段を提供し、参詣者誘致のための宣伝を行ったり、行事を創出したりすることで、社寺と参詣者の間を取り持つ「宗教コーディネーター」の役割を果たすようになったことが指摘されている［對馬二〇一二］。また、鉄道会社は沿線の名所を宣伝するための図絵やチラシ・パンフレットを作成し、さらなる参詣者の誘致を図ったことも明らかになっている［平山二〇二〇］(1)。このような鉄道網の発達とそれに伴う宣伝などの誘致活動は、従来御師が担っていた「人と場」をつなぐ役割に変化をもたらしたと考えられる。

一方で、社寺などの参詣地側は鉄道会社の提案に従うだけではなく、鉄道会社と交渉を行うことで少しでも参詣地側の要望を取り入れた計画に変更することを試みた事例も報告されている［卯田二〇一四ａ］。

以上のことから、鉄道会社の思惑だけでなく、社寺をはじめとする参詣地の思惑をも取り入れながら鉄道敷設の計画は推進されており、両者の関係性は一様ではないことがうかがえる。

本稿では、こうした講と参詣地、交通網を巡る状況を踏まえた上で、「人と場」をつなぐ担い手としての御師の役割に注目する。とりわけ交通網、特に鉄道網の発達が社寺などの参詣地にどのような影響を与え、講を迎え入れる御師の活動や役割にどのような変化をもたらしたのか検討することを目的とする。

上記の目的を達成するため、本稿では東京都青梅市にある武州御嶽山を事例とし、武州御嶽山が交通網の発達によって、どのように変化したのかを青梅鉄道と御岳登山鉄道（ケーブルカー）との関わりに注目しながら明らかにする。併せて、交通網の発達に伴い、従来から武州御嶽山に参詣していた講の人びと以外に、どのような動機や目的を持つ人びとが武州御嶽山に訪れるようになったのか、また、彼らを受け入れるために武州御嶽山の御師たちがどのような対応を行っていたのかについて、ツーリズムの視点から検討を試みる。

そして「人と場」をつなぐ役割を果たしていた御師の現代的な容態の一事例を提示することで、社会変動に伴って変化する講のあり方を考える一助としたい。

二　武州御嶽山における御師の概要

武州御嶽山と交通網の関係性について論じる前に武州御嶽山の基礎的な情報を記し、今後の議論の出発点とする。

二―一　武州御嶽山の運営形態と御師の位置付けの変化

武州御嶽山は、東京都青梅市に位置し、中世以降、金峰山、武蔵国金剛蔵王権現と称され、関東における蔵王信仰の中心地として人びとの信仰を集めてきた。また、徳川家康の関東入国後の天正一九（一五九一）年には、朱印地三〇石の寄進を受け、江戸時代初めには徳川家康の祈願所に指定された［馬場二〇一八：一］。

江戸時代前期の明暦四（一六五八）年以降、山内の運営は「三方相談」と呼ばれる神主・社僧・御師の三者による合議制によって進められた［齋藤一九九三］。江戸中期以降からは、五穀豊穣、火難除け、盗難除けを中心とする御神狗信仰が広く庶民に信仰されるようになった。そして、御師による布教活動によって御嶽講が各地で結成され、参詣が盛んになっていく。

その後、明治維新を迎えた武州御嶽山は、神仏判然令へいち早く対応した。まず御嶽権現の社号を大麻止乃豆乃天神社に変更する旨を願い出た。だが、多摩郡大丸村丸宮明神も同様の社号を願い出たため、結果として明治七（一八七四）年に御嶽神社として許可されることとなった［同一九七〇：三〇一］。こうして江戸時代中期以降、神社神道への方向づけがなされていた武州御嶽山は、明治政府の方針を受け入れ神社化し、その体制を整えていった。

しかし、御師職が廃止されたことには大きな影響を受けた。明治七年、旧神主は祠官、旧御師のうち二名を祠掌とし、他の御師たちは御嶽神社の氏子と位置付けられ、神社運営に関わることができなくなった。併せて、従来の檀那に対する御師の個々の配札・布教などの宗教活動もできなくなった［同一九九三：三一二］。

上述のとおり、神社運営への参与や配札などができなくなった御師たちは、新たな経済基盤を確保する必要に迫られた。そこで御嶽神社では、公認講社を結成して従来の檀那を新たな師檀関係のもとに再編することを目指した。つまり、従来の檀那を神道教化の末端組織として位置付け直し、公認豊穂講社として再出発することとなった。そのことによって、御師による講社への配札が再開された［同：三一五］。

他方、当時の武州御嶽山の動向で注目すべきものとして、「氏子出入」[2]がある。武州御嶽山の山麓地域に居住する坂本御師たちは、明治四年七月に氏子制度が定められた際、山上の御嶽神社とはまったく関係なく、麓に勧請されていた熊野権現社の氏子として戸籍に編入され師職を失った［同：三二〇］。その後、明治一一年六月に祠掌片柳賀祥、片柳正雄の二名が辞職すると同時に、その後任者として坂本御師の片柳美知と北島美知衛を推奨して郡役所に願い出た［同：三一九―三二〇］。そして、明治一九年に祠官金井郡司、祠掌林正樹、坂本御師の北島仙太夫がそれぞれ神職として選出された［同：三二〇］。この「氏子出入」によって山上御師と坂本御師の同格化が図られた。

このように武州御嶽山は、明治政府の宗教政策を受け入れて神社化を進めると同時に、御師職廃止などの制度の変更に対しては、神社組織や講組織を編成することで対応した。武州御嶽山の明治維新期における宗教政策への対応は、他の山岳宗教や修験集落と比べると、稀有な例であったと考えられる。

二―二　御嶽講と御師

明治以降の武州御嶽山の信仰圏は、関東全域から、東海、甲信越にまで及んだ［馬場二〇一八：一］。明治末年から大正期にかけての御嶽講の分布とその数について確認すると、埼玉県が最も多く六万三六〇〇余り、次いで東京都が四万七〇〇〇余り、神奈川県が二万一〇〇〇余りで、山梨県なども含めると講の数は三四八五講、講員の数は、一四万四九〇〇余りもあったといわれている［西海一九八三：六八］。このように、御嶽講は関東各地で結成され、数多くの講員がいたことが確認できる。

現在、講の実数を把握することは困難であるが、武州御嶽山全体で保有している講の数は、一〇〇〇講ほどにまで減っているそうだ(3)。

また、御師は毎年、講員が代参に訪れる春から夏の期間には、講員に宿を提供し、御嶽参拝を案内した。御師と講とは、御師と檀那（檀家）という世襲的な師檀関係を結んでおり、代参を受け入れる一方で、代参のない秋から冬の時期には、各地の講に配札に出かけた。これを講社廻りという。御師は、年間数百日にわたって各地を回って布教活動を行い、配札をする一方、三月八日以降、六月初旬にかけて集中して御嶽神社へ代参に来る講に対して、休憩や宿泊あるいは太々神楽の斡旋を行った［西海二〇一四：一六二］。

特に、御師にとっての檀家（講社）の保有は、百姓の田畑、山林の所持と同じ意味を持つことから、檀家は御師たちにとって家産として観念されている［靫矢二〇一五：四七―四八］。このように講は重要な経済基盤であり、講社廻りでの配札や、講を受け入れる宿坊経営、太々神楽講中の受け入れは、御師家にとっての大きな収入源といえる。

このように講との関係性を取り結んできた、御嶽御師の数は、明暦年間（一七五一～六四）には、山上・坂本御師を含めて六〇軒以上を数えたというが、江戸末期の弘化年間（一八四四～四七）には五二軒、戦後には三四軒になっている［西海一九八三：五一］。他地域の御師の多くは廃絶・衰退している状況で、武州御嶽山は未だ山上・坂本を合わせて三〇軒以上の御師が残っていることは、全国的に見ても珍しい事例といえよう。

三　青梅鉄道の開業と武州御嶽山

以下、鉄道網の発達が武州御嶽山にどのような影響を与えたのかという問題について、まず青梅鉄道との関係から確認していく。

明治二七（一八九四）年に開業した青梅鉄道は、開業当初、立川～青梅間、青梅～日向和田間の貨物営業のみであり、この区間で旅客営業が開始されたのは明治三一年になってからであった［青木一九九四］。後に青梅鉄道は、武州御嶽山の山麓地域や奥多摩などに観光地としての魅力があることを見出し、旅客数の増加を狙って様々な事業を打ち出していく。そして、武州御嶽山や奥多摩へ旅客を誘致するため、昭和四（一九二九）年に二俣尾～御嶽間が開業する。

そこで、当時の青梅鉄道が発行した宣伝広告を参照し、青梅鉄道がどのような旅客誘致活動を行っていたのかを見ていこう。まず、青梅鉄道株式会社が大正一二（一九二三）年に発行した『青梅鉄道沿線名所図絵』を確認したい（写真1・2参照）。この図絵では、青梅鉄道沿線の遊覧地が紹介されており、遊覧地として武州御嶽山も取り上げられている。

御嶽山　二俣尾駅より約二里半、祭神は櫛眞智命にして相殿には大己貴命少彦名鎮座す、櫛眞智命は卜占の事に通しさせ給ひ、将来の成果を悟らせ給ふ御神徳あり商家の尊信限りなく他の二柱の神は開墾交通の道に通じさせられ兼て医薬禁厭の術にも長せられ農家の崇敬浅からさる神々に在します山は海抜三千五百尺、山気秀霊四囲の翠を一眸に集め春秋景趣絶佳なり山上気温低く最も避暑に宜し、近時登攀者相踵き一年を通して六万餘人と称す、……中略……山上御師の邸宅三十餘戸在り、旅客の宿泊に便す、避暑又は受験準備の研学には最も好適の地なり。

武州御嶽山の紹介文には、まず御嶽神社の祭神やご利益などが記されている。併せて、山上の絶景や気温が低いので避暑に適していること、近年登山者が年間で六万人ほど訪れていることが説明され、最後には、山上に「御師の邸宅」が三〇戸ほどあり、「旅客」の宿泊を受け入れている旨が明記されている。

それでは、このような宣伝によって武州御嶽山に訪れた人びとに対して、御師はどのような対応を行っていたのだろうか。以下、山上御師である片柳太郎が記した資料から確認していく。その前に、代参で武州御嶽山を訪れた講社と、その際の御師の対応について見ていこう。

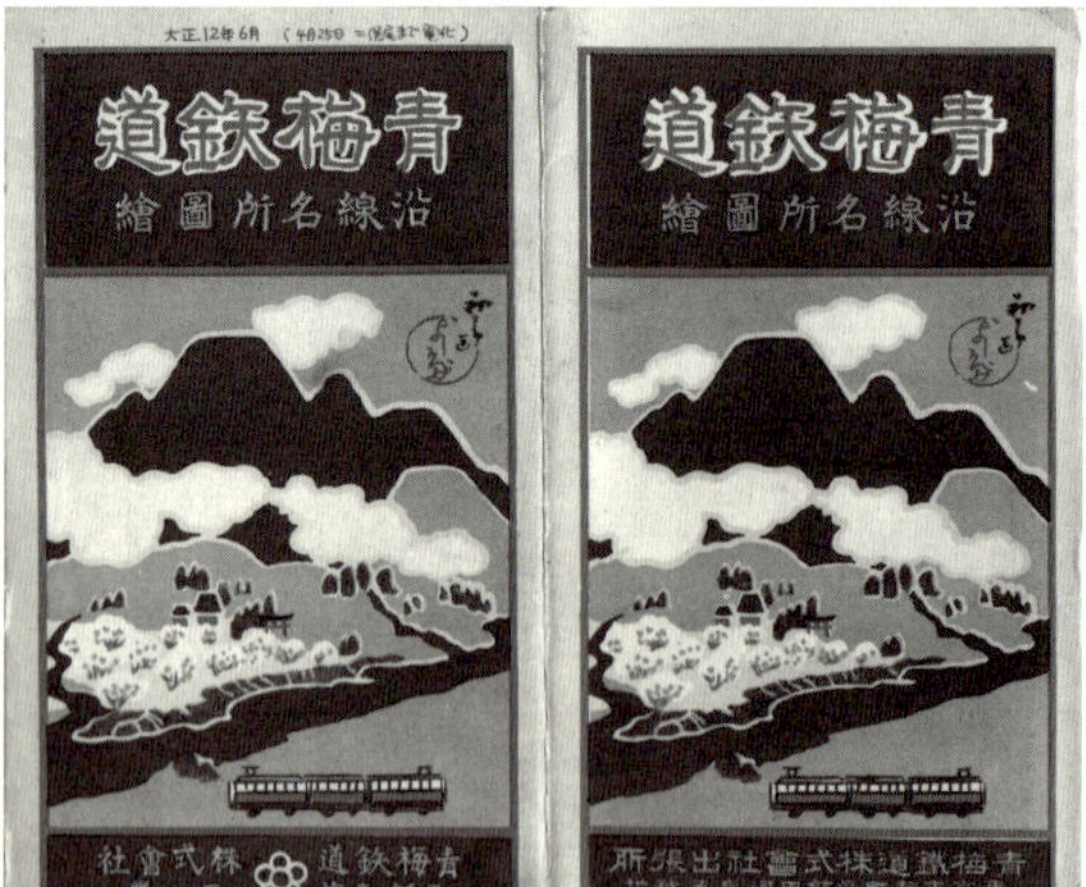

【写真1】『青梅鉄道沿線名所図絵』（大正12年）表紙（たましん地域文化財団所蔵〈画像提供：歴史資料室〉）

講員は各地から二三名づつ代参で登ったのですが、何れも年々巡錫で顔を合わせる旦徒達、茶は勿論、昼食の接待、祝宴に招かれたり《(ママ)》、泊まる家もあります。その人びとが訪れる。数百年前から師旦関係の続く家も多く、それも再度登れるかどうか。御師の家族が接待に努めるのは、極めて自然の事です。又、住々《(ママ)》同日に各所から集れば節句に親せきが集ったにも似て、一献酌み交して異った地の習慣も語られ説教も混じる。雑談に花が咲き歌も出る。ソレは祝宴の形には見えますが、不純の無い布教の一面。御師の家庭生活を見て信徒も安心するのです。説教の壇上だけ飾って実生活を見せぬ布教とは全く異なります［片柳一九六〇：二一八―二一九］。

武州御嶽山の御師と講社は、数百年前から師檀関係が続いている長い付き合いである。一方で、代参で武州御嶽山に参詣するのは講社の代表者として選出された二、三名であり、一度来た講員が「再度登れる」可能性は低かった。そのため、御師とその家族たちが自身の宿坊で講員を手厚く「接待」することは「極めて自然の」ことであった。また、代参の際の直会の様子は、「節句に親せきが集まったにも似て」いたという。

【写真2】『青梅鉄道沿線名所図絵』（大正12年）
沿線図（たましん地域文化財団所蔵〈画像提供：歴史資料室〉）
※丸で囲っている場所が武蔵御嶽神社

このような御師の心遣いに対し講社は、「毎年日を定めて各地から集ろう、御師に貧乏させぬよう講金を定めよう」という意識のもと、代参のための積立を行った［同：二一九］。上記のとおり、御師と講員の間には、信仰を仲立ちとした往還関係があった。加えて、この関係性は親戚のような親密性も持っていたようだ。それでは、講社に対する御師の手厚い接待と比較して、青梅鉄道の宣伝によって訪れた人びとに対して御師はどのような対応をしていたのであろうか。以下確認していく。

交通が便になり、部落近隣の者が団体で登るようになり之を丸講と呼びましたが、やがて『御岳講』の名で団体を募集して登るようになりますと、今迄とは異った性格が生じます。こうした団体には旦家外の面識のない者、其日限りの者も混り、ドノ御師へ訪れてもよいのが多く、『御岳講』と云うよりも『御岳行』と云うのが適当の団体です。従ってこうした団体に対しては赤字会計ではつとめ切れませんため、御師も旦徒の歓待ではなく営業的になり行くのは蓋し自然でした〔同：二一九〕。

「数百年前から」信仰を仲立ちとした信頼関係を築いている講社に対して御師は、心を尽くした接待をしていたが、「募集して登る」人びとに対しては異なった対応をしていたようだ。片柳は、募集によって武州御嶽山に訪れるようになった団体のことを、「『御岳講』と云うよりも『御岳行』と云うのが適当の団体」と位置付けている。

この「団体」は、担当する御師が決まっている講社とは異なり、担当する御師が決まっていない、すなわちその日一日しか関係を持たない人びとなので、受け入れる御師としても、その場限りの「営業的」なサービスを行うほかなかった。また、このような「団体」は、再度武州御嶽山を訪れたとしても、同じ御師の宿坊で世話になるとは言い切れず、違う御師の宿坊で世話になる可能性も高かった。

そのため、上述の「団体」に、講社にするような「赤字」覚悟のもてなしをすることは、宿坊の営業上困難であった。つまり、青梅鉄道の開業によって多様な動機や目的を持つ人びとが武州御嶽山に訪れるようになっても、御師が重要視していたのは家産として受け継ぎ、自身が管理する講社であったといえよう。

四　武州御嶽山と「都市の未知の人」

では、この「御岳行というのが適当の団体」を受け入れるようになったことによって、武州御嶽山にはどのような影響があったのだろうか。その問いを検討する手がかりとして、大正期から昭和初期の武州御嶽山の動向について確認していきたい。

まず、大正七（一九一八）年に、武州御嶽山に旅館金峰館が開業する。しかし、金峰館は数年で閉鎖されることとなる。西海賢二は、この金峰館の開業について次のように論じている。金峰館は、講社の後援で「家を改造」したことにはじまっており、当時においては、御師は「未だ信徒一本槍」で、金峰館の当主は「断食修行をして大々的に講中の拡張に尽力を注いでいた」という〔西海一九八三：三一五〕。

西海が論じるように、大正期の御師は宗教的職能者として修行を行い、講社の拡大に努めていた。一方、講社も御師に対して「家を改造」するための寄付を行っていることから、御師と講社の師檀関係は強固であったことが指摘できる。講社のための宿泊施設である宿坊としての機能は継続しつつ、旅館としての機能を併存させる際にも、その設備を講社の寄付によって賄っていることから、御師にとって最も重要な経済基盤は講社であることは変わっていない。このように、御師と講は切っても切り離せないほど結びつきが強かったといえよう。

金峰館に続いて大正一三年には鈴木旅館が開業する。鈴木旅館が開業した大正末期の武州御嶽山の状況を、御師の片柳は以下のように描写している。

時代の先端にたった、鈴木旅館、後の宝寿閣、青木等は、東京や青梅からコックを傭い、本膳料理の格式を廃して簡単な会席料理とし、女中の四、五人も傭って、お銚子の追加は一本何程、玉子一ヶ汁一杯幾何、と売り始めたのです。尤もこうした御師には、〇〇講中、と名はつけても、旦家《ママ》ではなく、募集した都市の未知の人が多いのですが、更にオフダを売る傍ら、わさび漬、杓子、小旗、羊かん等も売るようになったのです。大山の御師のやり方をマネたもので、自らは先覚者と自負していたようです〔片柳一九六〇：一三七〕。

この時期の武州御嶽山は、代参に訪れた講社や、太々神楽を奉納した講社の直会（宴会）に出す料理を本膳料理から会席料理へと変更する一方で、従業員数を増やし、サービスの内容を変更していたようだ。加えて、料理や酒などにも細かい料金設定がなされるようになっていた。また、片柳によると、講社に対するサービスの内容を変更した御師のもとを訪れる人びとは、先述したように「〇〇講中」という名前だったとしても、それは従来からの講社ではなく、近年「募集」によって武州御嶽山に訪れるようになった人びとだという。そして、そのような人びとを片柳は「都市の未知の人」と記している。

そして、御師たちは「都市の未知の人」に、お札以外にも、「わさび漬け、杓子、小旗、羊かん等」の土産物を売るようになっていた。お札に加えて土産物を売るやり方は、「大山の御師」を真似たもので、このやり方を実践していた武州御嶽山の御師たちは、「自らを先覚者と自負」していたようだ。文中に出てくる「大山」は相州大山だと考えるのが妥当だろう。

上記の記述から、相州大山などをはじめ、武州御嶽山近郊にある他の御師集落と比べると、武州御嶽山に「都市の未知の人」がやってくるようになる時期は、遅かったと読み取ることができる。これは、交通網の整備の遅れが影響していると考えられる(4)。そのため、相州大山に遅れをとらないように、「都市の未知の人」を「募集」したり、お札以外の土産物を売ったりしていた御師たちは、時代の流れを読んだ動きをする「先覚者」としての自覚が強かったのではないだろうか。

この「都市の未知の人」が訪れるようになる大正末期には、他の御師が管理する講社の講員を、勝手に自身の宿坊に宿泊させようとする者や、街道沿いの店へ客引きを依頼する御師も現れ、同時期には、御師の間で、客引きに関しての争いが多発していたという［同：一三九］。こうした強引な客引きにあったり、頼んでいない迎えが来たりすると、講員が師檀関係を結んでいる御師に報告することで事態が表面化することもあったようだ。

五　夏期の講社廻りの廃止と「オゾンの家」

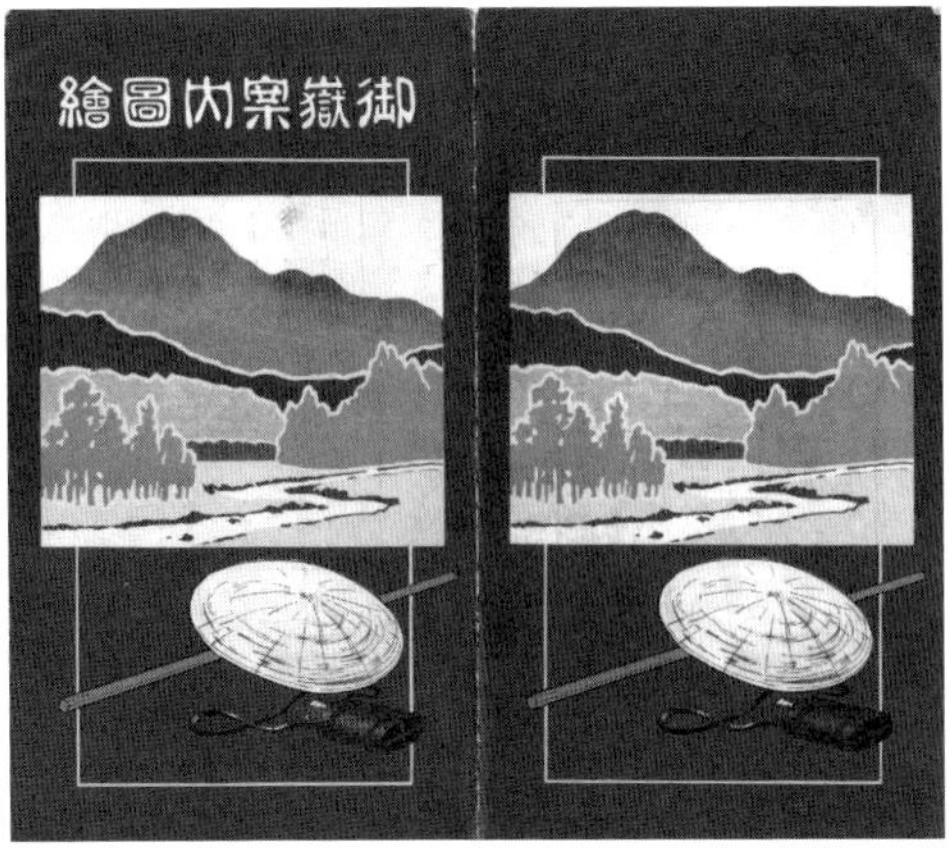

【写真 3】『御嶽案内図絵』（昭和 4 年）
（たましん地域文化財団所蔵〈画像提供：歴史資料室〉）

続いて、武州御嶽山側が作成した資料に基づいて昭和初期の武州御嶽山の状況を確認し、武州御嶽山側が「旅客」「登山者」などの講社以外の一般客をどのように受け入れようとしていたのかを検討したい。まず、昭和四（一九二九）年に山上御師の服部一作が作成した『御嶽案内図絵』について見ていく（写真3参照）。この資料の表には、武州御嶽山を中心にその周辺の主要な名所や駅の彩色図が描かれている。また裏には、「御嶽山案内」として、武州御嶽山への順路や名所、御嶽神社の歴史などが記載されている。この内容は、大正五（一九一六）年に服部一作が作成した『武蔵御嶽山案内』の内容を簡略にしたものになっている。

『武蔵御嶽山案内』は冊子体であったが、昭和四年の『御嶽案内図絵』

は、パンフレットの形態になっており、形状に変化が見られる。このように、形を変えながらも、服部が作成した武州御嶽山の案内記は大正から昭和にかけて計四回発行されていることから、武州御嶽山を訪れるために案内記を求める人びとが数多くいたということが推察できる。このような、昭和初期の武州御嶽山の盛況ぶりを裏付ける以下のような記述が残っている。

当時春夏秋の休日には、御岳駅から山上迄六キロの坂路に延々たる登山者の列がつづき、路傍にはアケビ、栗、キノコ等を売る者が出る。御岳駅構内の平安堂では一日に千八百本の杖が売れたことがあり（新井）山上売店では羊かんを包むのが間に合わなかったと云う程［片柳一九六〇：二一八］。

昭和初期の武州御嶽山は、年々登山者が増加し、「夏秋の休日には、御岳駅から山上迄延々六キロの坂路に行列がつづくという商店面空前の繁栄ぶり」であったという［同：一四九―一五〇］。そのような状況で、売店が改築や新築されたことに加え、一部の御師が門前に新しく店を作ったり、店を借りたりしていた。続いて、同時期の夏期の武州御嶽山の状況についての記載を確認してみよう。

将来を考え考え、重い足を引く巡錫にくらべて日傭労銀七八十銭なのに一日の売上げが休日だけとはいえ、三百円だ六百円だ‼　と語る店の営業ぶりです。時代は自由資本主義の全盛、夏秋の行楽シーズンには店が多忙で、旦家巡廻などをしてるやつは馬鹿に見える。まあ、収入の無い時だけ出かけよう！　と云う御師が多くなって、夏の巡廻は大半のものがやめてしまい、［同：一五〇］。

上述の通り、昭和初期には、従来行っていた夏期の講社廻りを「夏秋の行楽シーズンには店が多忙で」、「大半のものがやめて」しまったという［同：一五〇］。ちなみに、昭和四年（一九二九）と令和三（二〇二一）年の企業物価指数をもとに計算してみると、物価指数は六八二倍の差があることから、昭和四年当時の三〇〇円は現在でいう二〇万四六〇〇円ほどの価値があったことになる[5]。

このように、休日には一日の売り上げが現在換算で二〇～四〇万円になる場合もあり、講員の家々を回る講社廻りと店舗営業では、労働力に対する利益率の差が大きいため、次第に夏期の講社廻りを辞める御師が増加していったと考えられる。それでは、夏期の講社廻りを行わなくなった御師たちは、代わりにどのような活動を行うようになったのだろうか。

【写真4】「オゾンの家と天幕村開設」（昭和4年）（たましん地域文化財団所蔵〈画像提供：歴史資料室〉）

青梅電気鉄道御嶽駅が開設された昭和四年には、御嶽青年会が主催、御嶽登山鉄道株式会社が後援で、パンフレット『オゾンの家と天幕村（キャンプ）開設』が発行されている（写真4参照）。このパンフレットの内容を以下に記す。

> 御嶽山青年会に於きましては、……中略……奥多摩景勝地の随一、三千尺の霊峰御嶽の頂きに「オゾンの家」と「天幕村」を開設いたしました。……中略……「夏の保健

と子弟の学習のために」されば神経質児童或は虚弱な方々の銷夏地として又学生の夏季休暇中に於ける学習地として御父兄が最も安心して御選定願える場所であることを信じて疑わないのであります。

このパンフレットにはまず、御嶽山青年会が山上に「オゾンの家」と「天幕村」を開設した旨が書かれている。また、「夏の保健と子弟の学習のために」、体が弱い人の「銷夏地」、学生の「学習地」として開設されたと目的の説明がある。これまで確認してきた資料でも、武州御嶽山は避暑に適しており、勉学や修学旅行のために学生の利用があったと明記されていた。それではオゾンの家と天幕村とは一体何を指しているのだろうか。その説明がなされている箇所を以下引用する。

オゾンの家とは？
山上に民家四十餘戸、其殆ど大部分は旧時代宮司と共に御嶽神社に奉仕した所謂御師であります。御師の邸宅は毎年四月五月の神社大祭期間中は、それぞれ多くの講中（信仰団体）の旅宿を事として居りますから、……中略……大祭期間を過ぎますと、講中の登山も終り、大広間、小座敷等すべて空間となりますので、吾々青年会はこの期間を利用して御師の方々の御了解を得て皆様のために「オゾンの家」として三十餘戸の邸宅を開放して戴くことになりました。……中略……どうか皆様。この夏の休暇には東京から僅かに一時間半、しかも一円足らずの旅費で到着出来る塵外境に御登山ください。

オゾンの家とは、「御師の邸宅」のことであり、その御師の邸宅を開放するという。開放する理由として、四～五月の「神社大祭期間中」は、講社の「旅宿」として使用されている御師の邸宅が、大祭期間を過ぎると泊まる者がいなくなるので、夏の期間はオゾンの家として「開放」すると説明されている。続いて、天幕村について説明されている箇所を引用する。

天幕村（キャンプ村）
猶又近年は天幕生活の流行が非常であります。……中略……いろ〳〵の事情で御自身天幕を背負って旅行に出かけられない方も澤山おありでしょう。
御嶽山青年会では、この方々のために更に「天幕村」を開設いたしました。至極低廉に損料で天幕にお泊まりになれて、キャンプの気分を十分にお味わいになることが出来ます。

天幕村とはキャンプ場のことであり、山上でキャンプを希望する人には低価格でキャンプ地を開放するという。注目すべきは、御嶽山青年会という山内の組織がこの取り組みを主催していることである。この資料は、講社の代参が済んだ夏期に講社以外の一般客の受け入れを積極的に行おうとする山内の姿勢があったことの証左になるだろう。

費用
すべて思召し程度で結構ですが青年会の交渉しました相場は次の通りでございます。御師宅　御一泊　金参拾銭
風呂、寝具付　御一泊（二食付）金一円　風呂、寝具付　御滞在一ヶ月　金三十三円　風呂、寝具、部屋代、電気料、諸経費共　貸間一ヶ月　六畳　五円〇〇　八畳　六円〇〇　十畳　八円〇〇　見当　尚御希望の方は自

炊も結構です
キャンプ代　一泊　一人に付　金二〇銭

また、本資料には宿泊料金の「相場」が示されている。料金の相場を決定したのも御嶽山青年会であり、山内での交渉の結果、宿泊料金についての取り決めがなされていることがわかる。加えて本資料は、夏期の御師の活動が、講社廻りから宿坊を一般開放することによる講社以外の一般客への対応に移っていったことを示している。

以上のことから、明治末から昭和初期にかけての武州御嶽山は、講社への対応のみならず、それ以外の一般客である「都市の未知の人たち」に対する対応を行うようになり、従来の御師としての職務に接客業の要素が加わった時期であったといえよう。

そして、この大正期から昭和初期の武州御嶽山の賑わいが山外の資本家の目に止まり、ケーブルカー開業の話がもたらされることになる。

六　御岳登山鉄道の開業

昭和一〇（一九三五）年一月一日に開業した御岳登山鉄道の設計は、大正一一（一九二二）年から開始された。まず、設計開始時の株式応募の文言を確認したい。

関東地方に於ける登山鉄道は箱根、筑波、高尾、伊香保、大山、日光等六社を数ふるも、本鉄道の如く東京よりの距離於て、運賃に於て、地の利を得たるは独り高尾山あるのみなり、然れども高尾山は御岳の渓谷美はなく且山低く、眺望余りに平凡なり、昨秋東京新宿駅より御岳及高尾へ往復一円券を発売したるに、其売上高、高尾山の約二倍半に達し鉄道省も御岳山の吸引力の偉大なるに一驚を喫したる所なり。高尾鉄道は必然的に将来本登山鉄道と競争の地位に立つべきも発売したる日曜日僅か十日間の一円券は高尾山一四、二一七人に対し御岳山三〇、〇六六人に達し、昭和六年高尾の乗車は往復一人として一六四、九六四人なるを以て前記実績より推定すれば少なくとも三十五万乃至四十万人となるべきも、本登山鉄道は最悪の場合を想像し二五〇、〇〇〇人……中略……殊に御岳山は山上既に数十戸の集団あり、全く他の同業者の追随を許さざる事業たるは何人も首肯し得る所なり。完成に伴い其の山頂部には、貸別荘、遊園地及連峰への遊歩道、車道、架空鉄道の施設、山麓には花柳街建設の目論あり。

御岳登山鉄道の株式応募では、武州御嶽山と高尾山を比較しつつ、武州御嶽山の特徴や魅力を宣伝している。また、御岳登山鉄道の完成に伴い、山頂には「貸別荘、遊園地及連峰への遊歩道、車道、架空鉄道の施設、山麓には花柳街建設の目論あり」として、山上及び山麓の開発についても言及がなされている。

昭和二年三月に、御岳登山鉄道株式会社発起人総代青木清三郎ほか八名に対し、当時の鉄道大臣井上匡四郎からケーブルカーの敷設免許が下附された。一方で、株式応募を行ったにも関わらず、「肝心の御本尊たる御岳山というものが、あまり都人に知られていなかったために、半数位の株式しか、応募されなかったものらしく、会社は半分近い抱株を持っていた」という［垣屋一九五五：一二三—一二四］。さらに、地元西多摩郡内の引受株は一二〇〇株ほどに過ぎず、後日青梅電鉄会社に一〇〇〇株ほど持ってもらい、ようやく総株数の一割程度となった状態であった［同：

一二三―一二四]。そのような事情があり、会社は敷設工事にかかれないばかりか、鉄道用地の買収すらできないうちに、第一回払込金を使い果たすこととなった〔同：一二三―一二四〕。

次に動きがあったのは、昭和六（一九三一）年のことであった。御岳登山鉄道五代目代表取締役に垣屋忠次郎が就任し、開業に向けて地元住民との調整が開始された。以下、垣屋の手記から当時の状況を追ってみたい。

武州御嶽山の住民と垣屋との会見日は同年九月三〇日に設定された。この日は「生憎の暴風雨に見舞われ、徒歩で登山するのは、中々容易ではなかったが、最初から会見日を変更したりしては、地元の人達から、こちらの熱意を疑われる怖れがあると思考し」た垣屋は、山麓滝本坊の主人、斉藤真二氏に「案内人兼紹介者を頼み」、武州御嶽山へと向かった。しかし、「会見場所となっている山頂の鈴木旅館に着いて見ると、まだ誰一人来ていなかった」という〔同：一二四―一二五〕。

その後集まった二〇人余の前で垣屋は「ケーブルカー敷設の決意を告げ、地元各位の協力を求めた」が、武州御嶽山住民は次のような反応をしたという。

私は先づ初対面の挨拶をしてから、ケーブルカー敷設の決意を告げ、地元各位の協力を求めたところ、満座疑惑の眼差で私を見詰める許りで、賛意を表してくれる者が一人もないのみか、ある人はケーブルカーなどという便利なものが出来ると、講社の代参たちが山上に宿泊せず、日帰りが多くなるので、われわれ御師の生活権が侵される結果となるから、絶対反対であるという、強い反対論を述べ立て、之に拍手が起る有様で、円満な了解を得ることは出来そうにもなかった。

するとその中に、唯一人悠然と立ち、御岳山の発展を期するためには、交通機関を設けることが何より急務であるから、是非やってもらいたいと、私を励ます言辞を述べてくれる人が現われたので、私は地獄で仏を得た喜びを感じた。後でその人の名を斉藤氏に聞くと、それは北島貞次氏であった〔同：一二五〕。

垣屋の手記には、武州御嶽山のほとんどの御師がケーブルカー敷設に反対していたことが記されている。御師が反対する理由として、ケーブルカーの敷設によって日帰りが可能となり、講社の代参が宿坊に宿泊しなくなることで、「御師の生活権が侵される」からだと述べている。確かに、御師の経済基盤は講社であり、講社の代参は重要な収入源であることは間違いない。その生活権が侵害されることは御師にとって死活問題であると言っても過言ではないだろう。一方で、武州御嶽山の発展のためには交通機関が必要だと垣屋を励ます御師がいた。垣屋に声をかけた坂本御師の北島貞次は坂本御師のリーダー的存在を務める人物であった。[6]このような山内の代表的な人物がケーブルカー敷設に対し賛成していたことは、押さえておくべき事実であるだろう。

ここで、山上御師の片柳が記した資料から、ケーブルカー敷設反対に対する武州御嶽山側の真意を探りたい。片柳は、「昭和六年に山上で御師たちと会見したが、その時出席した二十人は絶対反対、わずか山麓の二人が賛成したのみだったという」と述べ、当時の状況を振り返っている。その上で片柳は、ケーブルカー敷設に関して御師同士で、「是非ケーブルを作って貰いたい、という意見と、好条件でなければ断れ、必ず他の資本家が手を出す機が来ている。という意見の対立」があったと論じている〔片柳一九六〇〕。

基本的に御師たちはケーブルカーの敷設には賛成であったことがこの記述から推察できる。ただし、ケーブルカーを敷設する場合は、より好条件を提示してくれる資本家に任せたいという意思があることもうかがえる。つまり、ケーブルカー敷設を反対した御師たちは、ケーブルカーの敷設をすること自体に反対していたのではない。「御師の生活権が侵される結果となる」という意見は御師の本音ではあるだろうが、より好条件の資本家に売却したいという、もう一つの本音がここに表出しており、武州御嶽山側が大きな利益を得られる取引を行いたいという思惑があったと解釈することが可能である。

その後、昭和六（一九三一）年の暮れから、御岳登山鉄道は鉄道用地の買収に取りかかり、翌年の昭和七年に建設工事がはじまった。また、昭和八年には「停車場建築物敷地及路線」を売却した。この土地の売却は、「但其面積地域は設計図を見て運輸機関として必要なる部分に限定」されていた［同：一六一］。

そして、昭和一〇年一月一日に御岳登山鉄道が開業するが、ケーブルカー開業にあたって御嶽神社と御岳登山鉄道間で交渉が行われ、神社から登山鉄道にいくつかの条件が提示された。そして、交渉の結果、①産安社に「直径四尺長六尺位の大提灯を二個奉納」し「神殿の荘厳なる照明を御採用願度に付相当広荘なる拝殿を御新築相願度事」、②「山上から通学する小学生徒に対し各人に無賃乗車証を贈与」すること、③「御岳神社御師用として往復一回限り優待乗車証一ヶ年五百枚を限り毎年末に講社本部宛贈呈」することの三つの契約が結ばれた［同：一五七］(7)。

このような交渉を経て、ついに昭和一〇年一月一日にケーブルカーが開通した［垣屋一九五五：一二五―一二七］。この御嶽山登山鉄道の開業は、武州御嶽山にどのような影響を与えたのだろうか。御岳登山鉄道五代目代表取締役を務めた垣屋の手記を再度確認したい。

私は当初、この鉄道の年間利用者数三十万人を、事業価値の目標と考えて着手したのだ。ケーブル架設前の登山者は、御岳神社の講中が主で、年間精々三万人位であったのだから、その十倍を目標とすることは、相当の冒険であったかも知れない。しかし開通の初年昭和十年のケーブル乗客は十六万三千人、十六年に三十万人の目標を突破し、十七年には三十八万人に上り、終戦復活後の三十年（昨年）には四十万人を超えたのだから、結局この事業に対する着眼が誤っておらなかったことを心から喜ぶものである。

御岳登山鉄道開業にあたり、年間利用者数の目標を三〇万人と定めていたが、結果として開業後六年経った昭和一六年に目標利用者数を達成した。その後、昭和一九年には戦争による供出のため休業するが、昭和二六年に営業を再開し、昭和三〇年には年間利用者が四〇万人を超えたという。垣屋は、御岳登山鉄道開業前に武州御嶽山を訪れていた人びとのほとんどは、「御嶽神社の講中が主で、年間精々三万人位であった」と記しており、御岳登山鉄道開業を機に、「登山者」が急増していることがわかる。

また、この頃の山内では、昭和一二年頃から、御師住宅の長屋門や玄関造りが廃止され、客室や風呂場が採光よく改築されたり、「神の分霊、祈祷の証」とし羽織袴で神職が刷っていたお札を印刷屋の印刷機で刷ったりするようになっていたという［片柳一九六〇：一五三―一五四］。

上記のように昭和一〇年代に入ると宿坊が改築され、従来力を入れていなかった客室や風呂場などの設備が整えられていき、旅客を受け入れる体制ができた。そして、「神社の分霊、祈祷の証」とされていたお札は、数を刷ることが優先されるようになった。このように、「登山者」の増加は、宿坊の形態変化やお札の意味づけの変化を惹起させ、御師の活動に新たな要素を付け加える要因となったといえよう。

七　分析

以上、大正期から昭和戦前期の武州御嶽山の容態について、武州御嶽山関係者が作成した資料や青梅鉄道が作成した資料を中心にして確認してきた。ここで、当初の問題関心に立ち返って、①鉄道網の発達が武州御嶽山を訪れる人びとにどのような変化をもたらしたか、また、②その変化が迎え入れる側の武州御嶽山の御師たちにどのような変化をもたらしたのか、訪れる側と迎え入れる側の双方の視点から分析を試みる。

まず、①鉄道網の発達が武州御嶽山を訪れる人びとにどのような変化をもたらしたか分析する。大正期から昭和戦前期の武州御嶽山と交通網の関わりで重要な点として、青梅鉄道の開業と御岳登山鉄道の開業が挙げられる。青梅鉄道は、明治二七（一八九四）年に開業した後、昭和四（一九二九）年に旅客誘致を目的として二俣尾〜御嶽間を開業する。その間に青梅鉄道は、図絵やチラシ・パンフレットを発行し、沿線の名所や行事の宣伝に努めた。このような各種メディアの宣伝によって、「『御岳行』と云うのが適当の団体」または「都市の未知の人」と呼ばれる人びとによる武州御嶽山の利用が増加していく。この「『御岳行』と云うのが適当の団体」や「都市の未知の人」たちは、御師と世襲的な師檀関係を結んでいる講社とは異なり、御師や宿坊と何のつながりも持たない東京近郊の都市部に住む人びとであった。

このような背景には、新中間層と呼ばれる官公庁や企業に勤めるサラリーマンとその家族の存在が関係している。

大正期から昭和戦前期にかけて。急増した新中間層の間で、鉄道を使った郊外への日帰り旅行が流行していた［平山二〇一二］。また、同時期の日帰り旅行では、休養や健康増進のための自然散策や、郷土愛育成のために名所・史蹟を訪れることが推奨されていた。そこで、自然が豊かなことに加え、多摩御陵などの史蹟を有する多摩地域が東京の「日帰り行楽地」として注目された［梅田二〇〇二］。このような背景もあり、武州御嶽山は都市部に住む人びとから日帰りできる旅行先として選ばれることとなった。

そして、当時の武州御嶽山の活気が資本家の目に止まり、ケーブルカー敷設の計画がもたらされた。ケーブルカー設計開始時の株式応募の文言には、「貸別荘、遊園地及連峰への遊歩道、車道、架空鉄道の施設、山麓には花柳街建設」の計画も記されていた。

しかし、計画が立ち上がった当初、ケーブルカーの敷設により日帰り客が増加し、宿坊の利用が減少することを懸念した武州御嶽山の御師たちは、ケーブルカーの開業に反対していた。その後、御師と鉄道会社の間で交渉が行われ、武州御嶽山側はケーブルカーの開設に必要な分だけの土地を鉄道会社に売却した。この売買契約により、外部の資本家による山上の開発を防ぐことができたと考えられる。

その後、最終的には神社設備の整備や、御師への優待券、山上に居住する子どもたちへの無賃乗車券の発行など、御師の要望を受け入れる形で計画が進み、昭和一〇年に御岳登山鉄道が開業することとなる。つまり、武州御嶽山の御師たちは、ケーブルカー開業にあたり主体的に交渉することで、鉄道会社だけでなく武州御嶽山にもメリットがあるように調整することに成功したといえよう。

次に、②鉄道網の発達によって迎え入れる側の武州御嶽山の御師たちにどのような変化をもたらしたのか分析する。従来から武州御嶽山では、御師の旦那場は固定化されており、他の御師が管理する旦那場の講員を自身の宿坊に泊めることは固く禁じられていた。だが、特定の御師と師檀関係を結んでいない、講社以外の客である「都市の未知の人」たちは、基本的にどの宿坊に泊まっても良かった。そのため、多くの「都市の未知の人」たちを自身の宿坊に宿泊させることで利益を得ようとする御師も現れた。

しかしながら、御師との関係を持たない「都市の未知の人」は、次も同じ宿坊に泊まるとは限らない一見の客のため、彼らには御師が講員に対して行ってきた手厚いもてなしをすることはできなかった。それに伴い一部の御師たちは、酒や料理を一杯何円など細かく料金化し、「営業的」なサービスを行うようになっていった。そして、御師によっては、客引きを行い、ほかの御師が管理する講員を自身の宿坊に泊めようとする者もいたため御師同士で争いになることもしばしばあったようだ。

上記の一見客の増加に関連して、大正期から昭和戦前期の武州御嶽山では、夏の講社廻りを廃止する御師が現れた。固定化された旦那場とその講員に対して行う配札は、母数が決まっているため得られる利益も決まっていたが、講社の代参が終わり、多くの一般客が訪れる夏は、経営努力次第で大きな利益を出せる可能性があった(8)。そのため、講社廻りを辞めて、夏の行楽に訪れる一見客の相手をする方が、多くの利益を得られる御師も存在した。このような理由から、夏の講社廻りを辞めて、宿坊や店の営業に集中する御師と、講社廻りを続ける御師の二つに分かれることとなった。つまり、講社ではない一見客の増加とその影響により、御師の宗教活動の内容が変化したということができる。

それに伴って、昭和四年から武州御嶽山では御嶽山青年会の主催で、避暑地・学習地として夏期の宿坊を「オゾンの家」として開放するようになる。パンフレットには、オゾンの家の料金相場が提示されているが、この相場を決定したのは御嶽山青年会であり、山内での交渉の結果、宿泊料金についての取り決めがなされていることがわかる。

大正期から昭和戦前期の武州御嶽山の状況を整理してみると、御師や宿坊と関係を持たない「都市の未知の人」が増加し、大量の一見客に対してどのような対応を取るか御師の間でも考えが分かれていた。関連して、御師同士で意見が分かれ、争いが起きていたことはこれまで確認してきたとおりである。オゾンの家として宿坊を一律開放し、料金相場を設けることは、宿坊運営や料金に関して生じる争いを未然に防ぐ、かつ、これまで一見客の受け入れに際して広がった宿坊間の経済格差を是正する意味もあったのではないか。

このことから、大正期から昭和戦前期の武州御嶽山は、講員と一見客が混在している時期であったといえよう。そのため、武州嶽山を訪れる人びとの目的によって御師の対応も変化していた。当時の御師たちは、従来の講員に対しては手厚いもてなしを続けながらも、一見客に対しては「営業的」な対応を行っていたことが指摘できる。

八　おわりに

本稿では、鉄道網の発達が社寺などの参詣地にどのような影響を与え、講を迎え入れる御師の活動や役割にどのような変化をもたらしたのか明らかにすることを目的とし、大正期から昭和戦前期の武州御嶽山を事例に検討を行った。本稿で論じた近代交通網の発達による参詣地の変化については、これまで宗教とツーリズムに関する視点から検討されてきた。最後に、宗教とツーリズムに関する研究における本事例の意味づけを確認して論を閉じたい。

まず、宗教とツーリズムに関する研究では、現代の参詣地の取り組みや信仰以外の目的・動機を持つ参詣者の動向に注目が集まることが多く、そのため近代からの連続性を踏まえた成果の蓄積が十分とはいえない状況がある。このような研究の背景を踏まえて、本稿では、大正期から昭和戦前期の武州御嶽山を事例に、鉄道網の発達が参詣地にどのような変化をもたらしたのか、鉄道会社作成の図絵やチラシ・パンフレット、関係者の手記を用いて、時代の変遷を追いながら分析を行った。

その結果、①鉄道網の発達により従来の講員以外の一見客が増加したこと、②①によって、武州御嶽山の御師たちは、講員に対する御師業と一見客に対する接客業の二つの側面を持つようになったこと、③武州御嶽山が鉄道会社に対して主体的に交渉を行ったことで、武州御嶽山に有利な条件でケーブルカーが開業したことの三点が明らかになった。

また、武州御嶽山の時代ごとの変遷を振り返ってみると、武州御嶽山は江戸時代には徳川幕府、明治維新期には新政府の政策に迎合する形で山内運営を行ってきた。同様に鉄道網の発達に伴って、大正期から昭和戦前期には、資本家や鉄道会社に対しても彼らの提案や要求どおりにするのではなく、交渉を行うことで武州御嶽山に利益があるように取り計らうことに成功した。以上のことから、武州御嶽山は時代や社会の変化に柔軟に対応できるという強みを有しており、このような強みを活かし、運営方針をその都度変えることで現在まで御師業を続けることができたと考えられる。上述の武州御嶽山の特徴は、宗教活動においても看取することができる。武州御嶽山の御師は、現在まで講社廻り（配札活動）などの宗教活動を続けているが、本稿で描いた昭和戦前期における夏期の講社廻りの廃止に代表されるように、宗教活動は従来から変わらず行われているのではなく、時代や社会に対応する形で変化していた。以上の取り組みをとおして武州御嶽山は、講やそれ以外の一見客などを受け入れながら、参詣地としての機能を維持してきたといえよう。

このように参詣地の歴史を踏まえた上で分析することで、参詣地が行っている取り組みが当地にとって特異なことであったのか、一般的なことであったのかの位置付けが明確になると考える。しかし、本稿は大正期から昭和戦前期に時代を区切って論じたため、以降の講員と一見客の利用が混在するようになった武州御嶽山でどのような対応が行われるようになるのかという問題については扱うことができなかった。今後は、本稿の内容を踏まえ、昭和戦後期の武州御嶽山の運営状況についても検討したい(9)。

註

（1）平山昇は、鉄道会社が沿線の名所や行事をメディアとタイアップして盛り上げる「メディア・イベント」の手法を採用したことを指摘した。また、平山はヒト・モノを運ぶ鉄道などの「交通メディア」と宣伝広告を掲載する新聞などの「情報メディア」の両者によって、前近代以来の伝統を持つ社寺参詣がマーケット化されたと論じている［平山二〇二〇：一三六—一三七］。

（2）武州御嶽山の公認講社の結成過程については［乾二〇一八］に詳しい。

（3）話者A（一九五五年生・山上御師）による聞き取り調査（二〇一五年二月二六日）より。
話者B（一九五三年生・山上御師）による聞き取り調査（二〇一五年五月二日）より。

（4）卯田は、霊山をめぐる鉄道会社の動向を、①明治末～大正初期、②大正中期～昭和戦前期、③戦後期の三つの時期に区分している。大正中期には都市近郊の霊山は当時の郊外散策への関心の高まりにより観光地として注目されるようになり、ケーブルカーの開業が進んだ。このケーブルカーの開業は、大正七（一九一八）年の生駒鋼索鉄道を嚆矢とする。昭和一〇（一九三五）年に開業した御岳登山鉄道は全国で二〇番目の開業であり、昭和戦前期に開業したケーブルカーの中では最も開業時期が遅かった［卯田二〇一四b］。

（5）企業物価指数（国内企業物価指数）七三二・九（令和三年）÷一、〇七五（昭和四年）＝六八一・七六倍で計算した。

（6）ケーブルカー敷設に真っ先に賛成した北島貞次は、先に紹介した「氏子出入」の際に坂本御師の代表として祠官に選出された北島仙太夫の子孫にあたる人物であった。そのため、北島貞次は坂本御師の代表のような役割を果たしていたと推測できる。

（7）その後、学制の改正によって中学生も含むようになる［片柳一九六〇：一五七］。

（8）近世の社寺参詣を研究している青柳周一は、御師との師檀関係に拘束されない参詣者たちにとって、宿泊先を選ぶ基準は、アクセスが便利な立地か、宿舎が大きくて綺麗か、もてなしがいきとどいているか、食事が満足いくものかどうかなど、サービスの質の良し悪しだったことを指摘している［青柳二〇〇二：八四］。

（9）平成期の武州御嶽山の観光事業については［髙田二〇一七］を参照。

参考文献

青木栄一　一九九四「青梅線の成立と展開――地域変容とともに歩んだ百年」『多摩のあゆみ』七六号、二―一九頁。

青柳周一　二〇〇二『富嶽旅百景――観光地域史の試み』角川書店。

市田雅崇　二〇一二「寺社の活動と代参」『人のつながりの歴史・民俗・宗教――「講の文化論」』、九八―一一〇頁。

乾賢太郎　二〇一六「高尾山と鉄道開発――京王電鉄を事例に」『山岳修験』五八号、三九―四七頁。

同　二〇一八「明治期における御嶽講社――豊穂講社（教会）を事例として」『武州御嶽山の史的研究』、一九七―二二一頁。

卯田卓矢　二〇一四a「比叡山への鋼索鉄道建設における延暦寺の動向」『交通史研究』八四号、四〇―五九頁。

同　二〇一四b「観光地としての都市近郊霊山の形成と展開プロセス――開発資本の動向を中心として」『旅の文化研究所研究報告』二四号、一―一八頁。

靱矢嘉史　二〇一五「御師と神社――武州御嶽山御師の特色」『古文書にみる武州御嶽山の歴史』岩田書院、四一―六三頁。

梅田定宏　二〇〇二「「日帰り行楽地」多摩の誕生」『郊外行楽地の誕生――ハイキングと史蹟めぐりの社会史』、七八―八七頁。

垣屋忠次郎　一九五七「御岳山ケーブルカーの架るまで」『西多摩郷土夜話』二集、一二三―一三〇頁。

片柳太郎　一九六〇『武州御嶽昔語り』武蔵御岳講真神部。

齋藤典男　一九九三『増補武州御嶽山史の研究』文献出版。

髙田　彩　二〇一七「伝統保持と観光化からみる山岳聖地の真正性について――武州御嶽山を事例に」『大正大学大学院研究論集』四一号、一二九―一五二頁。

對馬路人　二〇一二「鉄道と霊場――宗教コーディネーターとしての関西私鉄」『宗教とツーリズム――聖なるものの変容と持続』

世界思想社、三二一—五七頁。
西海賢二　一九八三『武州御嶽山信仰史の研究』名著出版。
長谷部八朗監修・講研究会編集委員会編　二〇二一『人のつながりの歴史・民俗・宗教——「講の文化論」』八千代出版。
馬場憲一　二〇一八「序文」『武州御嶽山の史的研究』岩田書院、一—二頁。
パルテノン多摩編　二〇〇二『郊外行楽地の誕生——ハイキングと史蹟めぐりの社会史』パルテノン多摩。
平山　昇　二〇一二『鉄道が変えた社寺参詣——初詣は鉄道とともに生まれ育った』交通新聞社。
同　二〇一五『初詣の社会史——鉄道が生んだ娯楽とナショナリズム』東京大学出版会。
同　二〇二〇「近代日本の鉄道と社寺参詣」『現代宗教とスピリチュアル・マーケット』弘文堂、一二九—一四八頁。
星野英紀・山中弘・岡本亮輔編　二〇一二『聖地巡礼ツーリズム』弘文堂。
武蔵御嶽神社及び御師古文書学術調査団編　二〇一五『古文書にみる武州御嶽山の歴史』岩田書院。
同　二〇一八『武州御嶽山の史的研究』岩田書院。
山中弘編　二〇一二『宗教とツーリズム——聖なるものの変容と持続』世界思想社。
同　二〇二〇『現代宗教とスピリチュアル・マーケット』弘文堂。

戦後沖縄の講的集団
――龍泉の展開過程と会員を中心に

長島三四郎

一　はじめに

本稿の目的は、戦後沖縄で活動を続けている新宗教、龍泉《いじゅん》の展開過程及び同集団の講的な側面を明らかにすることである。講研究の研究対象には、「何々講」と呼ばれる「講集団」だけではなく、講と多くの点（集団の在り方や社会的な機能等）で類似している「講的集団」「講の周辺」を含む(1)。本稿では、龍泉を講的集団の一つとして把握していく。新宗教として把握されている信仰集団を、講研究の枠組みで検討するには、大きく分けて二つの方法がある。

一つ目は、集団の名称や起源に着目し、新宗教の発生時に「何々講」と名乗る事例や、講及び講的集団を起源とする事例に焦点を当てる方法である。例えば、本門佛立宗は、元々は日蓮宗系寺院の講であり、旧名称も本門佛立講であった。創価学会と顕正会は、日蓮正宗の在家組織からスタートしている。講を起源とする新宗教は、仏教系のほか、様々な事例がある。

二つ目は、講の機能的な側面に着目し、講と新宗教の共通点や連続性を研究する方法である。高山秀嗣は、「講には長い歴史があり、日本宗教史の展開は講の存在とともにあった」と述べ、「前代までの宗教的資源を十全に援用しつつ教線の発展につなげてきた新宗教においても、講は不可欠のもの」だという[2]。また、高山は、「歴史的にみれば、近代以降に発展する新宗教も講の影響下」であり、「講あるいは「講的な会合や結びつき」」が新宗教の発展につながったと論じている[3]。創価学会の座談会や、立正佼成会の法座等、新宗教の信者による小集団活動が、ここでいう「講的な会合や結びつき」に該当する。そして、座談会や法座で行われている、信者同士の交流、信仰への学びや信仰体験の報告等は、信者の信念や信者同士の仲間意識を高める。座談会や法座等の宗教実践は、新宗教の多くが有する特徴の一つであり、信仰を支える大きな源泉でもある。

上記のうち、特に二つ目の機能的な側面（講的な会合や結びつき）は、新宗教の核ともいうべき重要なものである。新宗教は、近現代をとおして日本社会で様々に立教・伸長していった講的集団の一群ともいえる。本論では、龍泉の機能的な側面に焦点を当てて検討したい。

なお、多くの新宗教は、教勢拡大への失敗や、教勢拡大後に停滞する等、立教後、順調に伸長していったわけではない。そうした新宗教が、一時的に注目されることはあっても、それを中長期的に調査研究が続くことは多くはない[4]。日本で発生・展開してきた多くの信仰集団が、実際にはどのような展開過程を辿り、集団を維持してきたのかについては、まだ研究の余地がある。

講研究においても、集団がどのように存続を図ってきたかは重要である。石本敏也は、「結成された講集団が長く継続される過程には、種々の出来事が生起し、それに対応すべく講集団も変遷を経験する」とし、「講という、比較的ゆるやかなまとまりをもつ集団が如何に存続し得るのかという観点は、その活動を知るうえでも重要な視角の一つといえる」と述べている。[5] 講集団も、新宗教も、近現代の日本社会の中で存続してきた任意の社会集団であり、同集団をみることで社会の諸相や変容が見えてくる生きた事例といえる。本事例も、講的集団のバリエーションの一つとして把握できるだろう。

本稿では、まず龍泉について先行研究を基に概説する。次に、龍泉の集団としての展開過程を、各種資料と調査研究を基に整理する。最後に、現在の龍泉の会員や活動から、同集団の講的な側面を明らかにしたい。

二　龍泉の概要

龍泉《いじゅん》については、島村恭則、藤田庄市、井上順孝等の研究成果がある。[6] 龍泉は、一九七二年に高安六郎（一九三四―二〇一八）が沖縄県で立教した宗教運動である。名前の「龍泉」は、「龍宮から湧き出る生命の泉のことであり、原点」を意味している（沖縄語では、泉のことを「いじゅん」と言う）。一九八〇年に単立宗教法人となるが、二〇〇七年に宗教法人を返還し、その後は株式会社カルチャ龍泉として活動している。会員数は、一九八〇年代には一万人程度[7]とされていたが、二〇二二年時点では千人程度（関係者への聞き取り）だという。一九九〇年には沖縄県のほか、兵庫県や神奈川県、ハワイや台湾でも会員を獲得し、沖縄県宜野湾市の本山に加え、会員による支部活動は三十二か所に及んだ。[8] 二〇二二年時点では支部活動はなく、基本的に宜野湾の事務所のみが活動拠点になっている。

信仰対象は、『琉球神道記』に記載がある琉球神話の神、「キンマンモン」である。[9] 龍泉では、人は日々の祈りや瞑想を通して「意識変革」（心なおし）[10]を行い、人間が本来的に神と同一であるという真理に気づくことで、神人合一した人生となると説く。龍泉の会員は、こうした気づきを得ること（悟り）を目的としている。また、エゴ（利己的な考え、思い上がり）や劣等意識が、神人合一した生き方を妨げ、不幸や病気の原因となるという。

龍泉の展開の背景として、沖縄の民間信仰の担い手であるユタの存在が指摘されている。一般的にユタの世界観では、災厄は浮かばれない霊（先祖の霊を含む）によるものと説明される。[11]ユタは依頼者から相談を受けると、解決するために儀礼を実施する。一度で解決しない場合は「ウガンブスク」（祈願不足）とされ、儀礼を繰り返すこととなり、依頼者側の金銭的な負担が大きくなる。龍泉の教えや宗教実践、運動としての展開過程を論じた藤田庄市によれば、「ユタの世界観では、悩みや苦しみの原因はあくまで霊であり、現世の人間ではない」という。ユタの災因論では、依頼者はユタをとおして災厄の原因を知り、解決しなくてはならない。不安な人が繰り返しユタに相談し、それが問題となることもある。[13]

一方、龍泉では「霊界の存在や働きを認めても、苦悩の原因は自分の心にある」とし、「心の迷い、いわば想念が苦しみを生み出す」ため、「そうした自分に気づき「悟る」ことによって、災厄は解消する」と説かれている。[14]龍泉はユタと異なり、不安の原因を個人の内面に求める。翻せば、自分自身が変わることで、ユタを求めなくても災厄を解決できる。藤田は、「沖縄宗教の範囲からみると、「いじゅん」のこのユタ的世界観からの解放は画期的」だと論じている。[15]

こうした世界観、災因論を説くのは、その他の戦後沖縄で立教した宗教運動とも異なっていた。龍泉の教え、指導者とその補佐等について幅広く論じている島村恭則は、「龍泉以外の教団がユタ的・シャーマニズム的性格をすこぶる強調するのに対して、龍泉はユタの世界に濃厚に見られる過剰不安や過剰拘束の解消を教理・実践の主要な柱の一つにしている」と指摘している。[16]島村は、「龍泉は、旧来の慣習の破棄を理念とし、それによる民俗宗教的世界観の改革を行っている。これは、旧来の民俗宗教に矛盾を感じながらもその世界を否定することができず、民俗宗教と新しい生活様式・価値観との間のせめぎあいに苦悩する人々への救いに他ならない。沖縄社会の変化に対応しようとする土着の新宗教のあり方をここに見ることができる」と論じている。[17] 島村と藤田の研究は、一九九〇年代までの龍泉の特徴を的確にとらえており、現在でも龍泉の研究として参照されている。その他、井上順孝、クリストファー・ライクル、島薗進、山口文憲等、龍泉についての調査や記述等がある。

しかし、先行研究は、いずれも一九九〇年代までの調査を基にしている。龍泉の儀礼やハワイでの支部活動について調査研究をしているクリストファー・ライクルは、二〇一九年六月二十五日付けで龍泉について述べているが、その内容は一九九〇年代の調査を基にしており、二〇〇〇年代以降の展開過程は殆ど記載がない。[18] また、一九九五年に龍泉に訪問した山口文憲は、著書の中で「現在教団として活動を休止している」と述べており、文庫版でも同様に記載している。[19] 後述するとおり、龍泉は、研究者から調査されなくなってからも運動を続け、二〇二〇年で立教五十年間となった。龍泉の半世紀に及ぶ運動の現在と、そこに参加し続けている会員については、調査は殆どなされていない。

三　龍泉の展開過程

本章では、高安のライフヒストリーにも触れつつ、龍泉の展開過程を述べていく。[20] なお、本論では便宜的に、龍泉の展開過程を、一九七二年から一九九五年までの第一期（龍泉の立教から宗教法人時代まで）、一九九五年から二〇〇七年までの第二期（「宗教からの脱却」の主張からカルチャ龍泉の設立まで）、二〇〇七年から二〇二二年現在までの第三期（カルチャ龍泉の設立から二代目主宰《しゅさい》への継承まで）に分けて記述する。先行研究で検討されてきたのは、第一期までの龍泉の思想・運動である。第二期と第三期についての調査は少なく、第三期の調査に至っては、管見の限り筆者のみとなる。龍泉における講的な側面を検討するには、第三期を含めた展開過程を把握し、会員がどのような運動に参加してきたのか、理解する必要がある。本論では、諸所の先行研究を踏まえつつ、龍泉を通時的に記述していくことを心がける。

第一期（龍泉の立教から宗教法人時代まで）

高安六郎は一九三四年、沖縄県那覇市西新町で、那覇市議会議員や沖縄参議院議員を歴任した高安高俊[21]と母キヨの十二人兄妹の六男として生まれる。戦前の高安は、家族と共に台湾へ疎開し、一九四六年、沖縄に帰郷した。糸満小学校を卒業後、高安は役者としての道を歩んだ[22]。しかし、幼少期にかかっていた肺浸潤を十四歳で再発し、精神的に不安定となる。十八歳の時、生長の家の信者であった高安の母キヨは、息子を生長の家の集会に連れて行った。そこで高安は小学校の担任教師（中村静子）の夫、中村昌直と再会し、彼をとおして生長の家に入信した。高安は、徐々に芝居の道から離れ、生長の家の講師になり、一九六六年、三十二歳で生長の家沖縄県教化部講師会長になる。

一九七二年、講師会長を務めていた高安だが、信者の悩みに合わせて、御嶽や井戸を拝むこと等、沖縄の民間志向に根差した指導もしていたことが、生長の家本部で問題となり、「生長の家の名を着たユタ」と批判された。教団に居づらくなった高安は脱会し、高安を導いた昌直も同時期に脱会している[23]。そして、同年十一月二十二日、自宅で瞑想をし続けていた高安は、「キミマンモム」（後にキンマンモンとなり、龍泉の信仰対象となる）となる神から啓示を受ける。「キミマンモム」の啓示に従って、「那覇の文教図書」にある『琉球神道記』（キンマンモンの名が出てくる書物）

を手に取ったことで、高安はその存在を確信したという。[24] これが、龍泉の立教とされている。

一九七三年十月十五日、会員間での小集会である「龍泉の集い」が、名護市で初めて開催された。一九七四年、高安は、龍泉の前身である「琉球神道復興普及研究会」を発足し、同年十月、団体名を「琉球神道龍泉の会」に変更した。一九七四年一月には、月刊誌『龍泉』を発行している（一九七四年から一九九六年まで）。

一九七五年、高安が盲腸破裂により入院した。高安が入院した背景には、指導者に依存した集団の在り方が関係している。高安は、「指導者も経営者も私一人の孤軍奮闘で、資金をあげるのにも私がすべての信者を一人々々霊査したり、指導したりして弟子の給与を賄っていました」と述べている。[25] その後、龍泉は生長の家時代からの会員である宮城重典（一九二七―九五）を管長代理（後に総主補佐となる）とした。新体制の中、龍泉は宗教法人化に向けて組織化を進めていく。

一九八〇年、龍泉は、沖縄県の単立宗教法人、「宗教法人龍泉」となった。また、アメリカ合衆国ハワイ州のヒロ市での支部設立、「龍泉福真会」（龍泉横浜支部）の設立、台湾の鎮東宮との姉妹提携、龍泉総本山の創建（一九八三年十二月）等、宗教団体としての組織化が進行した。この時期、高安は会員数を一万三千人と述べている。

一九八〇年代、龍泉は「トートーメー問題」（琉球新報社のキャンペーンをきっかけとする、女性の位牌（トートーメー）継承をめぐる社会問題）と、水子供養に関する運動を推進した。[27] 上記の二つは、どちらも『琉球新報』等で報じられていた社会問題であり、それらを意識した運動である。[28] こうした運動目標は、発展期の会員の熱気を支えた。[29]

一九八〇年代、本山を中心とする各支部活動と、組織内での宗教活動・組織運営の分業化等、教団化の動きが進む中、龍泉の運動に転機が訪れる。一九八八年四月十日、『沖縄タイムス』が、「宜野湾市嘉数にある三基の墓が「火の神信仰」をキャッチフレーズとする宗教法人によって土砂で埋められているのが発覚」したと報じた。[30] 宜野湾の総本山にある、大観音像建設の際の盛り土の一部が崩れて、近くにあった門中墓を破壊したという。龍泉は事実関係を認め謝罪している。この報道によって、龍泉に対する社会の印象は悪化した。加えて、教団の手形・通帳・印鑑を預かっていた安心院照雄理事長が、教団の資金（三億円近い金額）をもって姿を消した[31]。宜野湾市の総本山は二か月間閉鎖し、職員四十人弱は退職した。一九八八年九月九日、高安は、手かざしによる霊能「パワープレイ」[32]を始めたほか、会員への寄付金を募り、解散の危機を乗り越えた。

以上が、龍泉における第一期の展開過程である。第一期は、運動や思想についても先行研究が蓄積されている。加えて、第一期の龍泉の特徴として、病気なおし等の現世利益や、カミダーリィ（神がかり）等の神秘体験が表出していた。一九七五年二月九日、開南会場の行道会（集会）では、以下のような出来事があったという。

主宰を中心にしての円環の祈りに入った。五感では信じられないことがおこった。主宰の口から受付番号を指摘し、「○○番目の病い癒える。○○番長年の頭痛治る。○○番合格。」と神の啓示により声がかかる。指摘された人はすっと頭痛が治ったり、肩の痛みがひいていた。目前の奇蹟に一同は感謝と感激の頂点に達した[33]。

上記のような出来事は、高安の訪れた集会でたびたび目撃されたようである。こうした現世利益・神秘体験を得られることも、当時の龍泉の集会活動が盛んだった理由の一つであろう。

そして、第一期の龍泉は、琉球神道の復興をスローガンに運動していた。一九七四年、高安が最初の団体名を、「琉球神道復興普及研究会」とした所からも確認できる。第一期の龍泉の賛同者・協力者として特に名前が挙がるのが、県内では、政治家・起業家の稲嶺一郎（一九〇五―八九）、県外では、山蔭神道の山蔭基央（一九二五―二〇一三）である。特に、稲嶺の「沖縄を原点に日本と世界を変える」[34]という信念は、高安の思想形成に影響を与えた中村にも共通していた[35]。

第二期（「宗教からの脱却」の主張からカルチャ龍泉の設立まで）

一九九三年十一月二十七日、高安は、「これからはお前たちを通して本当のことを言わしめる」という啓示を受けたという[36]。啓示を受けた高安は、「宗教からの脱却」を目指すとし、「古い感覚の宗教概念」や「マニュアル的な「拝み」」や「祈り」」は過去のものとなると説いた[37]。龍泉が、一九九一年に加入した新日本宗教団体連合会から脱退（一九九五年）したのも、そうした転換の中での動きであった。

一九八八年より続けていたパワープレイは、一九九四年時点で辞めている[38]。教えに関する用語等も、「いままではキンマンモン（全宇宙の神）で解釈できない部分を既存宗教の神を借りて説明をしてきたんですが、これからは琉球独自の宗教観念で教義を提唱することになりました……中略……唱えてきた内容に変わりはありません」と述べ、新しい内容を説き始めた[39]。龍泉の信仰対象は、キンマンモンに加え、三十三観音や四大王（キンマンモンを含む、フー、ニルヤ、カリーの四神）が説かれるようになった[40]。藤田庄市によれば、「高安の思想は、沖縄の民俗宗教の言葉を用いながら、もともとの意味を手がかりにして、それとははるかに異なる意義づけをするところに特徴」があり、「この意義づけには、仏教やキリスト教、インドのヨガや中国仙道、さらにスピリチュアリズムなどが動員されるため、けっこう煩雑なものになっている」という[41]。

一方、「琉球神道の復興」は運動のスローガンとして説かれなくなった。二〇二二年時点で、稲嶺一郎のような、積極的な外部の賛同者は確認できていない。藤田は、「普遍宗教の色あいをますます濃くしながら変容展開をくりひろげるはず」と述べている。[42]「変容展開」を進めた結果、かつてのような鮮やかな現世利益は説かれなくなった。一九九〇年代以降の世界観や用語の変化は、一定の会員に共感を得られず、退会の要因となったと考えられる。一九九五年、山口が龍泉を訪問した際、広報担当者に、「これだけころころと教えが変わるのでは、ついてゆく信者のほうもたいへんではあるまいか」と聞くと、「じっさい、覚えることが多くて」と苦笑していたという。[43]こうした教えの変容に伴い、龍泉では内省に基づく意識変革（瞑想）が重視されるようになった。

一九九五年、龍泉では、総主補佐の宮城が死去し、これまでの体制（高安と宮城が分担して各地で講演・霊査・指導等を行う体制）の変更を迫られた。[44]また、『沖縄国人記』によれば、高安は、「オウム真理教事件以来、信者が減少し」、「このままでは使命を達成できないと教団を長男に継承し、自らは自由に活動することになった」と述べている。[45]筆者の調査で高安は、地下鉄サリン事件よりも、総主補佐の宮城の死（一九九五年）の方が大きな影響があったと語っている。[46]なお、一九九五年以降の龍泉においても、実質的な指導者は高安に変わりなかった。一九九〇年代、高安の長男が指導者とされる中でも、指導や法話、火祭り等の宗教実践を取り仕切っていたのは高安だった。会員は、高安の長男が二代目として継承した時も、あくまで高安六郎の指導・言葉を絶対視し、求め続けていた。龍泉における「霊能」は、一貫して高安が占有していたといえる。

一方、高安は、一九九七年五月十一日の「伊江島ハンドー小」（那覇市民会館）から、二〇〇六年十月三日から五日までの「高安六郎独人芝居清ら肝――沖縄芝居づくし」（沖縄県立郷土劇場）まで、龍泉の活動をしながら舞台に上がっている。会員以外の人たちからは、突然の芝居活動復帰に驚きもあったという。高安と交流のあった劇作家、謝名元慶福（一九四二―）によれば、沖縄県内では、高安を「芝居士」として評価する声と、「宗教者」として距離を置く声とがあったようである。[47]

一九九〇年代、こうした動きの中で、龍泉は徐々に教勢が停滞していった。一九九六年九月、月刊誌『龍泉』を廃刊している。一九九〇年代までは「センタリングワーク」という名称で行われていた小集会・支部活動も、二〇〇〇年代には統廃合が進み、宜野湾市の本山（事務局）での活動に収斂していった。横浜や宮古島の支部は自然消滅に近い状態になり、台湾やハワイの会員は高齢化が進んでいる。各支部活動が停滞した理由の一つには、高安が高齢化したため、支部への訪問指導ができなくなったこともある。特に、沖縄県本島を除く離島や県外の支部は、高安の訪問指導が少なくなった二〇〇〇年頃を境に、急速に縮小・消滅していった。

会では、本部以外の活動の場として、二〇〇〇年から二〇〇五年まで沖縄ハイツ（沖縄県宜野湾市）、二〇〇六年から二〇一八年までカルチャーリゾートフェストーネ（沖縄ハイツ閉業後に、同住所で開業）の部屋を借り、法話の場として活用していた。二〇〇三年五月、龍泉は、宜野湾の旧総本山から現在の事務所へと移転を開始し、同年六月に完了した。二〇〇七年、龍泉は、宗教法人から、新しく、株式会社カルチャ龍泉となった。高安は、一九九〇年代から考えていた、「宗教」を辞めることを決意する。龍泉が宗教法人を辞めることを決めた時、多くの会員が去ったという(48)。

第三期（カルチャ龍泉の設立から二代目・三代目の時代）

二〇〇七年にカルチャ龍泉を設立後、龍泉は会員数を減らしつつも、活動を継続している。二〇〇〇年代以降の龍泉は、月二回程度の法話・講義と、月三回程度の指導と法話、年四回の火祭り・各会員への個人指導等を二〇一八年の六月頃まで継続していた。会員に向けた高安の法話・講義・指導等の語りは、時には月十時間以上に及び、語りに付随する資料も毎月積み重ねられていた。こうした活動も、高安の高齢化に伴い、徐々に回数を減らしていった。

二〇一七年一月十七日、高安は入院し、腎臓透析を開始した。同年十一月には歩行困難になり、車いすが必要になった。二〇一八年八月、高安は再度入院し、妻の常子に、「道は全て整った。母さん、先頭に立ちなさい」と伝えた。[49]同年九月三十日、高安は心不全により死去した。突然の指導者の死去であったが、高安の死期は、二〇一七年頃から会員間でも意識されていた。また、安心できる医療体制（かかりつけ医が龍泉の会員であった）に加え、病院での様子を会員に報告していたことで、会員の動揺は比較的少なかったという。

その後、龍泉は高安を継ぐ指導者とその体制づくりに苦慮し、二〇一八年九月末から十一月末まで、事実上、指導者不在であった。二〇一八年十一月二十三日の御在位感謝祭（高安の死を悼み、感謝の気持ちを示す火祭り）では、高齢の会員から県外に暮らす会員、高安の親族等、五十人ほどが参加している。御在位感謝祭で会員が心配していたのは、会の存続、指導のゆくえであった。

加えて、二〇一八年十二月には、カルチャーリゾートフェストーネの閉館が決まり、二〇〇六年より利用してきた活動の場がなくなった。同施設は宜野湾市にあり、龍泉の事務所とも距離が近く、六十人程度が入れる部屋を、比較的安価で利用することができた。龍泉は月二回程度、同施設の部屋を借りて講義や法話を行っていた。龍泉は、指導者と活動拠点の二つを同時に失ったことになる。龍泉の活動場所は事務所のみとなった。

同年十一月二十八日、臨時幹部会を開催し、常子を二代目主宰とするという基本方針で決定した。龍泉は、同年十二月三十日に継承の儀（指導者の引継ぎ式）を執行し、二〇一九年一月六日の迎祝祭（毎年、高安の誕生日と正月を兼ねて祝う行事）を経て、高安の妻常子を正式に主宰とした。こうした背景には、高安の実子たち（長女、次女、長男、次男、三女）が会の活動から離れていたこと、常子であれば親族と会員の多くが納得できること等が理由と考えられる。[50]

しかし、常子自身は、高齢であることに加え、それまで指導、法話・講義、火祭りといった会の活動を執り行ったることがなかった。二〇一九年一月から六月にかけて、龍泉では、常子を中心にして法話・講義、火祭り等を行っている。また、配布物等をとおして、積極的に常子の言葉を発信した。その際、一、高安が救済の源泉（観音）であること、二、高安が指名した人物こそ常子であること、三、高安との生前のつながりが重要であること、を繰り返し述べ、常子の正統性を説きつつ、会員への信仰に対する自覚・使命を促している(51)。

二〇一九年、常子を中心とする体制の中、信仰生活の核となる指導も、規模を縮小して事務所で再開した。指導は、龍泉のスタッフや一部のベテラン会員が行い、脇で常子がそのやり取りを見守る形式に変更している(52)。また、それまで五十人以上が同時に参加できていた法話や講義は、間取りの都合で三十人が限度となった。

二〇二〇年一月三日、二代目主宰であった常子は、会員の兼城峰子を三代目主宰にすることを決め、「継承の儀」を行った。短期間での継承の理由は、二代目継承の時点で高齢だった常子の負担が大きく、指導を続けていくのが困難だったためと推察される。継承した兼城(53)は、龍泉の運営を担うスタッフの一人で、会員への指導を行える中核的な会員の一人である。加えて、彼女は常子と親戚関係（母の姉妹が常子）でもある。二代目の継承時と同様、会員間で三代目の継承に異論はなかったという。

四　龍泉の会員

会員の概要

前章まで、龍泉の展開過程を述べてきた。本章では、現在の龍泉に参加している会員について事例を基に検討していきたい。先に、龍泉の会員について概観していく。

龍泉の会員は、関係者（龍泉の事務所）によれば約千人とされる。龍泉の事務所には、二名のスタッフ（常駐の職員）がおり、会の運営を担っている。それ以外の会員は任意参加であり、入退会の手続き・書類は存在しない（一応、事務所で参加者を基にした名簿はある）。月刊誌を発行していた時期もあるが、購入は強制ではなかった。会員を名乗っているが、事務所での指導や法話に殆ど参加しない人もいる。また、高齢化等の理由で、ある日突然来なくなった人も多い。そうした人は、辞めたかどうか判断ができないので、「お休み中」とする場合もある。

会員の殆どは、沖縄県出身で、現在も県内に暮らしている。半数以上は沖縄本島南部（那覇市、与那原町、豊見城市、南城市、八重瀬町等）である。現在、県外の会員は少なく、沖縄まで来て「指導」を受けることはないが、電話等の交流はあるという。会員の年齢層は、一九四〇年代から一九六〇年代に生まれた人と、一九七〇年代から一九八〇年代に生まれた人が多い。多くの人が一九八〇年頃に入信し、信仰歴は三十年から四十年以上になる。人生の多くを龍泉で過ごしてきたと語る会員も少なくない。一九九〇年代以降に生まれた世代は少なく、またその殆ど全員が会員の子どもである。龍泉では、宗教実践として布教活動を重視していないため、一九八〇年代の会員数のピークを過ぎて以降、会員になった人物は殆どいない。会員の信仰は個人単位であることが多く、一人が入信したら家族全員で信仰するというわけではない。

会員の宗教実践には、「聖香祭」（火祭り、年に四回実施）や指導者からの「法話」（月一・二回、本部で一時間程度の座学形式）と、「指導」（月二回、会員が指導者に日々の生活や悩み事を報告し、指導者がそれに応答する）があり、それ以外の日は各自宅で祈りや瞑想を行い、自己研鑽している。特に、真理に則ってセジ（霊能）を行使する指導者の「法話」を聞き、「指導」を仰いで信仰生活を点検することが重要視されている。現在の龍泉を支えているのは、会員の内、「指導」や「法話」に積極的・継続的に参加している人となる。

会員の事例

次に、聞き取り調査を基に、龍泉の会員について明らかにしていく。聞き取りは、一回が約一時間で、いずれもカルチャ龍泉事務所にて聞き取りを行った。本論では、会員が如何にして龍泉という集団につながり、今も持続しているのか、そこに焦点を当てて記述する。

会員Ａ（一九三六年生、女性、七人兄妹の三女、那覇市出身、専業主婦、一九八一年に入信）

二〇二〇年一月十七日と二〇二二年八月八日、聞き取りを実施

一九八一年頃、Ａは激しい無気力状態（鬱のような何か）に悩んでいた。家族が学校や仕事に行くと、一人で家を暗くし、ずっと天を仰いで動かなかった。自分がどうしてこうなったのか分からない中、Ａの姉（次女）が持ってきた龍泉の本、『幸運の展開』を読んで感動し、すぐに入信した。

Ａは、龍泉の宗教実践、とりわけ指導の素晴らしさを強調する。Ａは「龍泉に触れる」（会員は龍泉の活動に参加することを触れると表現することがある）中で、様々な「気づき」を得たという。例えば、戦時中、Ａは那覇から普天間宮、長崎の佐世保を経由して大分の竹田へと疎開した。Ａは、疎開する際の自分の船が沈まなかったのは「神の御業」であり、幼い頃から神様に守られていたのだと、龍泉をとおして考えるようになった。

そのほか、Ａは龍泉の指導を基に、自分の生家と嫁ぎ先の家系図を調べ、自身のルーツを明らかにしていった。特に、嫁ぎ先の家系図は、戦争や様々な理由から不明な部分が多かった。Ａは、「だから私、ある意味大きな仕事をしているんだなって。言われたわけじゃないけど。だって自分の子たちに繋いでいかないといけないことだからね」と、使命感や、やりがいを語っている。こうした語りの中で、入信の契機である無気力状態については、「そういえば、

いつ私はこれ消えたんだろうと思った」と振り返った。そして、「ただ、向こう（龍泉）の話を聞いて持ち帰って、自分の中でああっていう。この喜びなのか何か、安心なのかわからないけど、まず、落ち着いたんでしょうね」と述べていた。

Aにとって、龍泉は信仰のみならず、家族を含めた社会的なつながりでもあった。Aの夫は、Aが地域行事や社会活動等で外に出ることをよしとしなかった。また、Aの夫は次男であり、夫の本家、門中とのつながりはあまりないという。結果、Aにとって龍泉は、悩みや愚痴、世間話を聞いてくれる貴重な場所となっている。

また、Aには五人の子どもがいて、家族のことも龍泉に相談してきた。特に次男は、四〇代の時、会社でのトラブルにより、精神的に追い詰められていた。この時、次男の支えになったのが龍泉とその仲間であった。Aにとって、龍泉は困ったときに頼ってもいいコミュニティなのである。

Aが入信した一九八〇年代と比べ、龍泉の会員数は大幅に減っている。指導者である高安六郎も死去したが、Aの思いは変わらないという。現在の龍泉についてAは、「以前の龍泉より少ないんですよ。人は昔より。ここはね、実の固まった人しか残ってないと私は思うんですよ。長いことね、ずっと引きずって、先生が落ち込んだ時も何かの時も、全部一緒でしょ？　先生を全部追いかけ回してね。だからこれだけ」と述べている。

会員B（一九五九年生、女性、六人兄妹の三女、八重瀬町出身、縫製工場勤務、一九八七年に入信）

二〇二〇年一月十七日、聞き取りを実施

一九八七年、Bの娘（長女）は夏休み明け、登校拒否になった。理由は分からず、その後、Bが車で送迎することで登校することにした。周囲は心配するだけではなく、家庭に何か原因があるのではないかと噂したという。Bもどうしたらよいか分からず、ユタにも何度も相談したが解決しなかった。ある時、龍泉に入信していた旦那の従妹が来て、龍泉へ行くことを勧めた。指導は、遠回りでも良いから普段とは違う道で学校に行く、という内容で、半信半疑ながら実施した。すると娘の状態はすぐ回復し、「龍泉はユタとは違う」と思うようになった。そして、何度か相談する中で、入信することにした。子育てで忙しい時に休むことあったが、現在まで毎月、必ず指導を受けている。

Bの家族では、Bと長女が龍泉に参加している。他の家族は、龍泉には参加しないが、長女の体験を知っているので、止めたりすることはないという。地域の部落会や婦人会は、子どもが大きくなった後は参加しなくなった。三十年近い龍泉でのつながりは、Bにとって仕事関係以外の大切なコミュニティだという。なお、仕事場で悩んでいる人には、龍泉の教えを基に助言することもある。龍泉での指導が、Bの生活や仕事の方針の後押しになっている。

龍泉が一九八八年に危機的状況になった際、心配はしたが、「やっぱクシャティ（高安六郎のこと）のお話聞いてたら、もうそんな不安感が消える」と感じてたという。Bは信仰に疑問が出ても、「クシャティの法話をずっと聞いてるから、やっぱ安心感があるから、そこは動かざるものがあるっていう信念がある。だからやっぱり疑う余地もないって」と語っている。高安の死後、不安は感じないが、「いつも常に何か本当に。今でもね、バックに本当にいるっていう感じを受ける」という。

会員C（一九八四年生、男性、六人兄妹の五男、宮古市出身、IT系業種勤務、二〇〇二年に入信）

二〇二一年八月十三日と二〇二二年八月六日、聞き取りを実施

Cが十九歳の時に交際し始めたパートナーは、父が龍泉の会員であった。Cは、パートナーの家で『天の底』（高安六郎の著作）を読まされたが、その時は内容がよく分からなかったという。二十一歳の時、パートナーに誘われて

参加した聖香祭（龍泉の火祭り）で、Cは初めて高安六郎と出会う。宗教に関心の無かったCだが、高安を見た際、不思議と受け入れられたという。Cは、「初めて会った時からなんか違うなっていう印象でした。だって自分の生きてる中で、悟ってるって人に会うのが初めてで。そんなの普通に生きてたら会えないし」と回想している。その後、結婚したCは、毎月の指導には夫婦で参加した。Cは石垣島で仕事をしていたが、指導の日は宜野湾市まで来て参加した。現在は仕事を変え、宜野湾市に引っ越している。

Cは、最初こそパートナーに誘われる形で龍泉に参加したが、現在では龍泉の教えに意義を感じているという。また、龍泉の教えだけではなく、高安による沖縄の歴史、宗教、政治の話について、次のように述べている。

何か大事なものってのが、沖縄にはすごいあると思うんですけど。そういうのをちゃんとそこ、上手く伝えられないまま時代が過ぎてしまって、もう本当にわからないっていうね。本質的なものも、ちゃんと理解してくれる人もいない。そういったものを、学ばせてもらったっていう。大きいのかなと思います。…中略…自分の家系図、系図とか戸籍、何でこうなってんだろう。先祖崇拝っていうかね。龍泉は、何かそういう筋道を立てている気がするんですよ。

現在、Cは妻と三人の子どもと五人家族で暮らしている。子どもたちも龍泉に親しんでいるというが、Cが子どもたちに教えを説いたり、誰かに布教することはない。Cが入信した時点で、会員の高齢化や人数の減少が進んでおり、指導の場以外で龍泉の人に会ったことは殆どないという。しかし、仕事や親族と関係がない、利害関係もない龍泉のコミュニティは、Cにとって居心地がよいという。

龍泉の指導者、高安が亡くなった時も、Cは高安の生前の言葉、「末法は来ないよ」を思い出し、落ち着いていたという。また、「変な話、やっぱりみんな思ってるんすけど、先生がいる、何かいるんですよね」と語り、現在も高安に見守られていると感じるという。

事例からの考察

A・B・Cの事例には、龍泉の入信の経緯や、社会関係のあり方について重なり合う点もある。その重なる点は、現在の多くの龍泉会員にも共通していると考えられる。以下、会員について、龍泉の展開過程で概観してきたことも踏まえて考察していく。

龍泉の会員は、多くが親族や知人からのつながりで入信する。AとBは親族から、Cは交際していたパートナーをとおして龍泉につながった。AとBは、病気や困難をかかえていたが、いきなり龍泉に相談したわけではない。Aは自身の病状について、親族や友人、知人に相談ができなかった。Bの場合、周囲の人は心配する一方、娘の登校拒否の一因がBにあると見ていた。AとBのように、何らかの問題が自身や周囲の力（ユタを含む）で解決できず、龍泉を紹介されたというケースは多い。前述したように、龍泉は第一期では現世利益的な宗教実践をしており、それに救われた人は少なくないのである。

AとBは、三十年以上にわたり、龍泉で家庭のことや先祖供養等、幅広く指導を受けている。龍泉での人間関係は、高齢化に伴い少しずつ減少するものの、毎月必ず会い、信仰体験から世間話まで語り合う仲である。AとB、そしてCにとっても、龍泉はほかにはない大切なつながりである。なお、多くの会員が、高安の話す内容（教え）だけではなく、言葉遣い（沖縄口）にも魅力を感じている。例えば、高安の友人で作家の船越義彰は、「六郎さんは沖縄口の正しい敬語で話しかけ、受け返答をする。だから、私は六郎さんとの対話のなかに古きよき日の沖縄を想い出し、年甲斐もなくはしゃぐ」と述べている。[54] Aは、龍泉での語らいが楽しく、参加しているうちに病気（無気力状態）が治ったという。Aのように、参加することそれ自体に価値を見出す会員は多い。

また、三人の語りでは、家族や先祖と沖縄の歴史とが龍泉によって結びついて理解されている。沖縄では、Cのように、先祖供養や郷土史に関心が高い人も少なくない。[55] 琉球神道の復興を唱え、沖縄の歴史や宗教、先祖供養について説く高安の指導は、会員に広く受容されたと推測される。一九九〇年代以降、龍泉の教えは変化し、琉球神道の復興を唱えなくなった。Bは、教えの変化についても、高安の指導・法話を受けてきた中で培った安心感があり、信仰を続けられたという。Bのように、高安の教えを素直に受容した人が残り、疑問を感じる人は徐々に離れていった。

最盛期と比較し人数の減った現在の龍泉について、Aは、「実の固まった人しか残ってない」、「先生が落ち込んだ時も何かの時も、全部一緒」とし、現会員への信頼感を述べていた。現会員は、離れていく人も少なくない中で、困難を共にして結束を高めてきた。指導者である高安が死去した時、大きな混乱がなかったのも、会員同士の信頼関係が影響していたと推測される。また、BやCのように、「今でもね、バックに本当にいるっていう感じを受ける」、「先生がいる、何かいる」と、語る会員は多い。二代目主宰の常子は、高安を救済の源泉（観音）とし、感謝することを説いた。常子の言説は、高安に見守られているという感覚を持つ会員に、無理なく受容された。

一方、会員の聞き取りの際、龍泉以外の場で、高安や龍泉のことを話すことは難しいと語られた。龍泉と関りがない人には、会員の「先生がいる、何かいる」という言説や龍泉の雰囲気は理解しにくいと推察される。龍泉の事務所で実施されるのは、毎月第二・第三土曜日の指導、月一の法話、年四回の聖香祭である。会員が事務所を訪れるのは、多くても月に三回から四回である。会員は、高安とその教えについて自由に語り合える指導や法話を重視している。

特に指導は、単なる問題解決の場にとどまらず、会員同士が語り合い、時に互いの相談や愚痴を聞き、時に信仰のオカゲを実感する場として機能しているといえよう。

反面、会員同士のつながり方は、あくまで龍泉の活動をとおしてであり、普段の日常生活から積極的に関わりあっているわけではない。会員の居住地域は、沖縄本島で重なり合う点もあるが、近所であることは少ない。会員同士における普段からの距離感は、返って指導の場を待ち遠しいものとしている。仲の良い会員同士の場合、指導の無い平日に、龍泉事務所で井戸端会議や高校野球を観戦することもある。

以上、龍泉の会員は、高安の説く思想だけではなく、高安の知識や語り、会員同士でのつながりにも魅力を見出していた。高安の死後、龍泉は、生前の高安を知り、その教えを受けている、という思いを強く共有する集団となり、会員にはなくてはならない場となっている。現在、会員は指導のある日に自由意志で参加し、そこで緩やかにつながっているのである。

五　おわりに――講的集団としての龍泉

本論で検討したことを整理したい。龍泉は、一九七二年に立教し、一九八〇年に宗教法人化したが、一九八八年の事故と混乱、一九九四年の総主補佐の死去、一九九〇年代の用語変化、組織や宗教実践の再編、二〇〇七年に株式会社化、指導者と会員双方の高齢化に伴う支部活動の停滞及び支部の統廃合が短期間で進んだ。第三期では、二〇一八年に指導者が死去し、主要な活動拠点だった施設が閉鎖した。その後、二代目・三代目と指導者を継承し、会員数千人程度で活動している。教えについては、教えの用語や、信仰対象、世界観において、第一期と第二期・第三期では変化があった。また、第一期では、宗教実践の場での明快な現世利益（その場での病気なおし等）が解かれていたが、第二期・第三期では現世利益は表立っては説かれず、「意識変革」（祈りや瞑想による内面の変化、悟り）が強調されていった。短期間での集団の危機や教えの変化が、一九九〇年代以降の会員減少につながったと考えられる。

しかし、会員の事例からも分かるように、現在も参加している会員は、龍泉の教えだけではなく、つながりとしての龍泉に価値を見出していた。そのつながりは決して強制的・組織的ではなく、非常に緩やかで自由意志に基づく任意のつながりである。そして、会員が困難に陥った時、頼りにすることができる社会的な関係でもある。本論の「はじめに」で述べた「講的な会合や結びつき」（法座や座談会等の小集団活動）が、龍泉の指導の場であり、会員の参加を促していた。

こうした社会的な側面について長谷部八朗は、「講を一種の社会集団とみれば、所属する地域の社会生活と様々な形で関連を有しており、したがって、当の講集団は大なり小なり社会的講としての役割・機能を果たしていることになる。そのような見立てに立てば、社会的機能と宗教的・経済的機能を截然と区別することは難しくなろう」と論じている(56)。龍泉は、信仰に基づく宗教的機能と、会員のつながりや支え合いによる社会的機能を有している。特に、龍泉の社会的機能は、会員が継続して参加する動機であり、セーフティーネットでもある。

なお、長い間、沖縄には門中、婦人会、部落会、郷友会、共同店、模合、祭祀組織等、様々な社会集団があり、他地域と比較して共同体や社会での相互扶助を多く有している、と語られてきた。その中には、講的集団の特徴を有するものも少なくない。近年の研究では、沖縄社会の多義性や多様性が指摘され、相互扶助の外側にいる人や、既存の社会集団から排除されている人がいることも論じられている(57)。

前述の事例Aは、自身の病気を周囲に上手く伝えることができず、龍泉での活動をとおして解決に向かった。次男のことを心配した時も、Aは龍泉に相談した。事例Bは、娘の登校拒否に関して、親族や知人に心配される中、周囲には噂をされ苦しみ、龍泉に行きついた。AやBの場合、既存の沖縄の共同体や相互扶助では、自身の問題を解決することができなかった。かつての沖縄研究で語られてきた様々な共同体や相互扶助とは異なる場所で、AやBは助けを求め、居場所を得たのである。会員にとって龍泉は、自身や家族のことを話し、相談もできる貴重な社会集団となっている。

なお、会員が既存の社会集団と完全に断絶しているわけではない。会員が龍泉に訪れるのも月二、三回である。会員は、既存の社会集団と龍泉とにゆるやかにつながる（時に離れる）ことで、一つの社会集団に依存しすぎず、継続して龍泉に参加することができたのではないか。そして、毎月の指導を受け続けている中で、会員同士のつながりも深まっていったと考えられる。Aの言葉を借りれば、現在の龍泉は「実の固まった人しか残ってない」のであり、「先生が落ち込んだ時も何かの時も、全部一緒」の集団といえよう。その集団への信頼感が、龍泉の様々な変化や危機を乗り越える力になったのである。

龍泉は先行研究において、一九九〇年代までの展開過程と、指導者のライフヒストリーや教えに関して明らかにされていた。しかし、本論では、龍泉を講的集団として把握し、龍泉の展開過程を概観した上で、会員がどのように龍泉に参加し、現在も参加し続けているのかを検討した。龍泉という講的集団は、様々な困難に直面しつつも、会員同士のつながりによって維持され、存続してきたのである。

本論では、龍泉の講的な側面として、特に社会的機能について述べた。勿論、龍泉は高安六郎を創始者とし立教した信仰集団であり、会員にとって宗教的機能が重要であることは間違いない。今後の課題としては、龍泉の宗教的機能と社会的機能の関連性、指導者と会員・会員同士・会員と家族等のつながり方の諸相、他の社会集団や地域社会との関係性を把握することが求められる。

また、龍泉が集団を存続させるためにいかなる戦略をとってきたかを明らかにする必要がある。例えば、桜井徳太郎は沖縄の新宗教である生天光神明宮が、地域の有力者や宗教者の協力を得て、戦略的に「神社」となることで、権威を獲得しようとしていたことを明らかにしている[58]。桜井の視点は、生天光神明宮の教義のみではなく、新しい講的集団が中・長期的な展開に向けて如何なる戦略を持っていたかにも向けられていた。講的集団の研究において、集団の維持・存続に向けた戦略の視点は重要であろう[59]。

註

（1）講の特徴や「講集団」「講的集団」については、長谷部八朗監修、講研究会編集委員会編『人のつながりの歴史・民俗・宗教――「講」の文化論』（八千代出版、二〇二二年）を参照。

（2）高山秀嗣「布教を支える集団」（前掲註（1）、八千代出版、二〇二二年、八四―九七頁）九〇―九一頁。

（3）前掲（註（2）、八千代出版、二〇二二年、八四―九七頁）九一頁。

（4）例えば、塚田穂高は、島薗進が「新新宗教」として把握した二十八の教団の研究成果等を整理し、「一見してわかるのは、教団・団体ごとに研究の偏りがかなり顕著」で、「単発的あるいは一九九五年ごろのルポルタージュのみで停滞しているものもかなりある……中略……教団ごとの注視のムラと包括的なデータの不足という現状を、まずは認めなくてはならないだろう」と指摘している［塚田穂高「日本の〈新宗教運動＝文化〉研究の課題と展望」（『國學院大學研究開発推進機構紀要』八号、二〇一五年、一―三五頁）一三―一四頁］。島薗進『ポストモダンの新宗教』（東京堂出版、二〇〇一年）で「新新宗教」とされた教団の中には、本論で検討する龍泉も含まれる。なお、「新新宗教」は、西山茂「新宗教の現況」（『歴史公論』五巻七号、一九七九年、三三―三七頁）で初めて定義されたタームだが、西山と島薗とでは、同じ「新新宗教」のというタームでも定義等は異なることは留意したい。

（5）石本敏也「講集団の再編と存続」（前掲註（1）、八千代出版、二〇二二年、六八—八一頁）六八頁。

（6）龍泉に関する主な先行研究としては、井上順孝『新宗教の解読』（ちくま学芸文庫、一九九六年）、同「未来を予言する〝教祖〟たち」（『大航海』創刊号、一九九四年、五六—六六頁）、島村恭則「琉球神話の再生——新宗教『龍泉』の神話をめぐって」（『奄美沖縄民間文芸研究』一五号、一九九二年、一—一六頁）、同「沖縄の新宗教における教祖補佐のライフ・ヒストリーと霊能——『龍泉』の事例」（『人類文化』八号、一九九三年、五七—七六頁）、同「話者の心意・民俗学者の心意」（『人類文化』九号、一九九四年、二五—四五頁）、同「沖縄における民俗宗教と新宗教——龍泉の事例から」（『日本民俗学』二〇四号、一九九五年、一—三七頁）、同『民俗学を生きる』（晃洋出版、二〇二〇年）、藤田庄市『霊能の秘儀』（扶桑社、一九九二年）、同「いじゅん——沖縄の精神母体から普遍的世界へ」（清水雅人編『新宗教時代三』、大蔵出版、一九九五年、五—五一頁）等が挙げられる。

（7）前掲（註（6）、扶桑社、一九九二年）七頁。

（8）立教二十周年記念実行委員会編『龍泉への誘い』（宗教法人龍泉、一九九二年）（非売品）四二、四三頁。

（9）『琉球神道記』は「琉球宗教の古典」とされ、浄土宗の袋中上人が一六〇五年に執筆したという。同書は全五巻で、「キンマンモン」の名は、第五巻の「きんまもんのこと」で確認することができる［宜野座嗣剛『全訳　琉球神道記』（東洋図書出版、一九八八年）］。

（10）「心なおし」とは、「心のあり方を教えに従って変えていくことで自分が変わり、それによって他者や環境も変わり、恵みの源泉である存在に心が通じ現世利益が得られる」という教えである［島薗進『新宗教を問う』（筑摩書房、二〇二〇年）八四—八五頁］。

（11）ユタとは、「神がかりの状態で神霊や死霊など超自然的存在と直接に接触・交流し、この過程で霊的能力を得て託宣、卜占、病気治療などをおこなう呪術・宗教的職能者」のことである［加藤正春「ユタ」（沖縄大百科事典刊行事務局編『沖縄大百科事典 下』沖縄タイムス社、一九八三年、七七九頁）、七七九頁］。

（12）前掲（註（6）、大蔵出版、一九九五年）四二頁。

(13) 戦後のユタに関しては、琉球新報社編『トートーメー問題』（琉球新報社、一九八〇年）や大橋英寿『沖縄シャーマニズムの社会心理学的研究』（弘文堂、一九九八年）等を参照。
(14) 前掲（註(6)、大蔵出版、一九九五年）四二頁。
(15) 前掲（註(6)、大蔵出版、一九九五年）四四頁。
(16) 前掲（註(6)、『人類文化』九号、一九九四年）三八頁。
(17) 前掲（註(6)、『日本民俗学』二〇四号、一九九五年）三一頁。
(18) [WRSP（最終閲覧日二〇二二年八月三日）https://wrldrels.org/so/2019/06/25/ijun/]。
(19) 山口文憲『日本ばちかん巡り』（新潮社、二〇〇二年）三六三頁と、山口文憲『日本ばちかん巡り』（ちくま学芸文庫、二〇〇六年）四〇二頁を参照。
(20) 高安のライフヒストリーについては、前述の先行研究のほか、世良利和「幻の刑事ドラマ「沖縄物語」⑤連載第五回高安六郎と中村万寿子へのインタビュー」（『金城哲夫研究』五号、二〇一一年、二一―八頁）、創立四十五周年記念祝賀会実行委員会編『琉球宗教龍泉～四十五年の軌跡』（カルチャ龍泉、二〇一八年）（非売品）、「清ら肝」上演会編『清ら肝　高安六郎独人芝居』（「清ら肝」上演会（パンフレット）、二〇〇六年）、拙稿「沖縄の新宗教における教祖の思想形成」（『宗教学年報』三一号、二〇一六年、一―二〇頁）、同「沖縄の新宗教における宗教実践」（『宗教学年報』三三号、二〇一八年、二三―四六頁）、琉球新報社編『沖縄国人記』（琉球新報社、一九九九年）、同『焦土に咲いた花』（琉球新報社、二〇一八年）等を参照。なお、高安の二〇代までの各記述には、年号等が一致しない場合もあった。本稿では、本人からの聞き取り調査等を基に、できる限り事実関係を確認している。そのほか、龍泉の展開過程についても、各先行研究、教祖の著作と月刊誌等の資料及びフィールドワーク（二〇一五年三月三十一日、同年八月十四日から二十五日、二〇一六年三月二十三日から三月二十六日、同年十一月二十五日から二十九日、二〇一八年一月七日から十三日、同年十一月二十二日から二十五日、二〇二〇年一月十七日から二十日、二〇二二年八月六日から九日）等に基づいている。
(21) 高安高俊（一八八八―一九五二）については、沖縄朝日新聞社編『沖縄県人事録』（沖縄朝日新聞社、一九三七年）一九九頁を参照。

(22) 高安の役者時代については、高安六郎「芝居の原点を継承することが新しい芝居を生み出す事に繋がる」(『華風』七号、二〇〇七年、八―一一頁)に詳しいが、文章中に「龍泉」の名前は一切出てこない。

(23) 高安龍泉『「四大王」があなたを救う』(史輝出版、一九九六年)二一頁。

(24) 高安六郎『内面への旅』(龍泉、一九八〇年)六頁。

(25) なお、『中外日報』(一九八七年一月二十六日号、一九頁)の記事では、高安が盲腸破裂したのは一九七五年とされているが、前掲(註(6)、『人類文化』八号、一九九三年、五七―七六頁)では一九七七年とされている。

(26) 前掲(註(25)、一九八七年一月二十六日号、一九頁)。

(27) 龍泉のトートーメー問題に関する主張は、前掲(註(24)、龍泉、一九八〇年)を参照。なお、龍泉の水子供養について先行研究ではあまり取り上げられていない。一九八〇年十月十七日、龍泉は供養大浄焔祭(水子供養)を開催し、一九八四年四月には「水子 霊救済大運動」と称し、テレビコマーシャルや新聞広告、街頭宣伝や講演会を行っていた(『龍泉』(一九八五年二月号、九六頁))。

(28) トートーメー問題については、前掲(注(13)、琉球新報社、一九八〇年)を参照。水子供養の運動の後押しとなった沖縄の病院での死胎問題については、『琉球新報』(一九八四年九月八日、二二頁)を参照。

(29) 龍泉は水子供養について、「何卒、会員行者のみなさん……中略……まずあなた自身から水子の供養をはじめてほしいのです。そして眼をあなたのご家族、親せきの方々、更に思い切って身のまわりをぐるっと見廻してみて下さい！近所に、隣に、町に、職場に、バスの中に、――あなたと同じように、過去に〝消えていった胎児〟をだまって顕(ママ)つめなければならなかった方々が一杯おられるのです」と機関誌で説き、水子供養を推奨していた(『龍泉』(一九八四年十一月号、三二頁))。

(30) 『沖縄タイムス』(一九八八年四月十七日朝刊、二〇頁)。

(31) 前掲(註(7)、大蔵出版、一九九五年)二一五頁。

(32) 龍泉で行われる、手かざしによる秘儀（霊能術）のこと。パワープレイについては、前掲（註(7)、扶桑社、一九九二年）二一頁を参照。
(33) 『龍泉』（一九七五年三月号、三〇頁）。
(34) 『龍泉』（一九八七年六月号、七頁）。
(35) 中村昌直については、前掲（註(20)、『宗教学年報』三一号、二〇一六年）を参照。
(36) 高安龍泉『天の底：意識改革の錬金術』（史輝出版、一九九四年）一四頁。
(37) 前掲（註(23)、史輝出版、一九九六年）三頁。
(38) 前掲（註(6)、『大航海』創刊号、一九九四年）六三頁。
(39) 『週刊現代』（一九九五年十月七日号、八頁）。
(40) 龍泉の四大王については、前掲（註(23)、史輝出版、一九九六年）を参照。
(41) 前掲（註(6)、大蔵出版、一九九五年）三一―三二頁。
(42) 前掲（註(6)、大蔵出版、一九九五年）五〇頁。
(43) 前掲（註(19)、新潮社、二〇〇二年）三五〇頁。
(44) 一九九五年二月十三日、宮城が六十九歳で亡くなり、同年二月十四日、本山で葬儀が行われた。同年四月二十九日に、「故宮城重典総主補佐『高級神格座位上昇祭』」が執行された。その中で、高安は、宮城を、「あなたは〝いじゅん〟総主になるべく人物であった」と評している。龍泉として独自の葬儀を執り行ったのは、宮城のみである。なお、龍泉を調査した島村は、機関紙に「宮城重典総主補佐を悼む」という文章を寄稿し、「宮城師についておさえねば〝いじゅん〟の構造を理解することなどできないのは明々白々である」と述べている［島村恭則「宮城重典総主補佐を悼む」（『龍泉』一九九五年五月号）、三二―三三頁］。
(45) 前掲（註(20)、琉球新報社、一九九九年）四六頁。
(46) 二〇一五年三月三十一日、カルチャ龍泉事務局の応接室にて、高安六郎への聞き取り調査での発言。

(47)　勿論、高安の「宗教者」として側面を知り、そのうえで「芝居士」として評価していた人も一定数いた。例えば、二〇一八年十月三日の高安の告別式には、俳優の八木政男（一九三〇―）や女優の瀬名波孝子（一九三三―）も参列したりしている。

(48)　筆者の調査では、宗教法人から株式会社となった経緯について、高安が「宗教からの脱却」を目指していたことの帰結であるとする見解と、一九八八年以降に龍泉の経済的状況が厳しくなり、会を存続させるために株式会社になったとする見解とが聞かれた。

(49)　高安常子は、一九四三年、佐敷町（現在の南城市）で、父・虎吉と母・ウシの六番目の子として生まれた。六人兄妹（長男、長女、次女、三女、次男、四女）の四女である。一九七一年に長男を生むも、病弱で悩む。一九八〇年、龍泉で指導を受け、長男や家族の悩みが改善し、龍泉へ入信する。彼女は、会員として活動後、一九八七年に高安と入籍した。高安は常子と入籍した時点で、前妻との間の子ども（男二人、女三人）がいた。彼女は、入籍について、「自分が妻であるとか、この子たち（高安の実子たち）の母であるとか全くない。私は主宰に仕えて、どれだけこの人を世に出すかが目的だった」と述べている（二〇一九年六月二十八日、龍泉の事務所で開催された「第六回花園会」での発言）。

(50)　例えば、高安六郎の長女は、常子について、「今の常子お母さん、事務長と結婚して三十年位になるんですけど。本当に、常子お母さんには私は頭が下がる思いなんですよ。私は、いろんなお母さんを持ったんですけど、どのお母さんもそれなりに父を尊敬していました。けど、本当に父を尊敬して、龍泉の主宰になる父を尊敬して、支えて。今の主宰があるのは本当に常子お母さんのおかげだと思っています」と述べている（二〇一八年一月十一日、高安六郎の長女への聞き取りにて）。

(51)　例えば、二〇一九年二月三日、龍泉の事務所で開かれた「三月の祈りAグループ」での法話で、常子は、「観音様、そして、観音様はそのまま主宰ですから、主宰がそこに働かれて、全部意識改革も何もかもして下さる」と述べ、「主宰に感謝、自分に感謝、そうすると自ずと、天上界に居られる主宰、それを思い浮かべると自然に合唱が出てくる。今世、私たちが主宰に出会ったことが如何に貴きことか。二十年、三十年経って、私たちが主宰の子どもの時代になる、そして、主宰に触れたことのない人にも、そうなんだよと言っても中々実感は来ない」と説き、生前とのつながりの重要性を強調している。

(52) 龍泉のスタッフやベテラン会員の中には、高安の代わりに指導を行い、火祭りの祭司名代を務めた者が何名かいる。彼らが、常子の代わりに会員への指導を行うことで、形式的には大きな変更はなく、宗教実践を持続できていた。

(53) 兼城峰子は、一九五七年、佐敷町（現在の南城市）で、四人姉弟（長女、次女、三女、長男）の三女として生まれた。二十代で龍泉に参加し、一九九〇年代には姉（次女）と共にスタッフとして活動していた。

(54) 船越義彰「六郎さんのこと」（前掲注(20)、「清ら肝」上演会（パンフレット）、二〇〇六年、九頁）。

(55) 例えば、沖縄出身の作家である大城立裕は、「沖縄人あるいは沖縄文化の源流を知りたがる傾向をみると、沖縄人はみな郷土史に通暁していそうなものであるが、案外そうではない。……中略……沖縄の知識人たちには、社会で仕事をする年齢になってから、ようやく自分で郷土史を勉強しはじめる人が多い。……中略……茫洋とながれる「わが沖縄」の運命を思って、どうしてもそこにおもむかざるをえない、なにかの衝動がある」や、「「ふるさと」というものを、生涯気にすること、沖縄人ほどはげしい人種も少ないのではないだろうか」と述べている［大城立裕『内なる沖縄』（読売新聞社、一九七二年）二八、二九、三七頁］。

(56) 長谷部八朗「序章「講」とは何か」（前掲注(1)、八千代出版、二〇二二年）一一頁

(57) 岸政彦・打越正行・上原健太郎・上間陽子『地元を生きる』（ナカニシヤ出版、二〇二二年）。

(58) 桜井徳太郎『沖縄のシャマニズム』（弘文堂、一九七三年）三六四頁。

(59) 例えば、阿部友紀「講組織縮小という選択」（長谷部八朗編『「講」研究の可能性Ⅳ』、慶友社、二〇二〇年、二七五―二八五頁）を参照。

第二部　公開シンポジウム・学会報告篇

講集団の成立過程と存続過程
——講研究会 第三回公開シンポジウム「信仰組織の存続をめぐって」への道のりと展望

久保 康顕

はじめに

平成二八年一二月、私たち講研究会は第三回目となる公開シンポジウム《信仰組織の存続をめぐって》を開催した。(1) 宗教・信仰系の講や宗教教団といった信仰組織の存続をめぐる諸問題について、組織内の個人が果たしているはたらきに着目して考えようと企画したもので、四名の研究発表を軸に問題提起と議論をおこなった。

筆者は、本シンポジウムの内容や方向性の立案・とりまとめに携わり、シンポジウム当日にはコーディネーターを務めた。本稿では、このシンポジウムの内容を振りかえりつつ、講をはじめとする信仰組織をめぐる研究の今後を展望したいと思う。

まずは、開催にあたり配布したシンポジウム趣意文と四名の研究発表紹介を次に載せておこう。

《シンポジウム趣意文》

信仰組織の存続をめぐって　――存続に果たす個のはたらき

〈個への視点から問い直す、信仰組織の姿〉

前近代の社会を基盤に生成・機能してきたいわゆる伝統的な講組織は、現在、衰退局面にあると言われて久しいものの、いまだ魅力的な研究対象である。

講研究会では、信仰を契機とした講をはじめとする諸々の信仰組織の事例・実態を改めて持ち寄り、分析・議論を重ねてきた。そして、それらをとおして見過ごすことのできなくなってきたもののひとつが、それら信仰組織の存続を支える要素への理解が現状において不十分ではないか、という点である。

講をはじめとする信仰組織のあり方をつぶさに検討すると、組織における名目上の役割にとどまらない個人の重要な働きを見いだし得ることが多い。信仰組織の存続には、組織上の表面的な構造・役割の観察では解明できない面があるようである。

シンポジウムでは、現行の講ほか信仰組織の、存続の要となる個人にスポットをあて、各パネリストがおのおのの視点で分析してゆく。信仰組織の存続をめぐる見過ごされてきた視角の存在を確認し、その視角が切り開く可能性について議論したいと思う。

《研究発表》

①高棹健太（東北大学大学院）　巫者と組織　――新宗教教団による「巫女」養成

②関　敦啓（愛知学院大学）「個」として集団が祀る存在　――霊神信仰と講との関係、遺族の意識の重層について、御

嶽講の事例から

③西村敏也（武蔵大学）　講の結集・維持に関わるキーパーソン――埼玉県の城峰神社（矢納）、城峰神社（吉田石間）を事例に

④乾賢太郎（大田区立山王草堂記念館）　高尾講先達の形成とその背景

一　信仰組織の存続への関心

今回のシンポジウムは、信仰組織の存続をめぐる個人のはたらきに光をあてるもので、信仰組織の存続についての問題を検討しようとする点において、これまでおこなった二回のシンポジウムの問題意識を継承している。前二回のシンポジウムの内容については、すでにそれぞれ詳しい報告・総括[2]がなされているので、それを参照していただければと思う。ここでは、私たちが信仰組織の存続への関心を抱いてきた背景について触れておきたい。

私たち講研究会は、講および講的集団（講という名乗をせずとも何らかの目的のもと緩く結合している人の集まり）を広く検討対象としてきた。

研究会結成の背景や目的については、すでに大局的見地からまとめられている[3]ので詳細は省くが、大まかに言って、各種の伝統的な講の活動の低調化に照応するかのように、講への研究はかつてのような高い関心がみられなくなっているものの、講研究はまだ十分に突き詰められているわけではなく、今日的動向も含めて講の詳細な研究がまだなされる必要があること、そして講研究のバイブル的存在である桜井徳太郎『講集団成立過程の研究』[4]の刊行から半世紀余を経た今、そこに示された桜井の所説を再吟味する必要はないのか、といった問題意識を共有し、活動してきた。

メンバーは、宗教社会学・民俗学・文献史学など異なる学問背景をもつ者たちからなる。こうした状況を活かして特に発表内容を縛ることなく、それぞれの学問的立場、問題関心、フィールドから自由な研究発表をおこない、まずは事例研究の蓄積に務めてきた。とくに講研究の今日的可能性を追究するうえで、桜井徳太郎を始めとする先学たちの所説や先行研究に拘泥することなく、まずは正確・詳細な実態把握と検討をすることを心がけてきた。

こうしたなか、現在活動する様々な講および講的集団の事例に数多く接していくこととなった。そして、それら研究発表は発表者が実際に現場に足を運び、当事者たちの経験、労苦、喜怒哀楽などの生の声を拾い上げたものであったから、おのずから現行の講について、その表面的な姿のみならず、その姿の下に隠れていた講運営をめぐる様々な葛藤や個人の働きに気づくことになった。講を並べて相互比較するというような表面的な検討にとどまらない、個々の講を様々な学問分野メンバーによる複数の学問的見地から議論を通わせ深く掘り下げるといった、インテンシブな検討が研究会で繰り広げられた。

こうして気になり出したいくつかの実態のひとつが、現行の講の存続面における諸現象であった。活発な活動を繰り広げる講にしろ、活動が低調化にある講にしろ、活動レベルの諸相にかかわらず、現行の講にはそれなりに運営上の諸問題に対する、今日的な解決方法の模索、またそれへの工夫や努力として捉えることのできる動向が種々あることを認識したのである。そしてこの認識を経て、講は漫然と存続しているのでもなく、また社会の歴史的変動への不適応から単に衰退に向かっているわけでもないという講への捉え方を、研究会は朧気無いながらにも抱くに至った。

この、「講は漫然と存続しているわけではない」に代表される捉え方は、これまで記したように現行の講の分析により導き出されたものだが、次いで文献史料上にしか現れない、かつて歴史的に存在した講や講的集団への分析視角としてこれを応用していくのは、自然の成り行きであった。

こうして次いで気づくことになったのが、講が政治的思惑や宗教的思惑、また個人・社会の様々な思惑のもとに成立し、存続しているという側面であった。誤解を恐れず言うならば、講や講的集団は、相互扶助、宗教・信仰心の満足や発露などといった生活上どうしても必要であった部分における充足機能を果たすものとして牧歌的に成立・存続してきたものばかりでなく、様々な社会的思惑のもと戦略的に成立・存続する講もあるという考えに至ったのである。

このように私たち講研究会は、当初からこうした存続面の研究を進めようとしたわけではなく、研究・議論を重ねるなかでこの方向性を取るに至っている。存続面における思索を徐々に深めつつ、そうした過程の折々に開催したのがこれまでのシンポジウムなのであった。したがってそれらシンポジウムの内容は、それぞれの時点での気づきを色濃く反映したものとなっている。

第一回が講の存続面を社会的思惑との関係を中心に検討しようとしたもので、第二回は存続の局面に見える人どうし、また組織どうしのつながりの存在とその役割を確認しようとした。そしてこうした思索の延長上に見えてきたのが、今回のシンポジウムで取り上げる存続面における個人の働きの問題であった。

二　個人のはたらきへの関心

存続面における検討を重ねるなかで具体的にわかってきたのが、宗教組織の構成員には、活動や存続に主体的にかかわる人からそうでない人まで、そのかかわり方に濃淡があるという実態であった。

例えばそれは、講の参詣先つまり講を受け入れる側（いわゆるホスト側）にも見られる様相で、参詣衰退という状況下において、衰退へのあきらめの態度をとる者がいる一方で、熱心な受け入れ活動に打ち込む者もいるのであった。

受け入れ側に存在する様々な個人的スタンスについて、改めて認識を深めるところとなった。

そして、本研究例会における研究発表は、すでに触れたとおり現行の講組織への具体的な調査をもとにしていることから、関係者からの様々な聞き取り事例に接することとなった。

数多くの話者に協力を得たわけだが、それら話者は、活発な活動を続ける組織の人物にしろ、衰退局面にある組織の人物にしろ、調査の対象となっただけに当然ながらこれまでの活動をよく知り、また活動を牽引してきたような人物が多い。そしてこれら人物は現行の活動レベルの高低にかかわらず、熱心にこれまでの活動や葛藤・問題、また今後のことを語ってくれたのである。

こうしたことを背景に、講をはじめとする宗教組織は、旧態依然とした活動を続けるものばかりでなく、とても活動の濃淡があること、そしてとりまく今日的な問題・状況に様々に適応し、また適応してきたものも多いという認識を私たちは深めたのであった。

活動の歴史や内容を熱心に語るこのような人物たちは、単なる調査上の話者ではなかった。組織上の役職、宗教・信仰上の地位の如何にかかわらず、当該組織を実質的に牽引する力を発揮してきたり、活動に意を注いできた本人たちなのである。

こうした気づきや認識を背景に、宗教・信仰組織の存続をめぐる個人のはたらきという研究視角が生まれ、幾度かの議論を重ねて、シンポジウムに結びつくこととなった。

三　シンポジウムへ

シンポジウムでは、より個のはたらきにスポットをあて、個人分析に力点をおいた研究を集め議論することとした。従来からの講研究会メンバーにとどまらず、この趣旨に合う研究をおこなっているメンバー以外の研究者にも打診し、四名の研究者を選び、第三回目の公開シンポジウムをおこなうこととなった。

こうして四名の事前発表と議論を重ね、シンポジウム内容の練り上げを経て定まったのが、冒頭に紹介したシンポジウム趣意文である。組織上の役職、宗教・信仰上の地位といった表面的な名目・名称に隠れる個人の実態を複数の視点から浮き彫りにし、その展望を検討しようとした。そして発表事例には、講および講的集団や教団化したものまで、それぞれ異なる状態にあるものを取り上げ、個人のはたらきは様々な場面で観察でき、研究上注目し得るものであることが理解されることを狙った。

また、参詣講の盛衰にかかわって、盛衰の要因を講側のみではなく、参詣を受け入れる社寺側（ホスト）に探る意図のもと神社組織の事例も含めたが、これもひろく講の存続にかかわる宗教・信仰上の組織のひとつであるとの理解による。

ただ、こうしたシンポジウム練り上げの過程で、気になることが見えてきた。個人の役割があまり問題とならない事例が含まれていたのである。高棹氏の発表内容にある、教団によって一律的に養成された巫女が地域の教会へ派遣され、問題なく受け入れられている例が、そのおもなものである。

巫女個人の霊能的資質やレベルがそう問われることなく、教団の巫女が地域で機能する。本シンポジウムの中心的な趣旨からすると、宗教・信仰上の名目的な役割〈巫女〉が、それを務める個人の実情・資質抜きに果たされ機能しているのであり、個人の積極的なはたらきが見いだせない。

このほかにも、研究会メンバーからは、シンポジウムで個人の働きにスポットを当てるのは良いとして、なんでもすべて個人のもつ資質や性格、ネットワーク、また努力等、個人の働きの結果としてとらえるのも、思考停止ではないかとの意見も出てきた。たしかに、すべてを個人のはたらきに帰すのも問題であろうことは、気づくところであった。

宗教・信仰組織の存続をめぐっては、巫女や先達、神主、講元などといった名目上の役割・存在への表面的な観察では見えてこないところがあり、それを務める個人への着目が必要となる。しかしかといって個人の働きばかりにすべてを帰すことができるわけではない。ならば宗教・信仰組織の存続はどのように検討されるべきなのか。

そこでさらに考えてみると、この名目上の役割・存在と、個人の働きは相反するような別個の要素ではなく、ひとりの人物が見せる現象である。この二つの要素の融合のさせ方が問題といえそうであった。そこで案出したのが、「器」の語を使った概念である。

器とは外身であり、これまで言うところの名目上の役割・存在である。様々な形が器にあるように、様々な役割・存在があり、それに応じた具体的な外見を見せている。そしてこの器に入るのが人である。透明なガラス製の器に飲み物が入っている光景を考えてみてほしい。様々な形（役割）があるのだが、そのなかには様々な飲み物が入りうる。様々な経験や性格をもつ個人がそこに見えることになる。同じ形の器でも、その中身が異なることがあることを意識するために有効ではないだろうか。

表面的な役割や存在の様相の奥、そこにある中身を研究俎上にのせたい。その際、外身と一体化した形で中身を可視化して、表面と個人の二つの要素のバランスの取れた研究方法をとりたい。こうして「器」の語と概念をたてるに至った。

シンポジウムはこの〈器〉という概念を使って進めたが、ただしうまく説明できたとは言い難い。この語・概念を使うに至った背景と意味を改めてここに記しおき、今後の議論の材料にしたいと思う。なお、本稿では、以下この概念を用いて議論を進めることとする。

四　シンポジウム研究発表の紹介と成果

次に、四名の研究発表の内容について、これまで述べてきた本シンポジウムの背景・趣旨をふまえて解説しておこう。

①高棹「巫者と組織　――新宗教教団による「巫女」養成」

宮城県仙台市に拠点をおく新宗教教団である大和教団を取り上げた研究報告。

大和教団は、従来から在地にある「巫女」という器に、教団で一律に養成した個人を当てはめようとする組織という面をもつ。教団が養成した巫女が、地域各地の教団教会へ赴任するのである。巫女にふさわしい者に成長したものもいれば、そうでない者もいるとみられる。

巫女にふさわしい者が赴任した場合、信徒が付き、その巫女が移動（教団離脱）すれば信徒もそれにともなって移動する。これは当然であると考えられよう。この逆を言うと、ふさわしくない者が巫女になっても、信徒は付かず、こうした巫女をかかえる教団は衰退すると考えられる。

しかし、本発表では、教団の意向により地元教会に赴任した巫女を、とくに問題なく受け入れることがあることも報告される。この場合、巫女個人の資質よりも、巫女・教団という器が効果を発揮しているようである。巫女という本来きわめて個人的・個人関係的な存在にたいする、教団養成の巫女への信仰背景、さらに巫女養成・教団化の今後の動向が注目される。

②関「『個』として集団が祀る存在　――霊神信仰と講との関係、遺族の意識の重層について、御嶽講の事例から」

木曽御嶽講の御座を取り上げた研究報告。

御嶽講の御座は、伝統的な神仏（天照大神、不動明王……）に加えて、霊神（亡くなった木曽御嶽行者の神霊）が降臨する。ただ、木曽御嶽講において御座が始まった当初、霊神が降臨するとはいっても、そもそも普通は霊神になることができず、霊神自体が少なく貴重で、霊神は一種特殊な存在であった。

しかし近代以降、一般行者のなかで特に霊験を発揮した者、また篤志者が霊神に祀り上げられるようになり、霊神が増加していく。そして御座にそれらの者が新たに降臨し託宣するようになった。身近な行者が死後に霊神となり、御座で託宣する。現世の信徒らにとり、霊神の託宣はよりリアルさを増し、信仰心に影響を与えたとみられる。

「霊神」という器の大きさを拡大し、器に入る個人を増やす。絶えず個人を霊神にすること、すなわち優れた資質を持つ個人（行者）を顕彰することは、信徒の信仰心を刺激するものであり、組織の維持・拡大に役立っていると考えられる。

③西村「講の結集・維持に関わるキーパーソン　――埼玉県の城峰神社（矢納）、城峰神社（吉田石間）を事例に」

狼（オイヌサマ）信仰の参詣講が形成されてきた神社の、近年における社守・神主といった「器」を務める「個人」の実態を詳細に追究した研究報告。

両神社には社守・神主がおかれているものの、それを務める人物の実態は様々で、氏子総代もいれば、元会社員、縁あって頼まれた人が勤めている。神社にいる社守・神主という存在のもつ通俗的・外見的ありがたさに反し、その器を務める現実的な個人の状況はきわめて非カリスマ的である。

自分も休みたい一般人が器（神社側）を担うからこそ、従来の平日からなる祭日（大祭、登拝日、参詣を受け入れる日……）が減少、それに合わせた参詣が難しくなり、参詣講がますます衰退することにつながった。つまり器が維持されていることにより、かろうじて信仰（および信仰を基盤とした講）は存続しているが、器を務める人の都合で、祭日が減少、それにつれ講活動もますます低調化へ向かうのであった。器を担う個人の都合で器が勤められていることがわかる。

④乾「高尾講先達の形成とその背景」

群馬県伊勢崎市で活躍した髙尾山先達・新山亮典の人生を史料から詳細に復元、検討。

東京都八王子市の高尾山信仰の行者として宗教活動を始めて以降、僧籍を取得し寺住職としても活動の幅を広げる。五十八歳のとき事故をきっかけに住職を辞し、行者としての活動に専念するようになった。晩年は祈禱依頼に応える毎日を送り、霊能者として多大な信奉を得ていたことが確認される。祈禱依頼に訪れたのは高尾山信仰の高新講の講員たちで、この高新講は亮典の祈禱を信奉する人びとにより成り立っていたようである。

こうした宗教者としての人生を送るなかで、地域の要職を務めていたことに注目される。亮典は、地元の衛生組合長や区長に当選したほか、群馬県の選挙粛清委員に任命された人物であった。宗教的人望と社会的人望の両方を併せ持った人物であると位置づけられる。

以上、各研究報告を概観した。ここでの「器」とは、巫女、霊神、先達、神主、社守、行者といった、役割・機能などに基づいて分類・命名されている宗教者のことである。役割・機能に基づいた明確な命名であり、一般に宗教・信仰のありかたに大きな影響をもつ者たちであると考えられていよう。しかし、ここで見たように、このような「器」(＝名目上の役割・存在)を務めているのは、多様な背景をもつ個人であった。

宗教組織を考えるうえで、器だけを見ていても不十分であること、つまりそれを担う個人の働きまでも射程に含めた関心・検討が必要なことは、支持されるものと思う。なお、もちろん「器」の概念は有意なのか、今後の課題としていくこととしたい。

五　講の動態的把握──講の存続過程

さて、宗教組織の存続をめぐり、個人が様々にはたらき、利用されている様子が明らかとなったが、宗教組織の歴史的な存続過程についても気づかせられる。

関氏の事例によれば、霊神はかつては少なく、近代に入り増加した。つまり霊神という器は当初は小さかったのだが、後に大きくなって収容人数を増やすことを通じ、信徒らの信仰を維持、高めたものとみられた。西村氏の事例では、神社運営にかかわる関係者が、縁ある者へ移り変わっていった。神社が存続していくなかで、器の中味が変わったのである。乾氏の事例では、行者である新山氏が、活動の背景や拠点、立場を人生の折々に変化させ、活動を続けていた。器の中味が、年月単位で変化したものと捉えられる。

なお、研究例会を重ねるなかで、おもに第二回公開シンポジウムの内容に活かされた事例でもあるのだが、現行の講を中心に、講が縮小・合併したり、活動・運営上の工夫をして本来と異なる目的をもおこなうようになったりするなどの事例発表があり、こうした事例の検討が進んだ。そうして、これら現象は当該社会の変容のなかで講側がとった、存続のための対処法であることに気づくことがあった。

これら気づきは、次の気づきをもたらした。すなわち講をはじめとする宗教組織の動向は、なにも「衰退」ばかりではないのである。衰退・消滅するしないにしろ、今日的存続のためのいわば努力・工夫、また宗教的大成のための活動などが組織の内部でおこなわれており、単なる衰退史観一辺倒では片付けることのできない、存続していくうえでの動態があるのであった。

さて、桜井徳太郎『講集団成立過程の研究』は、講集団の成立過程の様相を中心に、講を検討していくうえでのいくつもの示唆を含む大きな業績であることは論を待たない。しかし同書の主要な眼目は、書名の如く講集団の成立過程についての見解を提示することにあり、そしてその際、信仰の沈着過程との言葉に代表される、いわゆる「動態的把握」つまり史的過程から講集団をとらえる手法を採ることにある。

この動態的把握は、桜井の講集団への研究手法として大変よく知られるものとなっている。ただし、ここで気づかなくてはならないのは、桜井が動態的把握をなした対象は、あくまでも講集団の「成立過程」であった点である。桜井は講集団の「存続過程」の動態的把握をそこでおこなおうとしたわけではない。

この背景、また存続過程への桜井のスタンスについて今後、議論・検討していかねばならないが、ともかくも私たちはこれまで、桜井のおこなった成立過程への動態的把握を高く評価するあまり、動態的把握の対象が成立過程にとどまっていることを自覚的に捉えてはいなかったのではないか。成立後には存続過程が存在すること、そしてその存続過程の分析は成立過程への分析と同様、歴史的変遷を見る動態的把握の手法が使われることになることは、本稿がこれまで示してきたとおりである。

おわりに

信仰組織という人の集まりの存続をめぐり、個人の働きに着目して検討をおこなってきた。信仰組織が存続していくうえで、関係する個人・個性が様々に動き、そして利用されている実態があることをまずは明らかにできたと思う。そこでは、才能・経験や個性、また修行・努力・宗教上の能力、さらにはそれまでのしがらみ・付き合いを《資産・資源》とし、信仰組織をめぐる様々な宗教的地位や組織上の役職を機能させていた。宗教的地位、組織上の役職といったある種役個性的な名目の内実……名目を担う個人の様相……は多彩で、様々な個人の《資産・資源》が頼られ利用され、その名目上の役割が果たされていることを示すことができたものと思う。

しかし、こうした宗教組織の存続は、結局個のはたらきに全面的に頼るものなのかと言えば、そうではなかった。個人の資質をそう問わずとも、存続する場合があることは、すでに記したとおりである。宗教組織の存続をめぐる個人のはたらきの存在・重要さを示そうとおこなった本公開シンポジウムであったが、結果として、図らずとも個人のはたらきの意義とともに、それればかりでなく、名目上の役割は誰でも果たせる場合があることにも気づくものとなった。

ならば本シンポジウムの試みは徒労に終わったのかといえば、そうではあるまい。宗教的地位や組織上の役職について、その内実を問わねばならないということがわかったのである。宗教・信仰集団を検討するうえで、これまでのように、こんな役職や地位からなっているといった構造・組織上の表面的な様相を調べるだけでは済まず、そこに個人の働きはあるのか否か、あるとすればどのようなものなのか、個人の働きがないならばそれで存続する背景に何が見いだされるのか。内実を見て考える必要性が理解されたはずである。講研究にはまだなされなくてはならない部分があるといえよう。

また、そうした宗教的地位や組織上の役職……ここでは「器」と言い換えた……の内実が、歴史的に変容していることを捉えることができた。これは宗教組織の〈存続〉のまさに動態面であり、講研究において常に参照され、指針となってきた桜井徳太郎『講集団成立過程の研究』があくまでも講集団の〈成立過程〉を範疇とする動態を取り扱った研究であることに気づかせる成果であった。

くしくも宗教組織の存続面に関する私たちの関心と検討は、桜井がおこなった成立過程についての動態的把握を、成立後の存続面に適用させる試みと位置付けられることになる。桜井の研究成果の相対化・発展につながると考えられよう。宗教組織の存続をめぐる研究は、十分に研究対象となり得るものであることが明らかとなったものと思う。

さて、このシンポジウムの成果論文として、西村氏と乾氏の論考を次に収めることができた。新型コロナウィルスの蔓延による諸活動の停止・延期といった特異な社会的制約もあったが、シンポジウムからすでに七年を経過してしまった。私の公開シンポジウム総括論考（本論考）の執筆も遅延し、研究会メンバーにはご迷惑をおかけした。両氏の論考はシンポジウムでの議論やその後の考察の深まりを経た成果であり、詳読していただきたいと思う。

なお、高棹氏・関氏については残念ながら諸事情によりシンポジウムの発表内容をここで紹介するのみとなった。(5) この両氏のシンポジウムでの発表は、地域的な宗教教団の存続、山岳修行系の講の存続にかかわる歴史的な動態への研究指向を内包する研究であり、いずれ何らかのかたちでの成果公表をまつこととしたい。

註

（1）平成二八年一二月一〇日。於、駒澤大学。

（2）第一回公開シンポジウムについては、石本敏也「講集団の存続」『「講」研究の可能性Ⅲ』、慶友社、二〇一六年。第二回公開シンポジウムについては、高木大祐「「つながりを活かす人びと――講研究の可能性」趣旨及び総括」『「講」研究の可能性Ⅳ』、慶友社、二〇二〇年。

（3）長谷部八朗「叙文・編纂の経緯」『「講」研究の可能性』、慶友社、二〇一三年。および同「叙文・編纂の経緯」『「講」研究の可能性Ⅱ』、慶友社、二〇一四年。

（4）吉川弘文館、一九六二年。

（5）高棹氏の本シンポジウムにおける発表内容については、その母胎となった論考が公表されているので参照されたい。高棹健太「新宗教教団による巫者養成とその解釈」『東北宗教学』第八・九合併号、東北大学宗教学研究室、二〇一三年一二月。

講の結集・維持に関わるキーパーソン
――埼玉県の城峰神社（矢納）、城峰神社（吉田石間）を事例に――

西村　敏也

はじめに

筆者は、二〇一五年開催、第二回講研シンポジウム「つながりを活かす人々――講研究の可能性――」で、「共有地を持つ講――東京・群馬のオイヌサマ講を事例に――」と題して、講の結集・維持のキーワードを、共有、公共性を有する土地に設定して発表し、その後拙文としてまとめた(1)。

本稿は、二〇一六年開催、第三回講研シンポジウム「信仰組織の存続をめぐって――存続に果たす個のはたらき――」で「講の結集・維持に関わるキーパーソン――埼玉県の城峰神社（矢納）、城峰神社（吉田石間）を事例に――」と題して、講の結集・維持のキーワードを、特定の個人、キーパーソンに設定して発表したものを、拙文としてまとめたものである。

講の結集・維持の要因を探ることは、講研究会の関心の一つであるが、それは様々な要因に求められることは自明のことと考えられる。筆者は、前シンポジウムでは、共有、公共性を有する土地に、今回のシンポジウムでは、特定の個人にそれを求めた。

本稿では、地域社会に結成された講が、信仰対象とする地域社会の外にある宗教施設へ詣でる代参形式の参詣講の事例をもって考察を進めるが、具体的には、まず、第一章で、講に関わる人に関して、地域社会の講側・ゲスト側、詣でる先の宗教施設側・ホスト側すべてを列挙。その後、講の結集・維持につながる役割、仕事にはどのようなものがあるのかを挙げ、そして、第二章、第三章で、二つの城峰神社の事例を通じて、その役割、仕事を多くこなしている人物をキーパーソンと想定し、その様態と、何故、彼らがキーパーソン足り得るのかを論じたい。

さて、従来、信仰講などの講研究では、キーパーソンか否かにかかわらず、講に関わる人物に注目する場合、講側・ゲスト側の個人に焦点があてられてきた印象が強い。もし、宗教施設側・ゲスト側に注目する場合でも、宗教行為を執り行うことはもちろん、布教・講の檀家廻りなど宗教的行為をおこなうということから、宗教者に焦点が充てられてきた印象が強い。講の問題なのだから講側に注目するのは当然だし、信仰を軸に結成されている講に関わる問題であるのだから、宗教者がキーパーソンとなるのは至極当然のことである。ただ、そうではない個人がキーパーソンとなっている場合も多いのである。本稿では、宗教施設側・ホスト側の俗人に注目したい。

次に、取り扱う事例であるが、本稿では、小規模宗教施設である、埼玉県に鎮座する二つの城峰神社のケーススタディから論じることとした。小規模宗教施設とは、神職一人しか常駐していないような地域の鎮守のような神社のことである。ちなみに、大規模宗教施設は、城峰神社同様に埼玉県秩父地域に位置する三峰神社(2)や、宝登山神社(3)を想定している。それらの宗教施設は、多くの神職、俗人の従事者に支えられているような、大きな組織であり、城峰神社などとは様相が異なっている。

なお、論を進めるにあたっての方法としては、聞き取り調査で得られた資料と文献をつきあわせるかたちをとることとした。

一　講の結集・維持とキーパーソン

（1）講に関わる人びとの種類

講に関わる人には、どのような人びとがいるのであろうか。思いつく限り挙げてみたい。

まず、講側、ゲスト側である。講元、役員（会計など）、中核メンバー（正式に役員に就いていないが、講の活動に貢献するような働きをしている、例えば古参のメンバーなど）、行者や先達（宗教者的要素を持つメンバー）、そのほか一般講員などがいる。そのほかにも、参加している講員は家の当主である場合が多いと考えられるが、それを支える妻、親、子や孫などの家族もいる。次に、宗教施設側、ホスト側である。宗教者（僧侶、神職など）、俗人職員（特に大規模宗教施設の場合）、檀家総代、氏子総代、役員、一般檀家、氏子とその家族が、それぞれ挙げられよう。

さて、関わる人すべてが、講に対する役割を果たしている重要な担い手であることは確かである。しかし、やはりこの中で、より重要な役割を果たしているキーパーソンとなる人物が存在しているはずである。この人がいなかったら講は始まったのであろうか、果たして続いていたであろうかと思わせる、そういった位置付けが出来る人物である。

それでは、次項では、まず講の結集・維持につながる役割にはどのようなものがあるかみてみよう。

（2）講に関わる役割・仕事

講の結集・維持につながる役割・仕事にはどのようなものがあるのか。この役割・仕事が果たされることによって、講は成り立つことになる。

講側、ゲスト側の役割・仕事としては、講帳管理、代参による登拝行為、代参の費用回収・オヒマチの宿の提供、オヒマチの準備・接待、祠の設置場所の提供などがある。そのような行事をおこなうための会合も開かれるが、そこに直接参加する当事者、多くは家の当主となるが、特にその妻は、家の当主の代行で参加したり、集まりで振舞われる料理・お茶の準備などの役割を担っているケースがある。そのほかの家族にしても、だいぶ減少してきているものの、オヒマチの当番に当たった場合、自宅を提供する場合もあり、その協力をしたり、代参、オヒマチに出かけるメンバーの家で果たすべき役割を代行するなど、間接的ではあるが、講の結集・維持の役割・仕事を担う存在となっている。

宗教施設側、ホスト側では、講の結成・維持を促すための布教・檀家廻り、講の名簿管理、講へ登拝を促す通知、登拝の際の儀礼執行、御眷属札（オイヌサマ信仰を持つ神社で貸し出されるオイヌサマが乗り移っているとされる護符〔4〕）・護符作成、登拝時のナオライなどの講への接待、そのほかオタキアゲなど独特の儀礼執行〔5〕などがある。小規模宗教施設の場合、それらを、氏子・檀家らが中心になって支えることになる。それは、大規模宗教施設と違い、無給での奉仕となっている場合が多い。また、講側、ゲスト側と同様、その家族は、やはり間接的とはいえ講の結成・維持の役割・仕事を担う存在となる。

さて、ここまで、おもに可視化された役割・仕事を列挙してきたが、講側・ゲスト側、そして宗教施設側・ホスト側双方とも、それ以外、不可視的、特に外部の人間、調査者からは見えにくい、把握しにくい役割・仕事も存在している。組織を強く牽引するようなリーダーシップの役割、組織運営の潤滑油となるような役割、俗人とは言え宗教的カリスマのような役割である。ただ、筆者は、本稿で扱う事例においては、十分に調査をおこなっていないため、それを、紹介することができない。その役割の重要性は十分承知した上で、本稿の事例では、先に挙げた可視的な役割・仕事に注目したいと考える。その役割・仕事が果たされなかった場合、講に多大な影響が出るような役割である。

二　事例研究（1）城峰神社（矢納）

(1) 概　要

写真１　城峰神社（矢納）

矢納の城峰神社（写真１）は、埼玉県児玉郡神川町に位置する神山を信仰対象とする地域の鎮守である。[6] 神社は、集落から離れた山間部に位置している。氏子範囲は、矢納の集落のみとなる。ただ、昭和六一年（一九八六）、下久保ダムが建設され、矢納の集落は広範囲にわたって湖底に水没したため、ダム建設にともなって多くの住民が移住したため、かつてと比べ、氏子範囲、人口は半分ほどに減少した。さて、神社では登拝講である城峰講を有し、その信仰圏は、地元神川町を始め、群馬県の高崎、前橋、藤岡、安中、渋川などに広がっている。城峰神社は、オイヌサマ信仰の神社であり、講による登拝の目的はオイヌサマが乗り移っているとされる御眷属札を拝借することにある。その御利益は、火防・盗賊除け、害獣除け、病気治し、養蚕守護などである。かつては四月一七日、現在は、祝日である五月五日に春季大祭が挙行されるが、代参形式である講の登拝はこの日に多くおこなわれる。ちなみに、祭日の変化は、かつては地元で農業などに携わる人が多かったが、会社勤めの人が増え、平日だと祭礼の挙行が難しくなったためである。また、昔は地元の役所勤めなら理解が得られ、祭礼のためなら平日でも休暇が取れたが、社会状況の変化から、それも叶わなくなったという事情もある(7)。

(2) キーパーソンと考えられる人の変遷

本稿では、先に触れたように、宗教施設側、ホスト側のキーパーソンに注目していくが、矢納の城峰神社の場合、一章一項で挙げた関わる人びとを列挙するに、宮司、社守、氏子総代、一般氏子とその家族となる。その中から、役割・仕事量の多さという観点から、宮司、社守、氏子総代に注目してみた。

前近代より、代々宮司を勤めていた社家、柚木家があった。城峰神社も、もとは柚木家の邸宅内にあったというが、近代になり現在地へ遷したとされる。遷座後は自宅から通いで社務を勤めていたというが、その後東京へ転出した。そのため、戦前（大正時代頃）から現在まで、埼玉県本庄市児玉在住の鈴木家が宮司を兼帯してその職を勤めている。

ただ、鈴木家は遠隔地に住んでいたため、祭礼時に訪れる程度で、日常の社務はこなせないでいた。そのため、宮司がおこなっていた社務は、神社に住み込みの俗人で管理人、仮に社守と定義するが、この社守が勤めることになったのである。その職にあたったのは西井てつじ（漢字は不明）・ハル夫妻であった。戦後から昭和終わり頃までの時期は夫婦で、昭和終わりから平成初期頃までは、てつじ氏が亡くなったため、ハル氏が一人で勤めていた。その間、もちろん氏子総代や氏子も社務の役割の一部を担ったが、多くは西井夫妻、ハル氏が勤めたのである。

写真2　城峰神社（矢納）社務所

ハル氏が亡くなった後の平成初期から現在までは、任期四年の氏子総代長が、社務を担っている。氏子範囲の六地区にはそれぞれ氏子総代がいるが、そのトップが氏子総代長である。氏子総代長は原則四年が任期だが、一旦引き受けると、過疎化など地域社会の事情から、なかなか後任者が見つからず、長期にわたることになる。氏子総代長は、やはり誰でも良いというわけではなく、適任者は限られるのである。

社守から氏子総代長へ。こうしたキーパーソンの変遷は、以下の事情によって起こったと考えられる。社家不在から遠隔地の神職に宮司を頼むものの、その社務は、住み込みの社守に頼ることになった。しかし、戦前まで多くあったオイヌサマ信仰への需要、特に群馬の養蚕で求められたネズミ除けの御利益の需要がなくなり、またレジャーであった登拝という参詣旅も、若者が嫌がるようになり、講は衰退して行くことになる。そのため宗教施設側への収入が激減し、住み込み者の生活を支えることができない。また、住み込んだ場合、特に山間部の神社故、現代では、買い物などの不便、子供の教育問題など耐えがたい状況に陥ることになる。それ故、西井夫妻不在となった後は、住み込みの社守の後継者は登場しなかった。その職務は、氏子が担うことになり、特に氏子総代長が多くの社務を担うことになる。過疎化による人口減は、氏子総代長の交代者を選ぶ余裕をもたらさず、結果、地域で動けるごく一握りの人が、任期を大きく超えて、その職務を引き受け続けることになったのである。

それでは、次項で、キーパーソンである、社守と氏子総代長の役割・仕事の様態について詳細にみてみよう。

写真３　城峰神社（矢納）旧社務所

（３）キーパーソンの役割

西井夫妻は、旧社務所（舞台のある建物）（写真２）に住み込んでいた。神職資格はないが、神社の社務全般を担っていた。御眷属・護符・お守りの準備、これは、自分で刷るほか、印刷所へも手配していた。宗教法人に関わる書類作成、神社の会計全般も担っていたという。

また、神職資格はなくても、小・中祭の神事も担当していたという。それ故、例大祭以外の期日でも講員は登拝が可能であった。講から電話があると、西井氏が装束を着用し、祈禱をし、御眷属に魂入れをして、登拝してきた講に授与した。西井氏が神事を行ったが故に、御眷属を授与することができて、登拝が可能となったのである。

ハル氏のみの時代になっても、社務全般はおこなわれた。そのほかにも、次のような仕事も請け負った。現・社務所（写真３）は、下久保ダム建設時の作業員宿舎を、ハザマ建設から譲り受けたものであるが、そこで、講のお籠もり、また、学生、青少年団体の合宿用宿舎としても利用されるようになった。その講への接待、利用者の世話を、ハル氏はおこなったのである。また、ハル氏は氏子らへ御幣の切り方の方法を教えたり、てつじ氏同様、神事をおこない、御眷属に魂入れをして講に授与していたという。

次に氏子総代長の時代であるが、祭礼前、講への案内の郵送。そして氏子と協力してであるが、祭礼準備、祭礼時の接待、御眷属・護符の授与などをおこなっている。ただ、祭礼時に古い御眷属を回収するが、新しい御眷属作りは氏子総代長だけの仕事になっている。御眷属は箱に紙が貼られたつくりで、その中に御眷属札が入っているが、箱から札を取り出し、自宅で箱の紙の張り替え、御眷属札へ押す神社印は、神社から持ち出すことが厳禁であり、神社の社務所（写真2）へ出かけて押印の作業をおこなう。箱が痛んでいる場合は交換もしなければならず、かなりの時間と労力を必要とするのである。

（4）キーパーソンたる所以

西井氏夫妻が宮司に代わって神事をおこなってくれていたことは、特に講にとって大変ありがたく、便利なことであった。次の証言からもそのことが窺えよう。

（事例1）
五年ほど前、講は解散したが、五月五日の祭礼に、来るよう指定されたことが大きな原因。調整をするのは大変だった。それまでは、祭礼の周辺の別の日に代参していた。その時は、ハル氏が、拝殿でご祈禱してくれ、それが終わると新しい御眷属を受けることができた(8)

（事例2）
五月五日に登拝を指定されたのが、原因の一つとなり十年前から休止している(9)。

西井氏夫妻が神事をおこなっていた時は、いつでも登拝が可能であった。西井氏夫妻が亡くなった後は、宮司は遠隔地に住んでいることもあり、接待はもちろん、御眷属への魂入れをすることができない。もちろん氏子総代もできない。それ故、宗教施設側としては、講側に対し、登拝を祭礼時のみと指定せざるを得なくなった。そのことによっ

写真４　城峰神社（吉田石間）

て、登拝が不可能となり、活動を続けることができなくなった講も多く出てきた。その点からも、西井氏夫妻は、講維持に関して大変大きな役割を果たしていたことがわかろう。重要なキーパーソンであったのである。

もちろん、西井夫妻が担っていた、それ以外の仕事も講維持にとっては大切であり、それを引き継いだのは氏子総代長であった。本来、地域社会に住む氏子を守護してくれる神社の役割を担うはずの氏子総代長が、講という遠隔地に住む信者のためにも働くことになったのである。かつて、宗教施設側が講を結成させたことの意味は、信仰を広めることから、神社の神威を高め、そして、収入を得ることであった。ただ、現在では、神威はともかく、講数は相当減ってしまっており、収入という観点からのメリットはほとんどない。それでも、講のために働く氏子総代長のモチベーションは、続けることによって神社と信仰の伝統を守るということにあるという。しかし、物理的・時間的・心理的な個人的犠牲は計り知れない。誰も担わなければ、残っている講すべての活動が停止してしまう可能性が高いわけで、講維持にとっての重要なキーパーソンであると言えよう。

三　事例研究（２）城峰神社（吉田石間）

（１）城峰神社（吉田石間）の概要

吉田石間の城峰神社（写真４）は、埼玉県秩父市に位置する城峰山を信仰対象とする地域の鎮守である。[10] 神社は、城峰山の中腹に位置しており、氏子らが住む集落とは離れている。その氏子の居住する集落は、半納・沢戸・中郷・漆木・沢口の五つである。かつては、氏子範囲はそれよりも広かったとも言われている。さて、城峰神社は、登拝講である城峰講を有し、その信仰圏は城峰山山麓、秩父市内、同じ埼玉県内の本庄、深谷や、群馬県の高崎、前橋などに広がっている。矢納の城峰神社同様、御眷属札を拝借することが講の登拝の目的となっている。その御利益も、矢納の城峰神社同様、火防、盗賊除け、害獣除け、病気治し、養蚕守護である。春季大祭は、五月三日、かつては五月二日で、登拝もこの日に多くおこなわれる。祭日が移動したのは、氏子の多くの生業が、農業から、役所、企業などに変わり、祝日でないと祭りに参加できなくなったからである[11]。

(2) キーパーソンと考えられる人の変遷

前近代から昭和初期頃までは、宮司は、社家高岸家が近隣の自宅から通い勤めていたが、後に秩父市街地に転出した。その後は、秩父市街地に住む新井家が宮司となり、現在まで続けている。新井家は、矢納の城峰神社の宮司である鈴木家ほどではないにしろ、やはり遠隔地に住んでいるため、そして、新井家では代々、他の大規模神社に勤めていることもあり、城峰神社の社務はなかなか勤められない状況になっている。そのため、矢納の城峰神社同様、かつては住み込みで神社を守る社守がいた。その期間は、はっきりしないところであるが、順番を追って紹介するに、初期は、漆木集落出身の人、名前ははっきりしないが、住み込みで社務を担っていた。戦前のことである。その後は、中郷集落の磯田正平氏が住み込みで社守を勤めた。こちらも戦前のことである。その後は、昭和二〇年代、半納集落の新井相作夫妻が住み込みで勤めていた。

さて、ここまでの社守は俗人であったが、その後、先代宮司の新井啓氏が、勤め先の三峰神社で同僚であった神職をスカウティングしてきた。それは坂本高栄氏で、昭和四〇年代～昭和五〇年代頃、住み込みで社務に当たっていた。その後は、俗人である沢戸集落の新井隆一氏が自宅から通いで社務を担った。その後二年交代の氏子総代が平成初期から現在まで社務をおこなっている。

現在は、俗人であった新井進氏が、氏子らの薦めから神職資格をとり、平成二〇年代から、神社役員協力のもと、自宅からの通いではあるが社務を担っている。

さて、矢納の城峰神社同様、住み込みの俗人の社守は、神職資格はないものの、神事も担当して、御眷属札への魂入れもしていたという。ちなみに、その社守たちがいなくなっていったのは（坂本氏という神職の住み込みも含め）、矢納の城峰神社同様、城峰講の衰退から、収入が減って住み込み者を経済的に支えられないから、そして、地理的に厳しいために人が住むことを拒んだからであった。結果、社務の担い手は、氏子総代へと移って行った。ただ、吉田石間の城峰神社は、地域社会から、新井進氏という新たなキーパーソンとなるべく神職資格者を生み出すことに成功している。

（3）キーパーソンの役割

この中で、三人のキーパーソンに注目してみた。最初は、坂本高栄氏である。坂本氏は、両神村、現小鹿野町出身で、当時、城峰神社境内には、一階社務所、二階がキャンプ施設である二階建ての建物が在ったが、そこを住居としていた。当初は母親・妻の三人暮らしであった。二階のキャンプ施設は、一般に貸し出していたが、その管理は、事実上、氏子組織と重複し、氏子総代と協会長を兼務する地元観光協会が管轄していた。坂本氏には、社務とは別に、この施設の管理業務を委託していた。母親・妻に先立たれ、一人になっても社務等を勤め続けたが、その後神社で亡くなったという。俗人の社守が不在となり、腐心して、宮司の新井氏が連れてきた人物であるが、坂本氏亡き後、山中の神社に住む人物は現れることはなかった。

その後、氏子総代が社務を勤めることになるが、先ほど述べたように、城峰観光協会会長を兼ねる忙しい役職でもある。氏子総代は、講の名簿管理、講への祭礼通知をおこない、氏子とともに祭礼準備、御眷属・護符の授与、祭礼時の接待などをおこなった。二年交代であるが、役職期間中は、役にあたった人は、皆社務に関して創意工夫し前向きに取り組む傾向が強かった。例えば、新井貞雄氏が氏子総代の時は、講を手厚く接待する方針へ転換した。祭礼時、登拝者のみならず、ハイカーにも甘酒を振る舞うなど、精力的に取り組んだ。加藤仁男氏が氏子総代の時は、登拝者へ加藤氏と妻が手作りの料理を作っては振舞い、手厚く接待した。その食材費はかなりのものであったが、加藤氏個人で負担したという（ちなみに、現在、接待の食事は仕出しになっている）。

このように、氏子の協力はあるものの、氏子総代が担う仕事量は相当なものであった。それでも、歴代の氏子総代は、工夫を重ね、講に喜んでもらおうと勤めたのである。ただ、矢納の城峰神社と比較してみるに、任期二年の交代のルールは、ほぼ守られており、キーパーソンというより、キーポジションかもしれない。ただ、先ほど、紹介したように任期中二年間は、組織の役職を超え、個人の裁量で精力的に取り組んでいたのであり、それぞれの氏子総代となった人物がキーパーソンであると捉えることも可能であろう。

さて、一方、地元での神職不在は、日常何かと心配であった。社守が不在となった城峰神社の社務はもちろん、各集落の集落鎮守の祭祀や、屋敷神、地鎮祭などの個人祭祀などもあったからである。そのため、地元に神職がいて欲しいという願いのもと、氏子らは、新井進氏に神職になることを期待するようになった。氏子組織の活動に一生懸命取り組み、新井氏の住む沢戸集落には神楽が伝承され城峰神社祭礼で奉納されているが、それにもまじめに取り組む新井氏は、相応しい存在とみられるようになっていった。新井氏は、ちょうど企業退職のタイミングであり、それもあって、氏子らの願いを受け入れ、神職資格を取得した。現在は、毎週日曜日、神社に詰めており、中小祭の神事、社務全般、地域社会に必要な神事もこなしている。城峰神社と一番近い集落である半納集落までの登山道の道普請なども一人でこなしている。

（4）キーパーソンたる所以

矢納の城峰神社同様、昭和五〇年代頃から、神社に住み込みの社守が不在となると、講に対して、五月三日祭礼時の登拝を指定するようになった。御眷属に魂入れができないこと、それまで、登拝した代参者に食事の接待をしていたが、それが不可能となったからであった。

（事例3）

若い世代は、行きたがらず、五月三日は、祝日で別の場所にレジャーに行きたい。別の日なら良い。弁当を差し入れたりして、促す（また、若い世代は、帰りに観光をしたい。古い世代はまっすぐ帰ってきて欲しい。立ち寄った場に、オイヌサマが下りてしまい御利益がなくなる不安のため）。以後、その傾向は進み、役員会で話すが、六〜七年前、すべての若い世代に断られて、郵送で護符のやりとりをするようになった(12)。

登拝の日時の指定によって、講の活動は鈍るようになって行った。若い世代も、講に対する理解はあるものの、ゴールデンウイークは、家族サービスなどでレジャーを楽しみたいので登拝は避けたいという意見も多かったという。

仕方なく、郵送でのやり取りに移行したが、活動を停止する講も出てきたという。社守という講維持にとってキーパーソンの存在は、やはり大きかったのである。その後、役割を担うことになった氏子総代、新井進氏のような存在もなくなったなら、講は果たして存続するであろうか。

おわりに

さて、今まで、講の結集・維持に関わるキーパーソンについて論を進めてきた。おもに、宗教施設側・ホスト側のキーパーソンに関して、地域の鎮守という小規模宗教施設である二つの城峰神社の事例から考察してみた。

二つの神社とも、宮司が近隣に住んでいた時代はともかく、遠隔地に居住する宮司となって以来、住み込みで社務をおこなってくれる社守の存在が大きかった。事務的社務はもちろん、御眷属の魂入れなども彼らがおこなったのである。その後、信仰心の衰退、レジャーの多様化から、講は減少し、住み込みの社守を支える経済源が確保できなくなり、また、山間部という不便な状況で住みつづけることが不可能となり、社守の時代は終焉を迎えることになる。そうなると、講への接待、御眷属への魂入れが出来ず、祭日以外の登拝が不可能となり、講への登拝日指定を促さざるを得なくなった。講では登拝が一日だけに指定されることにより登拝が困難となり、消滅していく講も出てきた。かつて、農業が盛んな時代は、忙しい農作業の中、雨天などにより突然休みの日が出来て、急遽登拝するなどということもあって、祭礼日以外に登拝できるというのは魅力であった。現在、職業も勤め人が増える中、そうした時代ではなくなって来たが、やはり、特定の日に指定されるのは不便である。

住み込みの社守がいなくなると、氏子総代にその責務が移った。矢納の城峰神社の場合、過疎化とダム建設で氏子が減少したこともあって、氏子総代長の固定化がおきた。また石間吉田の城峰神社は、氏子総代の任期は守られるが、毎回地域の中核者が選出され、任期中、彼らは多大な労力を提供することになる。二つの城峰神社とも、その精力的な活動ぶりは、もともと信頼される人物故、与えられた仕事に一生懸命取り組むという自らの意思によるところも大きいが、共同体にそのボランティア精神を期待され、それに応えざるを得ないという理由もあろう。いずれにせよ、良い悪いは別にして、こうしたエネルギーなしに、講の結集・維持は成り立たないことは確かであろう。このように、社守、氏子総代などのキーパーソンの存在は、講の結集・維持にとって大変重要であったと言わざるを得ない。

さて、最後に今後の課題である。古くの時代の社守らの活動の詳細を知るためには、より多くの資料が必要である。どうにか資料収集ができれば、よりその役割の重要性を、説得力をもって語れるようになろう。資料収集に努めたいと思う。また大規模宗教施設の事例も収集し、特に、俗人のキーパーソンの事例を収集して、本稿の事例と比較することにより、興味深い知見が得られるかも知れない。

【付記】本稿作成にあたっては、鈴木幸比古氏、安田知治氏、新井直行氏、新井進氏、小林和夫氏、加藤仁男氏、佐藤勝利氏、植原照彦氏、宮田博夫氏、その他城峰神社（矢納）、城峰神社（吉田石間）の関係者の方々に、大変お世話になった。改めて、お礼申し上げたい。

註

（1）拙稿「共有地を持つ講――東京・群馬のオイヌサマ講を事例に――」（長谷部八朗編著『「講」研究の可能性Ⅳ』慶友社、二〇二〇年）。

（2）　拙著『武州三峰山の歴史民俗学的研究』岩田書院、二〇〇九年、参照。
（3）　拙稿「宝登山のオイヌサマ信仰と宝登山講」（『山岳修験』五七、二〇一六年）。
（4）　直良信夫『日本産狼の研究』校倉書房、一九六五年、平岩米吉『狼――その生態と歴史――』池田書店、一九七二年、野本寛一「山犬信仰の発生と展開」（『焼畑民俗文化論』雄山閣、一九八四年）、飯塚好「お犬様信仰とその周辺――秩父地方を中心として――」（『埼玉県立博物館紀要』一五、一九八九年）、神山弘「秩父の狼伝説」（山村民俗の会編『シリーズ山と民俗十　山ことばと炉端話』産学社、一九九一年）、牧野眞一「山犬信仰の諸相」（宮本袈裟雄編『民俗宗教の西日本と東日本における構造的相違に関する総合的調査研究』（平成三年度科学研究費補助金（総合研究A）研究成果報告書）、一九九二年）参照。
（5）　オタキアゲに関しては次の文献を参照。曽根原正宏「御炊上祭について」（『埼玉県神社廰報』一五三、二〇〇〇年）、拙稿「秩父宝登山の狼信仰――オタキアゲと七日会の考察を通して――」（『日本山岳文化論集』九、二〇一一年）。
（6）　「城峯神社」（埼玉県神社庁神社調査団編『埼玉県の神社 北足立・児玉・南埼玉』一九九八年、八八六頁）、「城峰神社〈矢納〉」（『角川日本地名大辞典11埼玉県』角川書店、一九八〇年、四七七頁）、「矢納村」（『日本歴史地名大系第11巻　埼玉県の地名』平凡社、一九九三年、七二〇頁）、神山弘「城峰山ものがたり」（『秩父 奥武蔵 山と伝説の旅』金曜堂出版、一九八五年）、宮崎茂夫「猪狩・城峰のお犬様――埼玉県秩父郡――」（『あしなか』一九八四年）、秋澤英雄「秩父お犬様紀行――城峰山・両神山・三峯山――」（『あしなか』二三八、一九九四年）、拙稿「城峰神社（矢納）のオイヌサマ信仰と城峰講」（長谷部八朗編『「講」研究の可能性Ⅲ』、慶友社、二〇一六年）参照。
（7）　城峰神社（矢納）の事例は、筆者による鈴木幸比古氏、安田知治氏への聞き取り調査（二〇一二年）から構成した。
（8）　二〇一五年、筆者による佐藤勝利氏への聞き取り調査。
（9）　二〇一五年、筆者による植原照彦氏への聞き取り調査。
（10）　「城峰神社」（『秩父郡市神社誌』埼玉県神社庁秩父郡市支部、一九六五年、六三頁）、「城峰神社」（埼玉県神社庁神社調査団編『埼玉県の神社　入間・北埼玉・秩父』埼玉県神社庁、一九八六年、一三六八～一三七一頁）、「城峰山」（『角川日本地名大辞典11　埼玉県』角川書店、一九八〇年、四七七頁）、「石間」（『角川日本地名大辞典11　埼玉県』一三三一頁）、「城峰山」（『日本歴

名』六五二頁）、神山弘「城峰山ものがたり」（『秩父　奥武蔵　山と伝説の旅』金曜堂出版、一九八五年）、宮崎茂夫「猪狩・城峰のお犬様——埼玉県秩父郡——」（『あしなか』一九八四年）、秋澤英雄「秩父お犬様紀行——城峰山・両神山・三峯山——」『あしなか』二三八、一九九四年）、吉田町教育委員会『吉田町史』（吉田町、一九八二年）、拙稿「秩父市吉田石間の城峰神社の歴史と信仰」（『武蔵大学総合研究所紀要』二五四、二〇一六年）参照。

（11）城峰神社（吉田石間）の事例は、筆者による新井直行氏、新井進氏、小林和夫氏、加藤仁男氏への聞き取り調査（二〇一四～一五年）から構成した。

（12）二〇一五年、筆者による宮田博夫氏への聞き取り調査。

高尾講先達の形成とその背景

乾　賢太郎

はじめに

高尾山（標高五九九メートル）は、東京都八王子市の南西部に位置する関東屈指の霊山である。本尊に飯縄権現を祀る山内寺院の薬王院（現在は真言宗智山派大本山）には、天平一六年（七四四）の行基による開山や、永和元年（一三七五）の俊源大徳（醍醐寺無量寿院）による中興開山に関する寺伝が残る。高尾山や薬王院を中心とした信仰は、関東一円に広がり、特に高尾山を参拝する高尾講は埼玉県・群馬県・東京都に集中し、近世以降の養蚕・織物に関する信仰などとの関連が指摘されている。(1) このように信仰の山として確立した一方で、行楽の山としても親しまれており、平成一九年（二〇〇七）に日本旅行ガイド「ミシュラン・ボワイヤジェ・プラティック・ジャポン」で三ツ星を獲得し、令和二年（二〇二〇）六月に文化庁が東京都初の「日本遺産」に認定したことから、東京都心近郊の観光の山としてもますます注目を集めている。

さて、筆者は東京都世田谷区を中心に展開する高尾講の先達を調査し、同師のライフヒストリーから先達として活動するに至った背景について考察したことがある。(2)そこでは、同師の両親がともに行者であったことや、不治の病を抱えた患者との出会ったことなどが修行の道へと進んだ動機となったことを明らかにした。その後、同師は修行を重ね、両親から引き継いだ教会に信者を集めて加持祈禱などを施したが、同師が先達を務める高尾講はこの信者を主体とした講社であり、同師は自らが信仰する高尾山と自身の信者をつなぐ結節点ともいうべき役割を果たしていたのであった。

本稿でも高尾講の先達について取り上げるが、今回は群馬県南部に勢力を広げた「高新講《こうしん》」の先達について考えたい。この先達とは講社本部の曲沢《まがりさわ》高尾山分教会所（群馬県伊勢崎市）を中心に活躍した新山亮典《にいやまりょうてん》（一八八八〜一九六七）のことを指すが、亮典の生涯を振り返ることで、高尾講先達の形成とその背景について具体的に検討することを本稿の目的としたい。(3)

一　研究対象の概要

（一）赤堀村

本編に入る前に、新山亮典が生まれ育ち、活動の拠点とした赤堀村《あかぼり》について概観する。(4)かつての赤堀村は群馬県南部、赤城山南麓、佐波郡の北東部に位置し、村域は東西七・三キロメートル、南北は八・一キロメートルに及んだ。

寛文八年（一六六八）の課税台帳である「寛文郷帳」によると、近世期における旧村域は旧佐位郡の間之谷《あいのや》（後に間野谷）・赤堀市場（後に市場）・今井・香林《こうばやし》・五目牛《ごめうし》・下触《しもふれい》・西久保・西野・野・堀之下（後に堀下）・曲沢の一一か村と旧勢多郡の磯村が含まれていた。各村々は幕府領・旗本領・前橋藩領・一宮藩領（上総国の藩の飛地）からの支配を受け、新山家がある曲沢は近世後期には幕府領管内であった。なお、先祖の新山善太郎（明治二四年（一八九一）没、行年六六歳）が幕府領の赤松の伐採を監視する山横目に任じられたという話が新山家では言い伝えられ、同家には山横目が使用した十手があったとのことである。(5)

その後、曲沢は明治元年（一八六八）には岩鼻県に属し、同四年には群馬県、同六年には熊谷県、同九年には群馬県へと所属が変わっていった。明治二二年、間野谷・市場・今井・香林・五目牛・下触・西久保・西野・野・堀下・曲沢の一一か村と南勢多郡の磯村が合併し、佐位郡赤堀村が成立した。同二九年には、佐位郡と那波郡の合併に伴い、新設された佐波郡の所属となった。時代は下り、昭和六一年（一九八六）になると町制を施行し、赤堀町が誕生した。平成一七年（二〇〇五）、旧伊勢崎市、東村、境村と市町村合併に伴い、三つの自治体が統合して伊勢崎市となったため、赤堀町は消滅した。

（二）新山家文書の概要

次に本稿で扱う史料について解説する。現在も新山家では、当家に伝来する史料を保管していることから、本稿では当該史料を「新山家文書」と呼ぶことにする。そして、今回は特に新山亮典の生涯や先達としての活動が表れている史料を分析の対象とする。

新山家文書は、現時点で二〇八点を確認した。このうち、明治期の史料が三点で全体の約一パーセント、大正期の史料が二六点で全体の約一二パーセント、昭和期の史料が一二七点で全体の約六一パーセントである。残りは作成年代が推定不明の史料であった。このことから、史料の多くは昭和期、特に一九二〇年代から一九五〇年代のものであることが把握できる。

次に史料の内容から便宜的に分類すると、新山亮典本人関連（三九）、檀信徒（祈禱（一七）、盆供（一三）、講組織（八）、寄進（三）、その他（二））、寺院経営（領収書）（四七）、小作（二四）、収支（一四））、建設（三）、薬王院年中行事（三）、御札（二）、戸籍（一）、日記（一）、朱印帳（一）、雑記類（二）、写真（六）、刊本（二二）となる（カッコ内は点数）。この分類から、二つの特徴が導き出せる。一つ目は、後述するように、新山亮典は高尾山の先達や他地域で住職をしていたことから、檀信徒に関する史料が多いことである。そして、もう一つは、土地や金銭を人に貸していたことから、小作や領収書といった類も確認できることである。つまり、新山家は宗教者としての活動をしていた一方で、借地や金銭貸与からの利益も生活の糧としていたことが窺えるのである。

二　高尾山の講社「高新講」

次に新山家が中心となって組織した高新講について述べる。ちなみに、講名の由来は、高尾山の「高」と新山家の「新」を組み合わせて名付けられた。

まず、初代の先達は亮典の兄にあたる新山才吉であった。新山家文書内の亮典の履歴書には、大正三年（一九一四）四月に真言教会高尾講小社高新講（高新講の正式名称）を立ち上げたことが記載されている。同書には「篤信講員壱千名ヲ結集シ専心ト社会教会教化并ニ宗教回傳ヲ業務トス」とあり、講社設立当時は多くの講員を抱え、高新講は教化の一端の担っていたことが把握できる。ちなみに、明治一五年（一八八二）作成の「真言教会高尾講規約」によると、当時の高尾山には真言宗の教化を目的とした真言教会分社高尾講が設けられ、各地に点在する高尾講は小社として位置付けられていた(6)。

さて、才吉が先達を務めた当時、高新講は高尾山の薬王院境内に登拝記念の講碑を建立しており、講碑の背面には佐波郡・勢多郡・新田郡などの人びとの名前が五二一人分も刻まれている（写真1を参照）。前掲の履歴書に記述された「篤信講員壱千名」までは及ばないものの、五百名以上の人びとが講碑建立に協力したことは、当時の高新講がいかに繁栄していたのかが理解できるだろう(7)。

写真1　薬王院境内に建てられた高新講の講碑
（左：新山才吉、右：新山亮典）

二代目の先達は亮典で、大正一一年（一九二二）に高尾山から高新講の先達を委嘱されたことに始まる。当時は弟の新山福次郎も当時先達として講社の運営に携わっていたが、福次郎が昭和一三年（一九三八）に他界したことから、亮典が高新講の二代目先達として講社の運営を実質的に担うようになった。なお、亮典の兄弟については後述することにしたい。

次に新山家文書の中にある「高尾山直認役員名簿」（大正七年～昭和三年作成）から亮典が先達を務めていた頃の高新講役員の広がりを確認したい（図1と表1を参照）。これによると、役員は佐波郡・勢多郡・新田郡・前橋市・桐生市に居住していたことがわかる。そして、この範囲に講員が存在していたことが想定できる。なぜなら、当時の

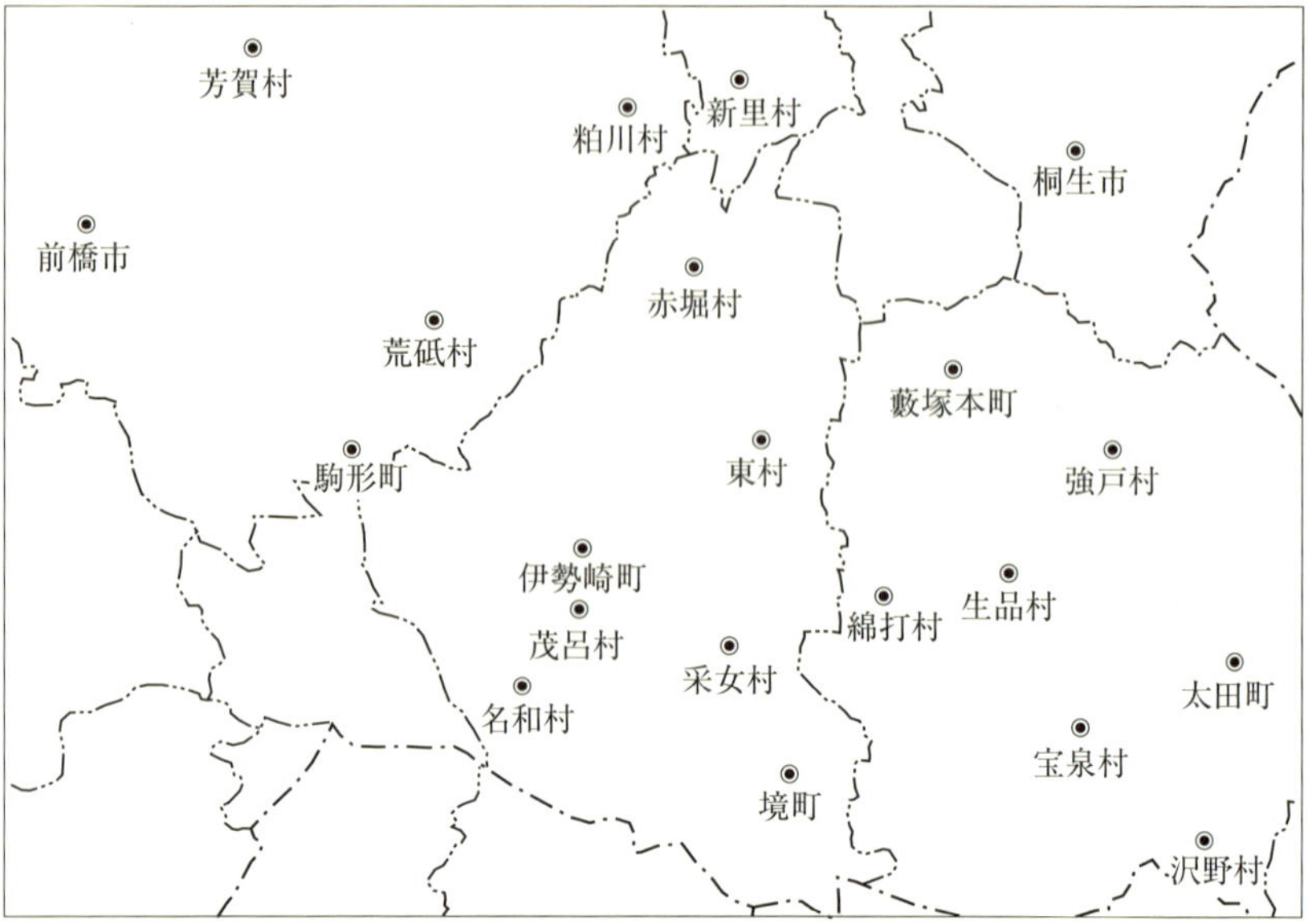

図１　高新講役員の分布（国土地理院ホームページ「地理院地図 Vector」をもとに作成）

高尾山の講社規約によると、講社は各地区に役員を置き、役員は講員を統括することが義務付けられていたからである[8]。当時の高新講の範囲は群馬県南部に位置する佐波郡・勢多郡・新田郡・前橋市・桐生市に展開していたと言えよう。

昭和四二年（一九六七）に亮典が逝去すると、亮典の長男である新山和亭《かずゆき》が三代目の先達に任命された。和亭は一二歳の頃、薬王院の第三一世貫首の山本秀順のもとで得度をし、住職から「秀和」という法名を授かった。また、和亭は一三～一五歳までは、薬王院内で修行をした経験がある[9]。なお、平成一五年（二〇〇三）の調査当時、和亭はタクシーの運転手であり、祈禱行為などの宗教活動は行っていなかった。

昭和五三年になると、三代目先達が講社の講員数の増加に考慮し、当時の世話人たちとの協議や薬王院からの指導のもと、高新講を分割するに至った。これにより、旧境町中心の群馬高新講、旧伊勢崎市中心の上州高新講、新山和亭が担う旧赤堀町を中心とした群馬高新講という

表1　高新講役員の所在地

地域名		人数
佐波郡	赤堀村	3
	伊勢崎町	2
	境町	2
	采女村	2
	名和村	2
	茂呂村	2
	東村	1
勢多郡	荒砥村	3
	新里村	3
	粕川村	2
	芳賀村	2
	駒形町	1
新田郡	綿打村	5
	強戸村	4
	太田町	3
	薮塚本町	2
	宝泉村	2
	生品村	1
	沢野村	1
前橋市		1
桐生市		1

＊大正7年～昭和3年当時の行政区名で表記

三つの講社が組織されたのである。このように、講社の規模は、二代目から三代目へと受け継がれる時に「分割」という変化が見られた。すなわち、二代目先達までの講社は先達が中心となって運営していたことに対し、三代目先達の講社は地域の講元に講社の一部を譲渡し規模を縮小して運営を維持したのである。

次は、宗教的な力をもって講社を束ねてきた二代目先達の亮典に焦点を当て、同師の講社先達としての形成過程を考えていく。

三　新山亮典の個人史

亮典がいかにして講社先達になり得たのかという問いを考えるため、戸籍などの史料から同師の個人史を回顧することから始めたい。なお、後述するように同師の宗教者としての歩みはいくつかのライフステージを歩みながら形成されたと想定されるので、これらの段階は便宜的に名称を付した（以下は、表2を参照）。

さて、亮典は明治二一年（一八八八）五月二〇日に群馬県佐位郡曲沢村の新山佐吉・しめ夫妻の五人兄妹の三男・

表2　新山亮典の個人史年表

和暦	西暦	月日	履歴
明治21年	1888	5月20日	群馬県佐位郡曲沢村に生まれる
33年	1900	3月30日	赤堀高等小学校を卒業する
41年	1908	11月1日	群馬県高崎市に編成された陸軍歩兵第十五連隊に入営する
43年	1910	10月26日	兵役が満期になり、陸軍歩兵第十五連隊を除隊し、赤堀村に帰る
45年	1912	6月	扶桑教で神仏道の修業をする
大正3年	1914	4月	真言教会高尾講小社高新講を結束する
			同じ頃赤堀村の自宅に曲沢高尾山分教会所を設立する
10年	1921	2月2日	神習教管長より太占之傳（八等）の免許を受ける
			神習教管長より授五級神教子を拝命する
			神習教管長より祈祷禁厭施行免状を受ける
11年	1922	9月13日	薬王院第27世武藤範秀より高新講先達を拝命する
13年	1924	2月20日	東京府南多摩郡薬王院第28世山崎範亮室へ入寺
14年	1925	4月1日	赤堀村衛生（課）組合長に当選する　※注1
		9月3日	扶桑教神事部より第弐等神占禁厭祈祷の免許を受ける
			扶桑教より保明の名で権大講義を拝命する
		11月23日	常陸笠間稲荷神社より盛運講世話係の嘱託を受ける
15年	1926	7月30日	薬王院第28世山崎範亮に従い得度する
		9月26日	薬王院で加行を成満する
		10月28日	新義真言宗智山派管長大僧正滝承天より度牒を拝受する
昭和2年	1927	1月18日	群馬県知事百済文輔より改名が認可、保明・保蔵から亮典になる
		2月17日	本派僧籍に改名を登録する
		4月28日	東京府田端与楽寺で戒師大僧正賢信和尚に従い受戒する※注2
		11月21日	扶桑教より亮典の名で権大講義を拝命する
		12月12日	薬王院で間者役を勤める
3年	1928	2月1日	兄で高新講初代先達の新山才吉（大正13年4月29日没）が亡くなると、亮典は霊神碑芳賛会会長となって才吉の霊神碑を曲沢の分教会所の近くに建立し、除幕式を行う
		10月10日	新義真言宗智山派管長大僧正青木栄豊より交衆を充可される
			大雷神社氏子総代に当選する。同社殿建築委員も受諾する　※注3

4年	1929	3月7日	新義真言宗智山派管長大僧正青木栄豊より教師試補を拝命する
		4月1日	赤堀村衛生(課)組合の改選期で再選を受諾する
		4月30日	薬王院第28世山崎範亮より髙尾山第本坊再建委員依嘱を受ける
5年	1930	9月21日	長谷川泰道に神占禁厭祈祷法の自得を承認し、門弟となることを認可する
6年	1931	6月2日	埼玉県北葛飾郡旭村の吉祥院住職に任命される　※注4
8年	1933	11月2日	新義真言宗智山派管長大僧正旭純榮より権律師を拝命する
10年	1935	12月7日	群馬県より県の選挙粛正実行委員の嘱託を受ける　※注5
12年	1937	4月8日	赤堀村曲沢の区長に就任する(～昭和14年4月7日)
13年	1938	10月15日	木代くらに神占禁厭祈祷法の自得を承認し、門弟となることを認可する
21年	1946	——	車の事故に遭い、下半身不随になる。その後はで吉祥院を別の僧侶に譲り、住職を引退する
42年	1967	2月22日	享年79歳で逝去

＊本年表は新山家に保管されていた「申請書類綴」(大正15年～昭和8年)などの史料や聞き書き調査を基に作成した。

注

(1)　衛生（課）組合…発足年不明。但し明治32年の「衛生組合規約認可上申」がある。各大字に組合長1名、副組合長1名、小字単位に各1名の委員を置いた。職務は各大字の衛生の管理や伝染病予防の監督などであった。

(2)　与楽寺…現在の東京都北区田端に位置。真言宗豊山派。東京灌頂講社に所属。

(3)　大雷神社…現在の群馬県佐波郡赤堀町西久保に位置する旧郷社格の神社。祭神は大雷命･高龗命・大山祇命。氏子は赤堀村（現赤堀町）内の西久保・曲沢・間野谷・香林・野・磯・西野・今井・下触・五目牛・堀下・市場の12の大字からなり、氏子総代は各大字から選ばれた。しかし、昭和27年の宗教法人化後は村から3人の総代が選ばれるようになる。

(4)　吉祥院…現在の埼玉県吉川市旭に位置。真言宗智山派。同市内にある延命寺（真言宗智山派）の末寺。現在は無住であるが、地区の集会所として利用されている。

(5)　選挙粛正実行委員…現在の選挙管理委員のこと。村民の中から4名を村議会において選出していた。

保蔵（史料によっては保明とある）として出生した。その後、地元の赤堀高等小学校に入学し、同三三年三月に同校を卒業した。同四一年（一九〇八）一一月には、群馬県高崎市に編成された「陸軍歩第十五連隊」に入営したが、同四三年一〇月になると、兵役が満期となり除隊し、赤堀村に帰郷した。

（一）行者期

亮典の履歴書を確認すると、明治四五年、「同四十五年ヨリ扶桑教ニ付キ神仏道修業ス」とあり、二四歳の時に扶桑教に入信したことがわかる。大正一四年（一九二五）九月、「権大講義」の位と「第弐等神占禁厭祈禱免許状」を授かり、扶桑教の行者として活動した。さらに、神習教に関する史料もあり、大正一〇年、神習教から「祈禱禁厭免許状」を受けていた。

次に、高尾山との関係については、先述のとおり、大正三年四月に兄弟と共に高尾山に登拝する高新講を立ち上げ、自宅には講社の本部である曲沢高尾山分教会所を設立したことがわかる（写真2）。同一一年、高尾山薬王院の住職より高新講先達の役職を拝命した。

以上のことから、当時の亮典は扶桑教や神習教といった教派神道の行者として活動し始めたと言える。生家のある曲沢に分教会所を築き、そこを基点に地域の宗教者として活動したのである。

（二）役僧期

大正一五年、亮典は高尾山薬王院の第二八世住職の山崎範亮のもとで七月に得度と九月に加行をし、ここで僧籍を得た。昭和二年（一九二七）、山崎範亮から法名「亮典」を賜り、改名した。同年四月、東京市田端（東京都北区田端）

の与楽寺で受戒し、同年に同所で灌頂を受けた。同四年三月、山崎範亮から教師試補の僧位を授かり、同年四月には同師から高尾山大本坊再建委員の依嘱を受けた。さらに、この頃から亮典は弟子を持つようになり、同五年九月、長谷川泰道に神占禁厭祈禱法の自得を承認し、門弟となることを認可した。そして、同六年六月、埼玉県北葛飾郡旭村（埼玉県吉川市旭）にある吉祥院の住職に任命されたのであった。

高尾山薬王院での得度や加行から始まる期間は、おもに高尾山の役僧として活動した時期であり、真言宗智山派の寺院の住職を拝命されるまでに至ったのである。

写真２　戦前の曲沢高尾山分教会所

写真３　新山家の敷地に残る護摩堂

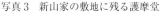

（三）住職期

亮典は住職になった後、埼玉県の吉祥院では盆時期の棚経などを通じて檀家に対応した。また、新山家文書に昭和一三年（一九三八）の「御祈禱名簿」が残っていることから、赤堀村の分教会所でも活動しており、ここでは信奉者への祈禱を中心に活動していたことが窺える。新山家の敷地内に残る護摩堂には、新築の際に作られた棟札が残り、これには起工が昭和一二年五月二六日で、完了が同年一二月であることが記されている。つまり、この時期に祭祀場所である護摩堂が築かれたことが判明する（写真3）。そして、当時は車で往復四時間程度かけて、吉祥院と曲沢分教会所を行き来して、それぞれの場所で宗教活動を行った。また、引き続き弟子も受け入れていたようで、昭和一三年一〇月、木代くらに神占禁厭祈禱法の自得を承認し、門弟となることを認可していた。

このように、寺院の住職と分教会所の宗教者という二足の草鞋を履いた亮典だったが、同師にとって大きな出来事が起こった。それは、昭和二一年に交通事故に遭ったことである。亮典は事故の後遺症で下半身不随となり、彼の生活は一変してしまった。

（四）宗教的職能者期

亮典は事故の後遺症により、体が思うように動けなくなってからは、吉祥院を他人に譲り、曲沢分教会所で祈禱や占いをすることに専念した。祈禱依頼者の名簿が昭和四二年（一九六七）まで残っていることから、同師が同年二月に七九歳で亡くなるまで継続的に行われたことがわかる。

ここで、当時の活動を考えるために、昭和三五年の「御祈禱名簿控」を検討したい。この史料には、同三五年一月から同年一二月までの間に分教会所に来訪した祈禱依頼者の日付・住所・氏名・年齢・当日の依頼内容などが書き上

表3　群馬県内の依頼者の分布

地域名		人数
佐波郡	赤堀村	107
	東村	46
伊勢崎市	市名のみ	36
	旭町	3
	泉町	1
	市場町	1
	稲荷町	1
	太田町	1
	小保方町	8
	鹿島町	1
	神谷町	2
	喜多町	3
	寿町	1
	香林町	3
	境町	3
	桜町	12
	三和町	4
	昭和町	1
	田部井町	12
	連取町	3
	西久保町	22
	波志江町	1
	八幡町	1
	三室町	9
	茂呂町	2
	境伊与久	7
	境上渕名	7
	境下渕名	7

地域名		人数
勢多郡	大胡町	2
	大間々町	7
	粕川村	3
	新里村	24
	芳賀村	1
	北橘村	9
新田郡	新田町	11
	藪塚本町	23
	笠懸村	34
利根郡	利根村	1
北群馬郡	吉岡村	3
桐生市	市名のみ	12
	相生町	1
	荒戸町	1
	高砂町	1
	錦町	1
	東堤町	1
	本町	5
前橋市	市名のみ	4
	荒口町	1
	駒形町	8
	西大室町	3
館林市		10
太田市		3
藤岡市		3

げられており、この一年間で五六二件が記録されている。なお、依頼事項によっては記載のないものや判読不明なものがある。

依頼者の分布状況を見ると、佐波郡の赤堀村・東村や伊勢崎市など群馬県南東部に広がっていた。また、少数ではあるが、群馬県外からの依頼者の来訪も確認できる（表3～4を参照）。要するに、高新講の講員と祈禱依頼者の分布地域はほぼ一致したのである。よって、高新講は亮典の祈禱を信奉する人びとによって支えられていたことが想定される。

表4　群馬県外の依頼者の分布

地域名		人数
栃木県	足利市	3
神奈川県	横須賀市	1
	横浜市	2
	川崎市	1
埼玉県	羽生市	2
	高麗川村	1
東京都	都名のみ	1
	国立町	1
岐阜県	関ヶ原町	1

祈禱内容については、次の五つの項目におおよそ分類できる。なお、一人一つの祈願を依頼する場合もあれば、複数の祈願を依頼する場合もあった。

A　身体に関する祈禱（例）六算除、疳虫封、当病平癒、身の上安全、安産祈願など。
B　方位に関する祈禱（例）方災除、鬼門除。
C　生業に関する祈禱（例）養蚕安全、口止め、風害除。
D　神祭祀に関する祈禱（例）荒神、稲荷大明神、道祖神、水神、山神など。
E　その他の祈禱（例）祈願、家内安全、引戻、心願成就、相性（星）祭など。

祈禱内容の傾向としては、身体に関する祈禱の依頼件数が一一八件と圧倒的に多いことが挙げられる。次いで、多い依頼は四五件の方位に関する祈禱である。すなわち、亮典は呪術的療法や除災の祈禱に関して験力を発揮していたと言えよう。

さて、当時の赤堀村の医療状況を振り返ると、昭和二二年に織田医院という診療所が開設したものの、それ以降も

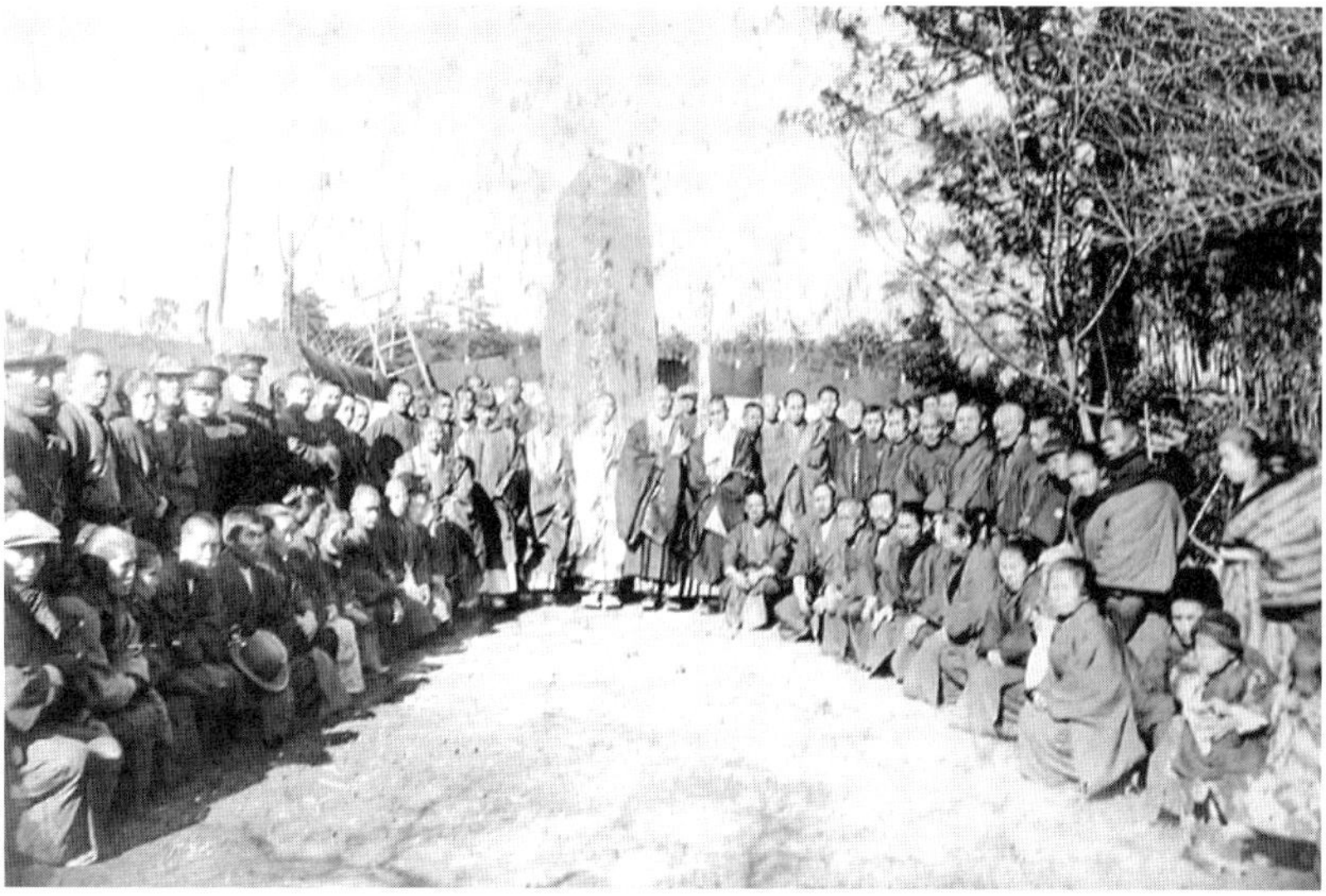
写真4　建碑除幕式記念（昭和3年（1928）2月1日撮影）

出張所的な役割を担っただけで、それ以前までは無医村に等しい状態だった。[10]つまり、地域医療が未だに安定していないという状況があったからこそ、地域の人びとは亮典による祈禱、特に呪術的療法や除災に期待を寄せていたのだろう。
亮典は不慮な事故に遭いながらも、宗教的職能者の役割を全うすることで地域回帰を実現し、人びとからの信奉を集めていったと考えられる。そして、この期間においても高新講の先達としての活動を続けていたのである。

四　兄弟との関係

先述のとおり、亮典には兄弟がいたが、ここでは彼らの宗教者としての側面に焦点を当てて記したい。

亮典の兄であり、新山家の次男であった新山才吉（明治一四年（一八八一）生～大正一三年（一九二四）没、行年四二歳）は、高新講の初代先達を務めた人物であった。才吉の没後の大正一三年には、新山家本家屋敷の近くに才吉の霊神碑が造立されたことから才吉も宗教者であったことが確認できる

（写真4）。なぜなら、霊神碑とは、「行者の霊魂を「霊神」として祀った依り代」であり、行者の霊魂を供養し顕彰するための標榜と言えるからである。[11]なお、新山家文書の中には、霊神碑建立の際に用いた「高尾山先達霊神碑芳名簿」が残り、当時の寄進者が名簿に名を連ねている。また、新山家には、才吉がイズナに憑依された経験を契機に宗教者としての道に進んだという話や、イズナを駆使して呪術的行為を行ったという伝承があり、同家では才吉の宗教者としての目覚めや活動についての語りが伝来している。[12]

次に亮典の弟で、新山家の四男の新山福次郎（明治二三年生～昭和一三年（一九三八）没、行年四九歳）は、易術の能力に長けていたようで、「易がよく当たると評判で大勢の人が診てもらいに来ていた」「易の診断を受けたい人が訪れると、その人のことを何でも言い当てた」とのことである。[13]加えて、福次郎の位牌には「権少教正」と刻まれており、亮典と同様に何かしらの教団・組織に関係したことが想像できる。[14]

以上、才吉・福次郎という亮典の兄弟に触れたが、新山家の語りから才吉と福次郎もまた地域社会で活動した宗教者であったことが窺える。両者ともに、自らの霊力や験力を用いて、地域社会と関わってきたのであろう。ところで、新山三兄弟がどのように宗教的に影響し合ってきたかは判然としない。だが、互いの能力や経験が宗教者としての成長に関わってきたという可能性は少なからずあるだろう。

五　地域住民としての活動

前述とおり、亮典は宗教者として活動していたが、その一方で出生地である赤堀村においては地域の要職を歴任し、その活動も行っていた。

例えば、大正一四年（一九二五）には赤堀村の衛生組合長に当選し、昭和四年（一九二九）には同役職に再選している。昭和一〇年になると、群馬県から県の選挙粛正委員に任命された。そして、同一二年、赤堀村曲沢の区長に当選したのである。

また、亮典は神社を崇敬する講社や氏子総代なども務めた経歴があった。具体的には、大正一四年、茨城県の笠間稲荷神社の講社「盛運講」の世話係を務めた。昭和三年には、赤堀村内で郷社格の神社であった神社の氏子総代にも当選し、同社の社殿建築委員も受諾していた。

これらのことから、亮典は役僧期から住職期の間に赤堀村の自治・行政・信仰活動に従事し、最終的には地区を代表する区長に就任したのである。つまり、役僧期から住職期に至るまでの活動を実践すると同時に、地域住民としての活動をとおして、地域の人びととの交流も図りながら、宗教的職能者期に到達したと言えよう。

おわりに

最後に新山亮典の生涯に関する分析をまとめ、若干の考察を加えることで、本稿を閉じることにする。

まず、亮典の生涯を振り返ると、同師は宗教者としての段階的な成長を遂げてきたことが把握される。教派神道の修行を基に地域で宗教活動を開始した「行者期」、高尾山の役僧として活動した「役僧期」、他地域の寺院を任された「住職期」、不慮の事故の後に地元での祈禱活動に専念し、群馬県南東部を中心に依頼者を集めた「宗教的職能者期」というライフステージを亮典は歩んでいった。そして、この生涯において一貫して行ってきたのが、高新講の先達としての役割である。講社先達の役目を継続していたからこそ、宗教的職能者として地元に回帰し、依頼者を広く集めることができたのであろう。そして、これらの過程とともに、次の要素も講社先達の成立要因として重要であったと考えられる。

第一は、兄弟との関係である。宗教的な能力を有した亮典の兄弟は、彼が宗教者として成長するために重要な存在であった。なぜなら、兄弟同士の協力によって、信仰を広め、信者の獲得に努めたと考えられるからである。それゆえ、兄弟で設立した講社は分教会所という拠点があり、彼らの信奉者が居住した群馬県佐波郡を中心に展開した。

第二は、亮典は地域住民として村の自治・行政・信仰活動に関与した点である。亮典は宗教者だけではなく、地域住民として活動したという面も併せ持っていた。これらの活動が車の両輪のように作用することで信頼が増していき、地域住民としては赤堀村曲沢の区長までに至り、宗教者としては群馬県南東部から依頼者を集めるまでに達したのではなかろうか。こうした宗教者の社会性の問題については他の宗教者の事例を参照しながら引き続き検討する必要があるだろう。

これまで亮典の生涯を回顧してきたが、同師の足跡をたどると、彼は自身の成長とともに、各段階の宗教的な経験をして、最終的には地域での活動に専念する宗教者へと到達し、多くの祈禱依頼者を抱えることができたと言える。講員と依頼者の範囲が重なることから、「高新講」は依頼者が支え、講社の組織化に寄与していたと推測される。すなわち、亮典に宗教者としての能力があったからこそ、自身が組織の中心となって講社を束ねることができたのである。だが、一方で宗教的な能力を持つ亮典の兄弟の存在や、亮典の地域社会への関与も見られた。要するに、亮典が人びとを惹き付けていたのは、同師の宗教性であり、血縁に基づく宗教者としての資質である。さらに、亮典が培った社会的な人望も宗教者としての形成に影響していると考えられよう。

生涯にわたって「高新講」と関わり続けた亮典は、宗教的な能力や経験を培ってきただけではなく、他の要因も複合的・総合的に作用しながら、名実ともに講社先達としての資質を形成してきたのである。

※本稿は、第三回講研究会シンポジウム「信仰組織の存続をめぐって――存続に果たす個のはたらき」での報告や本稿の執筆のため、拙稿「高尾山先達の活動に関する一考察」（武蔵大学人文学会編『武蔵大学人文学会雑誌』第四一巻第二号、平成二二年（二〇一〇）に収録）を再検討ならびに再構成したものであることをお断りしたい。

註

（1）外山徹『武州高尾山の歴史と信仰』（平成二三年（二〇一一）、同成社）五六～七七頁。

（2）乾賢太郎「現代に生きる高尾山先達」西海賢二編『山岳信仰と村落社会』（平成二四年、岩田書院）二〇三～二二〇頁。

（3）『大本山高尾山薬王院講社規定』（昭和五四年（一九七九）施行）の第六条によると、「先達（先達なき場合は講元）は、当該講社を代表し講員の教化・親睦に努め、他の役員はこれを補佐し、ともに講の強化拡張を計るものとする」とある。

（4）赤堀村を知るために以下の書籍を参考にした。『赤堀村誌』上・下（昭和五三年、赤堀村）、『日本歴史地名体系一〇　群馬県の地名』（昭和六二年、平凡社）、『日本地名大辞典一〇　群馬県』（昭和六三年、角川書店）、『赤堀町誌』（平成一六年、赤堀町）。

（5）筆者調査。話者、新山和亨氏（昭和二一年（一九四六）生まれ、新山亮典の長男）。

（6）乾賢太郎「明治期の高尾山講――近代の史料を中心に」『武蔵文化論叢　第六号』（平成一八年、武蔵大学大学院人文科学研究科）八頁。

（7）講碑の建立年については刻銘がないため不明だが、現在は高新講の講碑の背後に大正一〇年（一九二一）一月の刻銘がある杉苗碑（埼玉県埼玉郡越谷町の土木建築業・遠藤弥市が代表として奉納）が存在する。よって、高新講の講碑は、講社が設立した大正三年から背面の杉苗碑が建った同一〇年の間に設けられたことがわかる（縣敏夫『高尾山の記念碑・

石仏』（平成一九年、高尾山薬王院）一五〇～一五三頁）。

（8）前掲（6）。

（9）前掲（5）。

（10）前掲『赤堀村誌』下、九九七頁。

（11）菅原壽清『木曽御嶽信仰――宗教人類学的研究』（平成一四年、岩田書院））二四〇頁。

（12）前掲（5）。

（13）筆者調査。話者、新山いちの氏（昭和一一年生まれ、新山福次郎の孫）。

（14）前掲（13）。昭和五五年（一九八〇）に福次郎の屋敷が火事で全焼したため、宗教活動に使用した行衣や認可証などの証書類は残らずなくなった。こうした理由から現時点では詳しく調べることができないとのことである。

日本民俗学会第七〇回年会公開シンポジウム

「講」研究の可能性

――人のつながりの追究に向けて――

総括

髙木　大祐

本シンポジウムは、「講」研究の可能性と題して、「講」研究の新たな展開について考察し、方向性を示すことを意図して企画した。日本民俗学会第七〇回年会を駒澤大学を会場として開催するにあたり、これまでの講研究会における議論の積み重ねを背景として、なぜ今「講」研究なのか、を訴えようとしたものである。

現代は情報技術の発達で、ＳＮＳなどによる対面すら必要としない人のつながりが生まれている。とはいえ、ＳＮＳを活用したコミュニティも匿名・オンラインのみのものから、実名のもの、あるいは匿名ではあるが対面でのオフ会を伴う中間的な存在まで様々なものがある。言うなれば、昔ながらの同族集団や村落組織が残る地域の血縁・地縁による固いつながりから、オンラインでの匿名のコミュニティまで、極めて人のつながり方が多様化しているのが現代であるということになろう。このような現代的状況のなかで、人のつながりを主題化する研究は大きな意味を持つものではないだろうか。

本シンポジウムのコーディネータを務めた筆者は、人のつながりを主題化する上で、講、あるいは講的集団の研究は大きく貢献し得るものと考えている。講は、何らかの目的に応じて作られる人のつながりである。代参講のように遠隔地の寺社へ参拝する目的、頼母子講のように経済的な相互扶助の目的など、目的により様々な講が作られてきた。かつては身近な存在であり、現在でも生きている集団である。目的ありきで作られる集団であるから、多くの場合には加入は任意であり、目的が達成され、かつ繰り返す必要がなければ講もなくなる。この点で、血縁・地縁集団よりも緩やかである。とはいえ、多くの参拝講が一つのムラのなかで作られるように、基本的には顔の見える関係の中で作られる地縁的な要素を持ち、また規約（講則）を備えるなど一定の秩序を持って運営される。したがって、匿名性を保ったままつながりが形成され、誰が入って、誰が出たかも管理されないオンラインのコミュニティに比べれば、固い集団であると見ることもできる。つながりが固いか緩やかか、という観点で言えば、中間的な存在といえるのが講である。

さらには、講を名乗る集団そのものが多様なあり方を示している。ムラの中で仲間が集まって生業上の必要を満たす、葬儀に必要な人を出しあうなどの互助を行う、あるいは共通の信仰対象を祀る、といった、任意性が高く単一目的に近いものは、講の典型ということができよう。一方で、互助の範囲が道普請から産土神の祭礼の執行まで極めて広くムラの自治にまで及ぶ東北地方の契約講では、全戸加入あるいは長男の家が加入などの形態をとるため任意性がなくなり、地縁集団そのものとなる。

また、信仰的な講においても、講の中心に宗教的職能者がいる場合、講の範囲は地縁的な境界を超え、宗教的職能者が持つ力（効験・ご利益）を求めて人が集まり、教会・教団に近づいていくことがある。経済的な互助から出発した頼母子講や無尽講は、やがて営利事業化し、近代には相互銀行へと発展していった。とはいえ、こういう変化が一様に起こるわけではなく、宗教的職能者が中心にいながら地縁的な講集団であり続けることも、顔が見える範囲での経済的互助と会合の楽しみを原動力に地縁的な範囲内で頼母子講・無尽講が行われ続けることもあったのである。

それとは逆に、講を名乗らない集団が、講に似た性質を持つ事例も多くある。例えば、同業者の互助を目的として任意に加入できる集団は、現在では多く組合を名乗る。その背景には明治時代の産業組合から現代の協同組合につながる法制度がある。しかし、それ以前の同業者集団は、職人の太子講のように、講の名のもとに集まり、共通の目的を達していたのである。加入が任意であり、同業者の互助という同じ目的の元に集まるわけであるから、やはり現代の同業者集団もその名称に関わらず、講に似た性質を持つものと捉えることができる。

講研究会ではこうした集団も「講的な集団」として捉え、広く様々な集団のありようを見て検討してきた。講が固い集団と緩やかな集団の中間的な存在であること、講そのもののあり方にかなりの幅があること、講の周辺にも「講的な集団」というべき類似した性質の集団があること、これらを踏まえると、「講」研究は人のつながりに関するかなり広い領域を対象とし得る研究として捉え直すことができるのではないだろうか。

では、人のつながりを「講」研究から考えるというとき、その基底には何があるべきであろうか。長谷部八朗は講研究会の論集の題を一貫して講研究ではなく、「講」研究と表記している。これについては、最初の論集『「講」研究の可能性』（二〇一三年、慶友社）の叙文に記された「編纂の経緯」で、「講的」性格を具えた集団について説明する中で、次のように記している。

本研究会では、「講」という形式よりも、むしろその内実を規定する集団結合の原理に関心の眼を向けたい。叙

上の見地に立てば、「講」研究は、より広い分析視座のもとで、新生面を切り開く可能性もうまれてくるのではないか。(1)

先述したように、講を名乗る集団は多様なあり方を示す。また、講を名乗らない集団がその性質において講に類似することもよくある。このことを踏まえると、「講」という形式に焦点を絞る場合、その分析対象が典型的な講に限定されてしまう恐れがある。しかし、集団結合の原理を主たる関心事とする立場ならば、「講的な集団」を含む様々な集団を分析対象とすることで、「講」研究に新たな価値を見出すことができるであろう。本シンポジウムが人のつながりを主題化したのは、この立場での講研究会の議論の積み重ねを受けてのものである。

もう一つ、集団結合というキーワードについて考えておくべきことは、桜井徳太郎が『講集団成立過程の研究』（一九六七年、吉川弘文館）で研究課題の一つに「講的人間結合の本質」の解明を挙げたことである。桜井の関心のなかに、すでに講を事例としてその結合そのものを主題化する意図、人のつながりのありように目を向ける方向性が含まれていたのである。しかし、その作業は課題を示すところに留まっている。講集団の分類や、外来信仰の沈潜という概念の提示など、同書の成果と比して、人間結合への言及が不十分になったためであろう。講研究の画期をなした『講集団成立過程の研究』においても残された、人間結合の追究という課題は現在も残ったままになっているといえる。

しかし、講集団はかつて村々に必ずといっていいほど存在し、今も根強く存在している。そのことからすれば、人間結合、すなわち人のつながりを主題化するにあたり、変わらずに好題材であり続けていると言えるであろう。「講的人間結合の本質」という課題を再検討し、「講的」な人のつながりというものを「講」研究から明らかにすることができるならば、民俗社会で人がどういうつながりを作りながら暮らしてきたのか、その追究に新たな展開をもたらすはずである。人間結合、人のつながりの追究につなげる講研究を志向する理由はここにもある。

「講」研究から人のつながりの追究を志向するとき、「講」集団の多様性、「講的な集団」の存在に加えさらに考慮すべきは、一つの講集団が性格を変化させながら存続していく例も多いことである。しかも「講」は、相互扶助や寺社参拝などの必要に応じて結ばれる集団である以上、必要がなくなれば解かれる性格も持っていて、実際にかつての調査で把握されていた講がなくなっている、ということもよくある。しかし、実は変化したりなくなったりする緩やかな集団であることに桜井がいう「講的人間結合の本質」のヒントがあるのではないであろうか。人のつながりが緩やかで、固定化することがないままでいる集団のありようを、動態的な分析により明らかにする、という立場である。緩やかな、固定化することのない集団だからこそ生活の中で求められるという視点に立てば、多様化する人のつながりの重要な一部分として、講的な集団を置くことができるのではないか、と考える。

本シンポジウムはそのアプローチとして、講集団そのものの変化を動態的に捉えること、さらに講集団の周辺の存在を視野に入れることで「講」の特質を明らかにすること、の二点を重視し、構成した。

この観点から、川又俊則氏には、「周辺」に視野を広げることによって得られる、人と宗教集団のつながりの緩やかさについてお話しいただくことをお願いした。川又氏は従来の研究が教会・寺院に所属する人びとを対象としてきたのに対し、それ以外の人びとに着目する必要を、信仰グラデーションという視点を用いて強調する。三重県鈴鹿市の真宗高田派門徒が組織する七里講の例を示した「献身的にコミットメントする寺院、神社、教会あるいは講組織などにかかわる人びとは、それぞれの思いは異なるものの、信仰グラデーションの濃淡がライフコースのなかで色々な動きを見せる」という指摘は、信仰グラデーションという視点が人びとの信仰集団への関わり方の動態を可視化することを示している。

さらに川又氏は、中核的に寺院を支える近隣に居住する檀門徒のほかにも、近隣あるいは遠方に居住する「檀門徒の関係者」の存在を指摘する。移動の平易な時代にあって、また情報の発信・受信が容易な時代にあって自らの住む場所だけでなく、遠くにあるとしても、「その場所に」「宗教集団」があること自体を是とするという、存続のあり方を示す。

一方、宗教者の側からは、川又氏が「次世代教化システム」と呼ぶ、宗派内・地域内の活動、あるいは宗派を超えた活動を示し、学校教員の研修システムを例に出しながら、そこで経験を積むことが有用であることが示される。

川又氏が示した七里講の事例には、一人の人間のライフコースの中で、宗教集団の周辺から中心へ、という移動がみられる。これは集団の側に視点を置いたときには、一見高齢者中心の集団のまま変わりなく見えるが、一人一人のライフコースに注目することで集団としての動態も見えてくる事例であるといえよう。さらに、寺院の檀家の居住域から、近隣へ、また遠方へという、檀門徒の地理的な移動も組み合わされる。

一般化して考えるならば、離れたケースには、帰省して儀礼には関わるケース、完全に移住してつながりが絶たれるケース、はたまた定年後のUターンによりつながりが復活するケースまで、様々な想定ができよう。近隣へ、遠方へ移動するといっても、そこでのつながりの変化はケースバイケースである。移住の理由にも、進学・就職・転勤・定年などが関わることが想定される。つまり、地理的な移動についてもライフコースにおける時間的な変化と連動して起こり、その複合によって集団との関わりにも変化が起きることとなるだろう。集団の周辺に注目することで、支え手、ことに中心にいる支え手以上に周辺にいる支え手が常に変化しながら継承されていく様相が、より鮮明にできるといえるであろう。

川又氏は宗教集団を対象としてライフコースによる動態、地理的距離による動態を明らかにしているが、筆者は後継者不足に直面する多くの集団の考察に必要な視点であることを感じる。一例を挙げれば、過疎地域における芸能の継承である。筆者がかつて調査した浜松市天竜区春野町勝坂は、調査時点で一一戸のみが暮らす限界集落であった。しかし、ここには市文化財指定を受けた勝坂神楽があり、神楽の時には集落の外で暮らす、特に長男が帰ってきて神楽を支えているということであった。こうした、地域の外にいる人びとも何かを伝承する集団の周辺にいる構造は、様々なところに見出せるであろう。

二番目の発表の菅根幸裕氏には、歴史学の観点も取り入れ、講が柔軟に存続していくことと、変化を受け容れず解かれることとの境界線に着目した発表をお願いした。菅根氏は、明治政府の宗教政策により、相模大山が神道化したことに対し、宗教者を受け入れる側としての講はどう対応したのか、という点を中心に分析を示す。資料分析の結果によると、大山が神道化し、講の名称も大山敬神講への転換が進められた結果、千葉県東総地方を旦那場とした御師増田家は、明治維新期に五三の村を失ったものの、四二の村を新たに獲得した、ということになる。これは講の八〇パーセントを失い、失った分のうち八〇パーセントまで戻した数字である。菅根氏はこれを「在地の講側が、信仰の対象が大山不動から阿夫利神社になることを納得しなかった」結果とみて、木太刀を担ぎ大山不動に参詣した講が敬神講への転換を拒絶した可能性を示す。

一方、新たに大山敬神講が作られた地域は、出羽三山講があった所が多く含まれるが、出羽三山の方は、元来あった講が出羽三山神社敬神講社になり、後発の大山敬神講と信仰の重複性が生まれたという。菅根氏は敬神講への転換をめぐる、大山と出羽三山の違いを、出羽三山では緩やかな神道化が行われたこと、人生儀礼に組み込まれしっかりした行人組織を基礎とすることに求める。つまり、同じ講集団でも大山と出羽三山では属性に違いがあった、という点が明治維新期の宗教政策を受けた講集団の対応を分けたということである。

菅根氏の論考では、このように大山と出羽三山の講集団を比較することによって、参拝対象の神道化への対応の違いが描かれる。ここではやはり、講集団の属性がその違いを生んだという点が注目される。千葉県の出羽三山信仰は、菅根氏が人生儀礼に組み込まれていると指摘するように、男性が老年期に入る際に登拝し、これによって行人となり、八日講などの行人組織で活動していくようになることが知られている。地域差はあるが、行人は地域の祭礼において祝詞奏上を行うなど宗教的職能を行使する存在でもあり、また行人が亡くなると登拝した際の行衣を着せる、梵天を立てるなど特別な扱いを受ける存在でもある。講集団の中では比較的固い性質を持つと言えるであろう。

一方、大山の方は菅根氏によれば「近世にレジャーとして振興した」信仰である。その視点に立つならば、大山独特の、木太刀を担いで参詣するというスタイルも、非日常の経験として大いに魅力を持つものであったのであろう。ただし、非日常を楽しむレジャーとはいえ、信仰としては神道化によって否定された、不動明王、あるいは石尊大権現との結びつきが強かったのであろう。レジャーとしての旅・登山、木太刀奉納と不動あるいは石尊の信仰が二つの柱としてあり、その片方が否定され、神道へと衣替えし、講もまた敬神講となることを求められたとき、二〇パーセントしかこれを受け入れなかったのである。ただし、二〇パーセントが受け入れたということは、信仰集団としての固さ、あるいは緩やかさにも個別事例ごとに違いがあったということではないだろうか。この場合は、結論が敬神講となることを受け入れる、拒絶するの二択であるため八対二という割合が出るが、答えを求められないところでの集団としての固さ・緩やかさにはさらに様々なレベルが存在するということを想定しておきたい。

戸邉優美氏には、講とその周辺にある人のつながりを比較しつつ分析することをお願いした。戸邉氏には、本書収録のシンポジウム記録のうち、本シンポジウムと、小林奈央子氏がコーディネートした宗教学会のパネル発表「「講」と女性をめぐる研究――ジェンダー視点が拓く可能性」の両方でご発表いただいたため、本書には二つの発表内容を総括する形で一つの原稿にまとめ寄稿いただいた。本シンポジウムに関わる内容は、戸邉氏論考のうち、女講中の婚礼への関与、女講中に入れない嫁たちとの関わり、青年団・契約講との関わりの部分が主である。

戸邉氏は大原浜女講中の「会計簿」を分析し、女講中が婚礼に関与することによって得る「御祝儀」と「長持金」が重要な収入源となっていることを示す。大原浜ではこれを元手に膳椀や婚礼衣装を購入している。婚礼衣装の購入に際しては、契約講による寄付も確認できる。また、契約講は共有の膳椀を女講中から借りる関係でもあった。このほか、契約講とは何らかの事業を行うときには、互いに寄付を贈る関係性が確認できるという。こうした女講中と契約講との関わりからは「女講中の独自性も総合することで、初めて村落社会の全体を捉えることができる」という提唱がなされる。

一方、婚礼衣装は、女講中の婚礼への関与と合わせてみると、ムラの女性たちの関係においてまた特別な意味を持つ。女講中はイエを継ぐカトクの嫁であるアネの講である。したがって、そこにはつねに女講中に「入れない嫁」が存在することになる。しかし、女講中が婚礼に関与し、嫁が共有の花嫁衣装を着て嫁入りすることに、戸邉氏は「講員になるか、ならないかに関係なく、外来者である嫁を集落とつなげる」という機能を見いだす。すなわち、アネの講である女講中が、女講中には入れない女性も含めたつながりの構築に貢献している可能性である。

戸邉氏の論考は、その周辺にいる男性の集団、あるいは集団に入れない女性たちとの関係を分析の俎上に乗せることで、女講中という集団を単独で見ていたのでは見えない人のつながりのありようを捉えることに成功している。この観点からは、「女講中の場合、信仰や飲食など講員同士の活動に加え、講の外側とかかわることが講集団として継続する上で重要だったといえる」という指摘も重要な示唆と言うべきであろう。さらに戸邉氏は、講集団の衰退の局面における契約講と女講中の比較から、「講集団として結社化する目的が、集団内部で完結するか、講集団の外側に対しても責任が生じてくるかが、二つの講の存続を分けることとなった」とも指摘する。ある集団、人のつながりが存続していくには、集団の内部の論理だけでなく、外部との関わり方も重要なファクターになり得る。こう考えると、講集団だけでなく、多くの集団に対して重要な視角を提示しているといえるのではないだろうか。

コメンテーターは、歴史地理学の分野から講を研究している三木一彦氏、『結衆・結社の日本史』（二〇〇六年、山川出版社）を編纂された福田アジオ氏にお願いした。これについては、ここで簡単に当日のコメントの趣旨を紹介し、また、コメントについてのコーディネーターとしての筆者の見解を述べておくことにしたい。三木氏は「緩やかなつながり」という主題に対し、地理学の分野から、アフリカでは、子どもたちにとって学校が全てではなく、家に帰れば地域社会があり、年齢集団があるために「いじめ問題」が生じないという見解と、(2)『子供・若者白書』から、居場所が多い人ほど生活の充実度が高いという結果を示して、そこにも講のような集団の意味があるのではないか、と指摘した。次いで、講のリーダーは必ずしも庄屋層ではないこと、分担金が平等であることが講の性質として重要であること、講に加入しているということが必ずしも閉鎖的であることにはならない、ということを指摘、閉鎖的でない性質は、会社などの組織とは異なる要因であり、サークル的あり方が講と近い、と評した。

また、旅が個人化している、と言われる一方で、現在では旅の写真をＩｎｓｔａｇｒａｍで共有するなどのことが行われており、新たなつながりが旅をめぐってできているのではないか、と指摘した上で、教育学で子どもの外遊びが成立する条件として挙げられる「三間」、時間、空間、仲間の考え方になぞらえ、本シンポジウムでは緩やかな仲間についての報告があったが、今後は緩やかな仲間を支える、緩やかな時間、緩やかな空間についても考えなければならないのではないか、緩やかな時間・空間を持とうと思ったときに、緩やかな仲間が求められるのではないか、という問題提起を行った。

三木氏は「サークル的なありかた」を講と比較するために、市民による吹奏楽サークルを挙げ、参加の自由度や楽器の貸し借りを緩やかさを示す例として示した。実際、本シンポジウムの経験を経て、筆者はじめ編集委員会を作りテキストとして刊行した『人のつながりの歴史・民俗・宗教――「講」の文化論――』（二〇二二年、八千代出版）を用いて講を中心とした講義を行ってみると、身近なところで講に近い存在としてサークルを想起する学生は多い。

では、サークルと講のあり方を比較してみるとどうだろうか。サークルは目的を共有する集まりであり、入会・退会ともに緩やかで、様々な属性の人が平等に参加する。こうした性質は確かに講に近いものがある。一方で、大学のサークルであれば、参加資格が在校生に限られるという制約があるが、それでもＯＢ・ＯＧが自由意志で関わるなど組織としても緩やかなあり様を示す。市民サークルの場合も、講よりもさらに緩やかな地縁をベースに、趣味と目的を共有する人びとが自由に参加してくる。例えば、ムラあるいは町を単位に作られ寺社への参拝を目的とする典型的な参拝講と比べれば、ムラ・町ごとの地縁が学縁に、あるいは自治体や地域単位の地縁に置き換わったのがサークルの特徴といえないだろうか。そう考えると、この後述べる福田氏による、ムラの枠組みを超えない講に対し、それを超えたあり方を把握しようとするには何が必要か、という提起にもつながってくる。

福田氏は、講それ自体というより、講に示される柔軟な、臨機応変なあり方を示す組織を講として捉えようという本シンポジウムの趣旨は、新しい着眼点であり、これからの一つの可能性を示すものと評価し、近世以降の講のあり方、講に示される日本社会のあり方を、現代の固い制度・組織が機能しなくなり解体してしまう状況の中で改めて評価していいのだろうということが、三つの発表をとおして窺えたとした。その上で、講ということを前提にする上で、講という名前がついた組織を考える、評価するようなことになっているが、様々なあり方を示す講の中には、本シンポジウムで扱ったものとは異なるものも多くあり、講という名称がついている組織を統一的に把握し考えることは困難であるとの認識を示し、講研究の先駆者である桜井徳太郎も、定義を決めてこれに当てはまるものを研究するのではなく、講という名前がついたものを研究するのが基本であったために、多様な講のあり方、成立過程は明らかにしたものの、講とは何か、という定義に関してははっきりしたものを提示していない、と指摘した。

こうした研究のあり方に対し、定義を決め、これにあてはまる事象を探る研究もあっていいのだろう、これは民俗学があまりやってこなかった手法だろう、として、講についても、講という名称がついていても議論から外していい組織、講という名称はないが定義によって組み込んで議論すべきものがある、特に後者なくしては研究が進展しないのではないか、これからの日本社会を考える上でも必要なのではないか、という問題提起を行った。日本の歴史上、講と同じではないが、共通したあり方を示す組織として、阿波踊りの「連（連中）」や、様々な「社（社中）」、倶楽部などを例に挙げ、これらを視野に入れることで、ムラの枠組みを超えない講に対し、それを超えたあり方を把握できる、それは現代の問題になっていく、と指摘した。

講集団の周辺の存在を視野に入れることをコンセプトに掲げた本シンポジウムにおいて、福田氏の問題提起は大変に重要なものである。そして、講的な集団に注目することを掲げてきた講研究会の研究活動からしても、講と共通したあり方を示す存在としての連、社、倶楽部を分析の俎上に乗せ、そこに共通する人のつながりのありようと、それがその集団が存在する地域社会、そこで暮らす人びとにとってどのような意味を持ったかを考えることは必要であろう。一方で、講という名称がついていても講的な性質が認められない集団をどう扱うべきか、そこにはなお考慮の必要があるように思う。

福田氏が示したように、講あるいは講的な集団の定義を定め、そこからはみ出るものは議論の対象から外す、というのも一つの方法である。一方で、同一の講集団でさえ、その性質を変えながら存続していく例があることを考えると、その全体を動態的に捉えようとするときに、定義によって対象を切り分けるのは困難さを伴うのではないだろうか。一例として、岡山卓矢氏が講研究会の第二回シンポジウムで報告し、『「講」研究の可能性Ⅳ』（二〇二〇年、慶友社）に収録した宮城県の六親講の事例を挙げよう。岡山氏によれば、大崎市三本木新沼上宿の六親講は、葬儀における互助を中心とし、全戸加入ではなく、本分家関係に規定される加入原理が見いだせる講であった。ところが、農家組合の成立や部落に戸主会の結成が求められる時勢などの影響で、全戸加入の戸主会としての存在に近づいていった(3)。こうした事例では、集団の変化を、その時代背景と、人のつながりの変容とを追うことによってこそ、集団の結合原理といったものが見えてくるのではないであろうか。

そう振り返ってみると、講研究会のこれまでの取り組みは講的な集団という表現で、福田氏の言う「講という名称はないが定義によって組み込んで議論すべきもの」を分析する指向を保ってきたが、その方法は「講的な集団」に定義を与えることではなく、目的を共有する結合の緩やかな集団を俎上に載せるという指針を共有することであったように思う。集団の性質それ自体が変容していくことを踏まえ動態的な分析を指向する上では、指針程度にとどめておいた方が、議論しやすいのは確かである。あるいは、この指針を精緻化し、「講的人間結合」と呼ぶべきものは何か、という指標によって定義を行い議論の範囲を決めていくことも可能なのかもしれない。そのときには、定義までいかない指針の共有によっても、「講的」とは異なるものとして議論から外れてきたのはどんな結合原理を持つ集団なのか、改めて検討することになろう。

これまでの講研究会の議論からすれば、講的な集団の定義を求める作業は、そこに通底する結集あるいは結衆の原理の探究になるだろう。その原理の探究がなぜ講的な集団を議論の俎上に載せるところに向き、人のつながりの追究というコンセプトを本シンポジウムで掲げるに至ったか、その一端は本書に収録した座談会によっておわかりいただ

ける と思う。福田氏の問題提起を意識に入れつつ、さらに講と「講的な集団」を題材とした人のつながりの追究を続けていくこととしたい。

註

（1）長谷部八朗編著『「講」研究の可能性』慶友社、二〇一三年、一一頁。

（2）これはいじめそのものが存在しないということではなく、社会問題としてのいじめ問題が生じないという趣旨である。

（3）岡山卓矢「近代における契約講の変化——宮城県大崎耕土の事例から——」長谷部八朗編著『「講」研究の可能性Ⅳ』慶友社、二〇二〇年、二八六—三〇四頁。

人生百年時代の信仰グラデーションと講集団

――宗教集団の周辺を考える

川又　俊則

一　人生百年時代のライフコース

「人生百年時代」が喧伝され一〇年近く経っている。政府は二〇一八年に「人づくり革命 基本構想」を発表した。その施策として、幼児教育・高等教育の無償化や大学改革・リカレント教育、高齢者雇用の促進などが謳われている。その具体的成果にはもう少し時間がかかるだろうが、まず、この人生百年時代の議論の背景を確認しておこう。

日本は一九六〇年頃、現在の社会制度の骨格を整えた。その後、人口増加や高齢化、社会変動を背景に、法整備・改正なども行い、現在に至る。いまの高齢者の多くは、二〇歳前後で職業を選択し、五五～六五歳で定年退職し、年金受給で余生を過ごすという「教育→現役→引退」の三ステージのライフコースを歩んでいた。

もちろん、第一次産業たる農林水産業、あるいは第二次産業で工場経営や第三次産業の商店経営など、高齢者にな

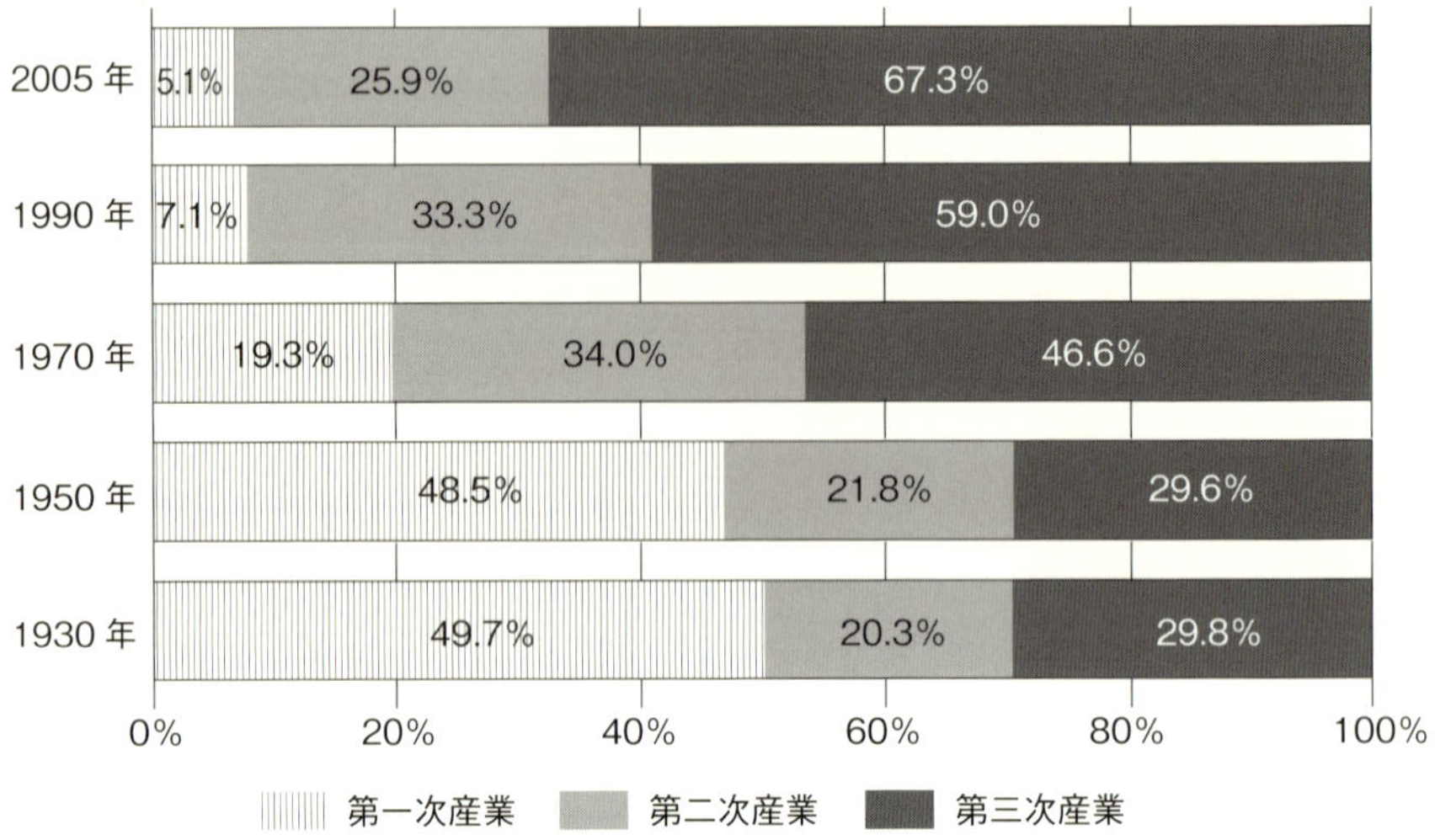

出所：国勢調査「産業別 15 歳以上就業者数の推移」より筆者作成

図 1　就業人口割合の変遷　(1930 ～ 2005 年)

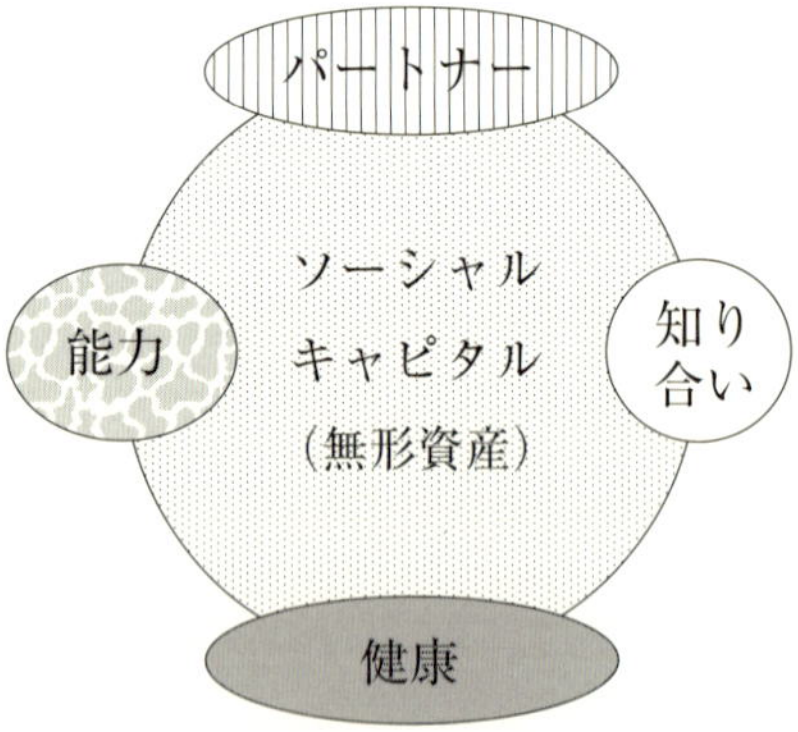

出所：筆者作成

図 2　人生百年時代に重要なもの

っても同じ仕事を続ける人がいる。しかし、周知のとおり、この二〇世紀後半、日本の産業構造は激変した（図1）。昭和半ばまで主流だった第一次産業人口は激減し、現代では第三次産業従事者が就業者の三分の二を占めている。第二次産業従事者を含め、俸給生活者が大半の社会で、この三ステージの生き方は昭和後期から平成時代にイメージされ続けた。そのなかでは、結婚すること（生涯未婚率（五〇歳時の未婚割合）は一九八五年時点で男女とも五％未満）や専業主婦の存在、さらに新卒一斉採用や終身雇用なども当たり前とされていた。

しかしながら、平成から令和にかけて、非正規雇用の拡大（一九八九年一九・一％が二〇二三年三七・一％へ増加）、生涯独身（生涯未婚率は二〇二一年時点で男性二五・七％、女性一六・四％）、超高齢社会などの変化が社会全体で話題となっている。そのなかで、同性カップルやおひとりさまなど多様な人びとについて認知されるようになった。高齢者が多数を占める社会にプラスのイメージを与える「人生百年時代」という語は、二〇〇七年に先進諸国で生まれた子の半数が一〇〇歳まで生きる時代と予測され、その場合、さまざまな変化を経験し、生涯学習が必要だと意味している。二〇歳前後で「仕事」を選択し、「学び直し」や「副業」、あるいは「自営」などを経験する「マルチステージ」を生き、八〇歳くらいまで働き、その後、老後となり一〇〇歳まで生き抜くのだ。それは正規雇用であろうが、非正規雇用であろうが一緒であり、結婚していようがしていまいが同じである。

日本におけるこの議論のきっかけの一つに、『ライフ・シフト』の刊行があることは異論がないだろう（グラットンほか［二〇一六］）。同書では、マルチステージを歩むに際し、三つの無形資産「生産性資産」「活力資産」「変身資産」の重要性が提示された。人生百年時代に関して、大学の授業だけでなく、高大接続事業として高校生にも語っている筆者は、社会学者として図2のように言い換えて生徒たちに説明している。すなわち、「健康」をベースに、ともに生きる「パートナー」がいて、仕事でも趣味でも「知り合い」とつながりながら、そして「能力（学び続ける力）」を持つことで、人生が切り拓かれるということだ。

これら「無形資産」と類似する概念に、社会学などの「ソーシャル・キャピタル（社会関係資本）」がある。「信頼、互恵性の規範、ネットワークの総体」という意味だが（パットナム［二〇〇六］）、この用語で、旧来の社会制度や社会関係でもある寺院・檀信徒について説明できる。宗教以外の研究でも、協調行動の重要性が指摘されている。つまり、人は誰か（や何か）とつながって生きていくことが大切だということだ。『ライフ・シフト』の続編では「すべての人が光輝くためには、これらの組織や制度も変わらなければならない」と述べられ、関係、企業や教育機関・政府の課題を明解に示している（スコットほか［二〇二一］）。

いまを生きる全員が向き合う課題として、とくに日本では「人口減少」「超高齢化」「極点社会」などへの対応があらゆる業界で模索されている。約二〇年前に三重県に移住した筆者など地方在住の者は、それぞれがたいへん重みを持つテーマであると実感している。

本書全体には、「講の持つ人のつながりの緩やかさ、講集団そのものの緩やかさ」という観点がある。現代社会全体を考察するに際し、貴重な視点だと筆者も同意する。次節以降で三点、「緩やかなつながりだからこそ社会に活用可能だと思われそうな筆者の調査結果を提出する。他職を務めあげた後に「第二の人生」として宗教者となるような場合、人生百年時代で推奨されているマルチステージを先取りした生き方と見なすこともできるだろう。とすれば、宗教的なものの方がほかより先駆的だと見なせるかもしれない。そのような意味で、宗教集団の動向を見ておくことは、現代社会の考察に有効だと思われる。

二　信仰グラデーション

筆者はかつて、個々の信仰の深浅について、「信仰グラデーション」の濃淡の検討を提唱したことがある（川又［二〇〇〇］）。元々は、日本において、その文化・教育などの影響力に比して、「総人口の一％」未満と言われるほどキリスト教信者が少ないことに対し、教会に通い続けている熱心な信者だけではなく、教会の外に存在する「信者周辺」をとらえることの重要性に気づいたことに始まる。そしてそれは、様々な方々の信仰生活史を考察し続けるなかで、他宗教でも同様なことが言えるとその有効性を確信した。図3はそのときに提示した図を一部修正したものである。それまでの先行研究は、ほとんど教会内（宗教集団内）の調査研究だけで議論されていた。図で言えばA・B・Cのみしか捉えていなかったのだ。それ以外に注目する必要性を強調したい。信仰はあくまでも個人の内面を捉えるものであり、それを考察する方法として、多様な観点をもつことは重要である。その方法の一つとして筆者は、インタビューだけではなく、個人が綴る自分史などの資料を用いた分析により、教会の外にいる「信者周辺」を追究した（川又［二〇〇二］ほか）。図で言えば、D・E・Fの人びとも、自らの信仰について語っているものを通じて、どのグラデーションに位置づくか示すことが可能だとしたのだ。ただ、その後の自らの研究では、信仰グラデーションを集中的に論究できていない。今後、進めていく研究課題だと自覚している。

ただし、範囲を広げて考えることで信仰グラデーション的視点は生きてくる。

例えば、三重県鈴鹿市にある真宗高田派の門徒たちによる「七里講」という講組織を支える人びとは、それぞれの人生すべてにおいて継続的に寺院の中核にいたわけではない。四〇〇年以上続いたとするこの講の中核メンバーは、

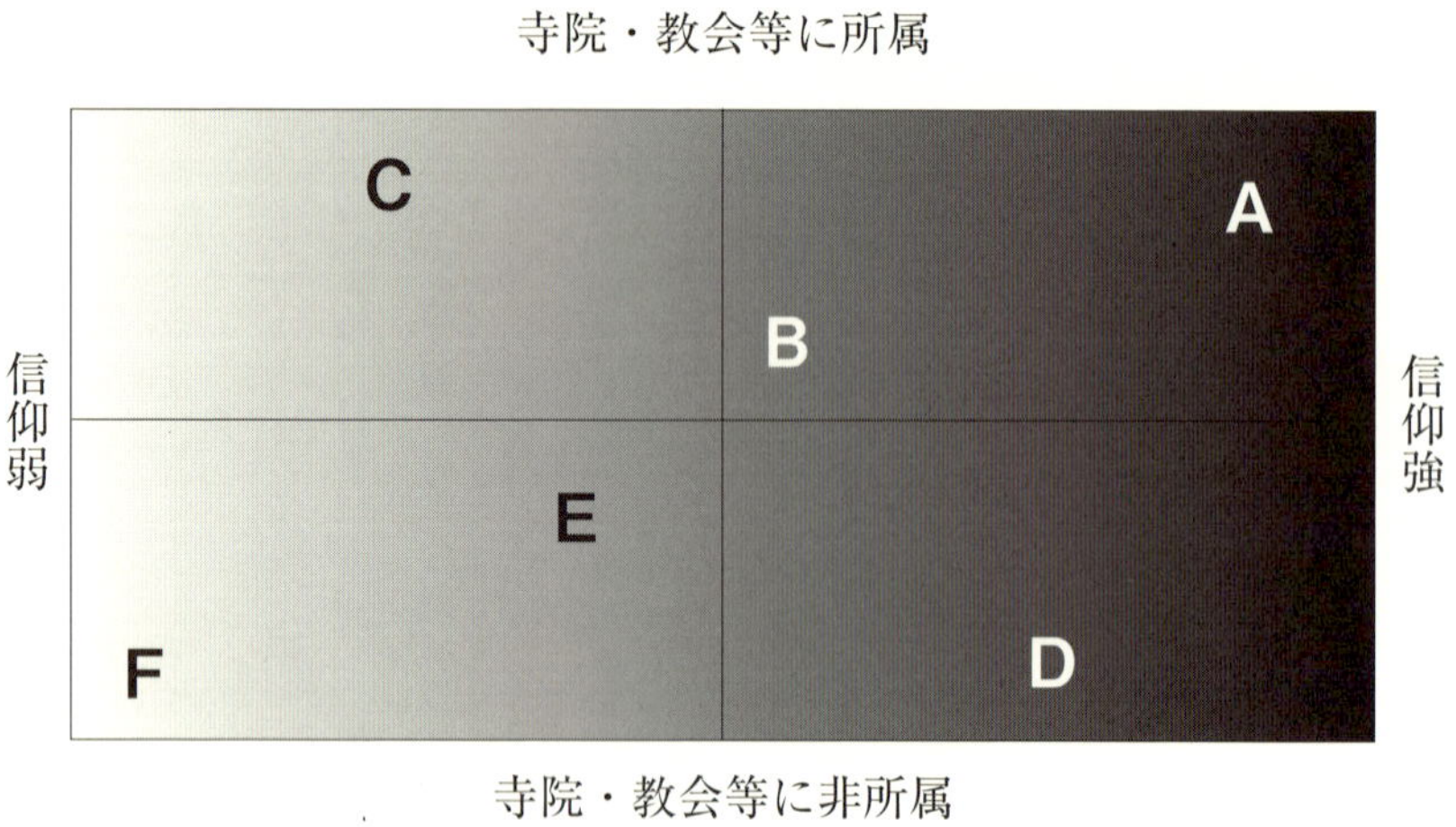

出所：［川又 2000］をもとに筆者修正　縦軸は客観的判断基準（所属）、横軸は主観的判断基準（信仰の強弱）

図3　信仰グラデーション

むしろ、人生の後半の時期になってから、深くかかわり始めた。一定の見識を持ち、シニアと言われるような年代となり、俸給を得る勤務を終え、やがて、それぞれの寺院の門徒代表に選ばれ、そのなかから講リーダーに選出され、同講の運営に深くかかわるようになったのである（川又［二〇一六ａ］）。つまり、図3でいうならCの位置にいた人が、徐々にAへ変わっていったということになる。

筆者はこの講の動向について、参与観察を数年続けたが、年九回、四日講が順番に寺院を交替して行われ、一五日には真宗高田派本山の専修寺参詣があり、毎年二月には七里講の当番寺院での報恩講が実修されていた（川又［二〇一六ａ］、佐々木［二〇一六］）。さらに専修寺で毎年一月に行われる「お七夜報恩講」においても、講員たちは従来からの役割である法主警護を行っている。同講は、江戸期から残る文書記録を丁寧に保持し続けている。歴史的な講である自己認識のもと、誇りある講の後継者であることを自負しているのは、毎回行われる勤行前の講長挨拶にも明示されている。年に一度、二月に開かれる「七里講世話方会議」

では、次年度の予定が決められ、各寺院から門徒代表が二人ずつ選ばれ参加している。その選定は各寺院に任されており、寺院総代などの役員や、高齢者や主婦がメンバーの中心である。講の運営は僧侶ではなく、あくまでも講長・副講長ら門徒の役職者が中心だ。メンバーはほぼ高齢者だが、自営業などの壮年者がかかわることもある。また、四日講や本山参詣への送迎を青壮年が行うなど、二世代が同時にかかわる例も見られ、すべてが高齢者のみの行事ということではなかった。

この講以外にも、寺院や神社における重要な役割は親世代が、そしてそれを、次世代の子らが引き継ぐ頃には、会社・役所などの勤務を退職してからなどのケースは、多くの寺院・神社で見られる。そしてそれは、檀門徒だけではなく、兼職をしている僧侶自身にも見られる。他職で勤務をしている副住職が寺務をサポートし、他職を定年退職した住職が寺務を中心的に従事する。そして、副住職が定年前後に住職を継承する。このような形で、兼職僧侶たちが、寺院の僧侶として世代交代してきたし、それは先述の例でも示されたように、檀門徒たちも同様なのだろう。

仕事が忙しい青壮年期のときは、宗教集団と深くコミットメントせず、その後、老年期に入り、檀家総代や氏子代表、教会役員になる契機など、やがて、寺院・神社等とかかわりを深くもつようになり、上位世代を見送る経験を積み、自らの死が身近に感じられるようになる中で、所属宗教集団への篤い信仰を持つようになる人も見られるが、これは決してまれなことではない。

献身的にコミットメントする寺院、神社、教会あるいは講組織などにかかわる人びとは、それぞれの思いは異なるものの、信仰グラデーションの濃淡がライフコースのなかで色々な動きを見せるのは、現実的に自然な姿であろう。

三　宗教と人びとのつながり

日本の人口は、国勢調査の速報で二〇〇五年一二月、統計史上初の自然減が表面化した後、同時期の当初予想より、ますます減少が加速化した。二〇一五年の国勢調査、総人口約一億二七〇〇万人の時点で約一八万ヵ所あった宗教法人数は、二〇六五年時点に総人口が約八八〇〇万人へ減少すると予測されるなか、いくつくらいに減少するだろうか、現状維持されるだろうか。

すでに、一九八一年が小・中学生数のピークだった全国各地の小中学校は、「平成の大合併」にともなう市町村統合が全国で大きく進むなか、平成の間に小学校三〇〇〇校以上、中学校も約一〇〇〇校が廃校となった。二〇一六年には小中九年制の義務教育学校が公立学校でも導入され、統廃合に向けて制度的な対応も見られた。その後も出生数の減少は止まらず、結果的に、児童・生徒数は減少し続けた。この間に、小学生は三〇〇万人、中学生は二二〇万人減少した。

このように、地域社会の基礎ともなる義務教育の諸施設も統廃合が進み、教育内容の議論も多様に進んだ。他方、寺院・神社などだけが、そのまま維持される保障などあるはずもない。むしろ減少することが当たり前だろう。当然ながら、あらゆる組織体は、人口減への対応は否応なく行わねばなるまい。そして、第二次世界大戦以降、教会を支え続けていた熱心な高齢信者層がやがて逝去していくことで信者数が大幅減少になることを「二〇三〇年問題」と呼ぶ日本のキリスト教界において、それはより深刻である。

お祭りなどの行事を維持するために、かかわる人が、社会人から高校生、男性のみから女性を含むなど拡大した。

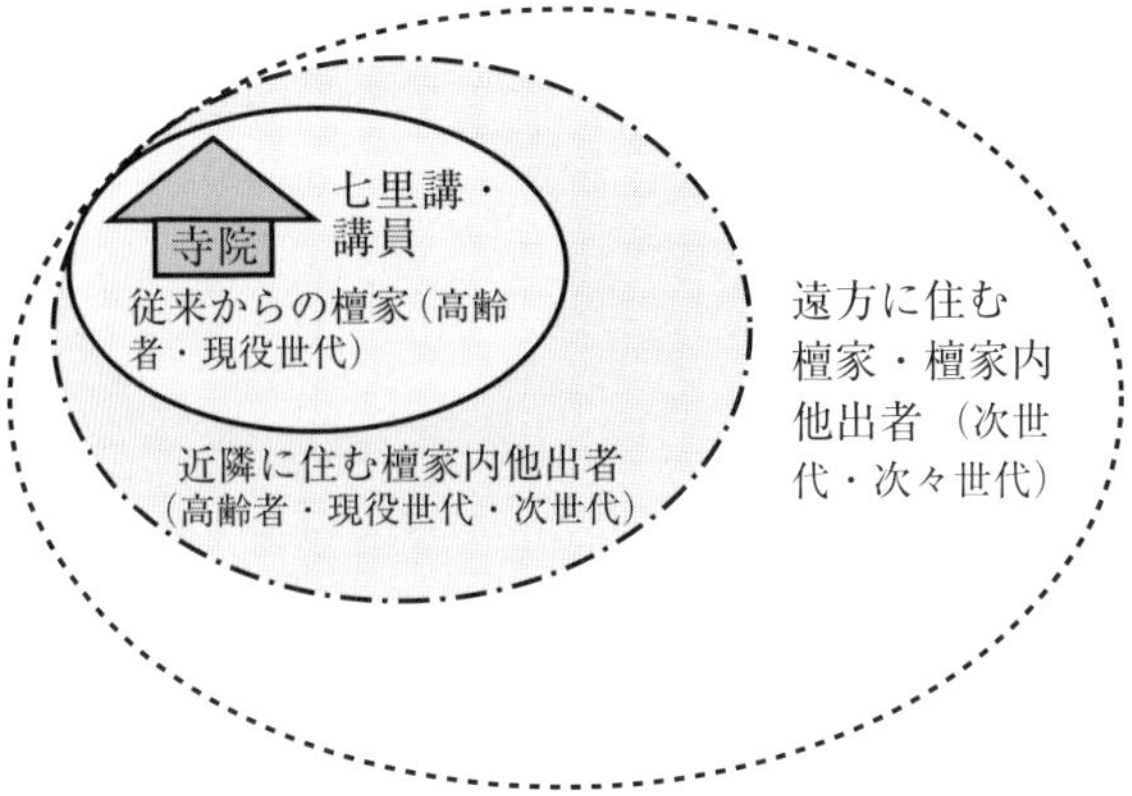

出所：［川又 2016a：283］
図４　寺院と講員らの距離

旧暦固定で行われていた日程が、生徒・学生や一般社会人が参加しやすいように、新暦の土日祝へ変更となった。一週間連続で行われていた行事が、数日あるいは一日のみなどへ規模が縮小した。このような対応は全国各地でよく見られる（川又［二〇一三］）。先述したような講の運営においても、毎年実施を隔年にしたり、数日かけて実施していたものを一日で行うようにしたり、毎月一五日一九時から檀信徒が集まって勤行していたものが、個々の世帯で実施するように変更したり、と中止を避けるために様々な工夫が凝らされて維持されているのが実態である［川又二〇一六ａ］。

しかし、このように維持ができているところはまだいい方だ。厳格さを維持すれば、直ちに活動休止となりかねない。人口減少が著しく、中止や廃止となったものも少なくない。内容が大きく変わったものもある。厳格さと緩やかさの範囲が問われている。このように、すでに従来実施してきた個別対応には限界がある。現在維持できていも、さらなる人口減少で人の活動による行事などが立ち行かなく場合もあるだろう。

講組織に関して、寺院と講員との距離を考えたい（図４）。かつては、初等・中等教育の後、生家近くで仕事をし、近隣社会の中で生活していたため、寺院の側で生涯過ごすことが当たり前だった。年齢階梯集団のなかで地域社会内での役割が与えられ、成長していった。現在も、そのように寺院のすぐ近くに住む人びとが、寺院を支える檀門徒の大半を占めている。しかし、同図でも示したように、近隣、あるいは遠方に居住している人びとも檀門徒の関係者として存在している。とくに、高度経済成長期以降、高等教育機関への進学率も上昇し、全国各地から三大都市圏へ若年層の人口移動の流れは、現代まで半世紀近く続いている。コロナ禍で地方への移動も一部見られるものの、それが大勢を占めているわけではない。

急速にＩＣＴの活用が浸透し、距離や時間の隔たりが無化されることもある。だが、寺院と講員との現実の距離の大きさは、現時点では、決して無視しえないものである。

移動が簡単にできる現代、様々な情報の受信も発信も平易に行えるようになり、それは全世界と瞬時につながれることに通じる。自らの住む場所だけでなく、遠くにあるとしても、「その場所に」「宗教集団」があること自体を是としなければ、その存続が立ち行かなくなるのは必定だろう。

もう一点指摘しておきたいのは、それ以前の世代と「団塊の世代」とでは、宗教意識が異なっていることである。日本社会を大きく変えてきた「一九四七―四九年生まれの団塊の世代」は、従来の世代より宗教への意識が薄いと見なされてきた。この世代が加齢効果によって、それ以前の人びと同様に、宗教に親しみを持ってきたのか否か判定しにくい。しかし、筆者は様々な意識調査結果から、決して全体的にそうなっていると思えない。そして、それより若い世代は、個別的な宗教性（パワースポット、仏像、観光など）への親近感はあったとしても、祖父母世代が大事にしていた「氏神様」「菩提寺」「仏壇」「神棚」などの継承を、スムーズになすかどうかは不明である。むしろ難しいのではないか。団塊の世代以降の意識や行動は、今後も注目したい。

ただ、檀家のみならず地域社会で活動が認知されている「多文化・多世代共生社会」の基盤となる寺院なども少なくなく、青年宗教者たちの活躍も耳にする。詳しくは次節で述べるが、そのようなところでは、継続が可能かもしれない。

いずれにせよ、檀家や信者は戦後約八〇年、それぞれの信仰の訓練がなされぬまま過ごしている。筆者は「宗教文化教育」を義務教育段階でも行う必要性を感じ、様々な機会に主張してきた。現況は、「宗教」に無知な人びとが大半であり、信仰を持つマイノリティの側が、「宗教」に無知なマジョリティに対して、どのように行動していくのかが問われることになる。

四　宗教者と信者の信仰継承

筆者は近年、研究者仲間とともに、「伝統宗教の『次世代教化システム』の継承と創造による地域社会の活性化」（二〇一七〜二〇年）、「宗教青年会による教化活動の継承と地域の創造―ウィズコロナ対応を視野に入れて―」（二〇二一〜二四年）というテーマで研究を進めてきた。そのなかで全国各地の若手宗教者たちとの交流を持ち始め、また、いくつもの行事を見学する機会を得、個々に様々な試みをしている若手宗教者の実態を知った。

「次世代教化システム」とは、筆者らの解釈としては、「現世代の宗教者・信者・一般の人びとが、次世代の人びとに対して行う宗教教育や布教・教化などの活動に関する制度、組織のこと」を指す（川又［二〇二三：一九］）。宗教青年会を中心に、いくつかの事例を紹介した（川又［二〇二一］ほか）が、ここでも若干述べておく。天台真盛宗の福井県で活動する蒐修会《しゅうしゅう》は、法要の仕方を統一した教本を作成し、また、別格本山での布教師の説教後に、若手僧侶が短時間で説教するなど修練を積む場を提供している。三重県曹洞宗青年会（三曹青）は五〇年以上の活動のなかで、緑蔭禅などの一般向け参禅会なども実施している。三重県亀山市にある超宗派の亀山若手僧侶の会Sangaは、地域諸団体の要請で出張法話を行い、年四回は定例法話・座談会も実施している。地域ごとで活動している超宗派の仏教会（托鉢や仏跡巡拝、慰霊祭、花まつりなど）、夏に行っている各寺院の子ども会やラジオ体操、地域課題のニーズに応えるＮＰＯ法人などを立ち上げる僧侶もいる。多くの方々の地道な取り組み、連携、そして、宗教指導者だけでなく信仰を持つ人びと、関心を持つ人びとも、このような前向きな活動を通じて、信仰の継承がなされてきたのだろう。

この宗教青年会は、宗教者を育てるシステムとも言える［川又二〇二三］。二〇歳前後で入会し、年代を経るに従い、徐々に集団内での役割が大きくなり、それなりの経験値を積んでいく。そして、四〇～五〇歳で卒業し、その後は、先輩僧侶（老師）として、後輩たちを育てる立場になる。自坊内での経験だけではなく、他の寺院や宗教団体のことがわかり、また同世代との交流が深められ、大きな経験値を得ることができる。これは、教員などの現職研修に近いようなシステムである。

また、信仰継承について考えるときに忘れてならないのは、新宗教などで語られる「二世信者」および、住職の子弟や牧師のこどものことである。成長過程で信仰への葛藤が生じることを無視してはならない。ＰＫ（Pastor's Kids）には、個々の葛藤があり、なかには信仰を棄てるようなケースすらある。筆者自身は、二人の牧師夫人の研究をしたことがある（川又［二〇〇六］）。この事例の教派では、婦人教職者の役割があり、母から娘への信仰継承が、それぞれの葛藤経験を経て、なされていった。このように、ある個人の信仰生活史、ライフコースをそれぞれ丁寧に辿っていくと、それぞれの多様な展開のなかで、人の心の動きの変化がより確かに理解できる。

現職僧侶や牧師、神職などは、初任者研修をはじめ各種現職研修などで学び続ける教員同様、各人で目的意識を持ち、現職者として新たに様々なことを学び成長する者もいる（川又［二〇一九］）。宗教専業ではなく、ほかの職業を持ちながら、かつ、その宗教のことを学びながら、人びとの相談に応じている者もいる。それを支援する檀家・信者もいる。だが、仏教教団の宗勢調査などの結果を見ると、法話・説教などをしない者も一定程度おり、さまざまなタイプの宗教者が共存しているのが現実だろう（曹洞宗宗勢調査委員会編［二〇一七］ほか）。

東京一点集中「極点社会」現状のなか、他地域における人材供給と財務安定はどのように担保されるだろうか。筆者は、この問題について、檀家・信者などの信仰的自覚が、宗教集団・宗教施設の生き残り、すなわち「生存戦略」が不可欠だと述べてきた（川又［二〇一六b］）。なぜなら、ただそこに人がいればいいということではなく、その人が、宗教集団・宗教施設を大切なものだと思い、守っていこうと思わない限り、存続できないからである。現在、廃寺などのマスメディアで取り上げられることもあるが、まだ多数が廃寺というところまでは至ってはいない。しかし、社会全体の人口減少のなかで、寺院などの宗教集団が、その現状に満足できていない結果となっているのが、大半の寺院等の持つ悩みだろう。

五　コロナ禍で変革してきた人びと

「人のつながりが緩やか」な社会であっても、すでに「宗教的つながり」は必要ないものとなってしまったのだろうか。あるいは、どの年代に対しても「宗教的つながり」を提供できる状況で、「宗教的つながり」の意義が再認されているのだろうか。

本稿は、「信仰グラデーション」「つながり」「信仰継承」という三つの観点で、この二〇年間ほどフィールド調査で得た資料をもとに、この問題を論じてきた。最後に、二〇二〇年からのコロナ禍で宗教集団の多くが変革を余儀なくされ、行ってきたことを追記しておきたい。

二〇一九年末以降の新型コロナウイルス感染症の登場で、全世界の人びとは、あらゆることを考え直す必要があると気づいた。そして、すでに五年が経つ。筆者は学務の合間をぬって、この間、仏教寺院やキリスト教会の試みについて、参与観察の形で、日本全国の現場を見て回ってきた。一時すべての行事を中止したところも多い。また、それまで導入しきれていなかったＩＣＴを活用し、ワクチン接種が広がりつつあるなかで、オンラインと対面の取り組みを並行して行うところなど、それぞれの地域性のなかで工夫をしていた。

そもそも、企業の寿命は三〇年とも言われている。創業数百年という老舗もなくはないが、むしろ、集団・組織は、黎明・創業期から成長期、安定・拡大期、そして衰退期とたどっていくわけで、宗教集団が例外的に超世代的に続くと考える方が楽観的すぎる。だからといって、すぐになくなるとは思えない。今回筆者が示した事例などはわずかなものだが、講組織などは、脆弱性なところもあるものの、多様な工夫などができるということなど強靭性もあり、それゆえ、しばらくは維持可能ではないかと推察する（川又［二〇二二］）。ただし、人口減少が加速化する中で、規模縮小なのか、統廃合なのか、穏当な道筋は、まだ見えておらず、それぞれが模索しているのが実態である。

引用・参考文献

アンドリュー・スコットほか（二〇二一）『ライフ・シフト２――一〇〇年時代の行動戦略』東洋経済新報社。

リンダ・グラットンほか（二〇一六）『ライフ・シフト――人生一〇〇年時代の人生戦略』東洋経済新報社。

川又俊則（二〇〇〇）「信者とその周辺――クリスチャンの自分史を中心に」、大谷・川又・菊池編『構築される信念――宗教社会学のアクチュアリティを求めて』ハーベスト社、一一一―一三四頁。

川又俊則（二〇〇二）『ライフヒストリー研究の基礎――個人の「語り」にみる現代日本のキリスト教』創風社。

川又俊則（二〇〇六）「キリスト教を継ぐものの語り――〈牧師夫人〉の母から娘へ」、川又・寺田・武井編『ライフヒストリーの宗教社会学――紡がれる信仰と人生』ハーベスト社、一〇五―一二六頁。

川又俊則（二〇一三）「葬儀と年中行事の「継続」――三重県の過疎地域における事例を中心に」『宗教学研究論集』三二号、一三九―一五九頁。

川又俊則（二〇一六a）「門徒が維持してきた宗教講――真宗高田派七里講」、櫻井・川又編『人口減少社会と寺院――ソーシャル・キャピタルの視座から』法蔵館、二五九―二八七頁。

川又俊則（二〇一六b）「人口減少時代の教団生存戦略――三重県の伝統仏教とキリスト教の事例」寺田・塚田・川又・小島編『近現代日本の宗教変動――実証的宗教社会学の視座から』ハーベスト社、二四九―二八九頁。

川又俊則（二〇一九）「伝統宗教の「次世代教化システム」――教育界との比較と事例検討」『東洋学研究』五六、二八三―二九五頁。

川又俊則（二〇二一）「仏教青年会の現職研修――若手僧侶育成による次世代教化」『東洋学研究』五八、三四九―三六〇頁。

川又俊則（二〇二二）「仏教教団が実践する教化活動の脆弱性と強靭性――宗勢調査の比較考察」『東洋学研究』五九、二六七―二八二頁。

川又俊則（二〇二三）「地域仏教青年会のなかで成長する僧侶たち――次世代教化システムによる信仰継承の意義を考える」川又・郭編『次世代創造に挑む宗教青年――地域振興と信仰継承をめぐって』ナカニシヤ出版、一八―三八頁。

ロバート・パットナム（二〇〇六）『孤独なボウリング――米国コミュニティの崩壊と再生』柏書房。

佐々木裕子（二〇一六）「七里講私論」『高田学報』一〇四、三七―五六頁。

曹洞宗宗勢総合調査委員会編（二〇一七）『曹洞宗宗勢総合調査報告書二〇一五年（平成二七）』曹洞宗宗務庁。

講の近世から近代への変容について
――房総の大山講を中心に

菅根　幸裕

はじめに

本稿は、房総の相模大山講を事例に、民間信仰の近世から近代への変容を分析するものである。併せて、こうした変容の中で、一つの村落共同体の中で講が重複していく過程を分析したい。講の研究といえば、桜井徳太郎の『講集団成立過程の研究』を基本とすることに異論は少ないと考える。桜井の考察の眼目は、地域社会における講活動の諸相の動態論的な分類・整理にむけられていたといわれる。筆者はこの「動態」こそ桜井の研究のキーワードであったと考える(1)。この「動態」の具体例を示すことも、本稿の目的の一つである。また、講研究について、西海賢二は「村落社会に残存する数々の講はどのような関係があったのか、構成員の講員たる規制はどうであったか、あるいはそれが、地域社会の中でどのように位置づけられ、さらに形成・発展する過程に介在した宗教者の動向などを視野に置くことが常套化されなければならない」[2]としている。この時点で、西海は、村落社会と講の関係、宗教者と講の関係の二点に注目している。これらの研究を踏まえ、本稿では、講の変遷については歴史学的視角、その変遷の中で発生する講の重複性については民俗学的視角でとらえてみたい。

一　問題の所在

神仏分離から教部省の設置という明治政府の宗教政策により、宗教者を出す側、本稿で言えば相模大山は完全に神道化した。これに対して宗教者を受け入れる側、すなわち、講の対応は多様であった。この多様性について比較検討してみたい。次に問題とすべきは、講のリーダーが必ずしも名主など村落の行政的なトップではないことである。政治的・経済的ヒエラルヒーと重複しないとするならば、どのような条件のリーダーが講をまとめる適材と考えられたのであろうか。さらに、一村での講の重複も考察しなければならない。訪れる聖地の選択権はあくまで在地側にあるから、講が重複していくプロセスも分析する必要があると考える。筆者の調査した事例では、相模大山・古峰・三峯など個別に参詣する場合や、年別に村全体で参詣する場合など、実に柔軟な講の形成がみられ、参詣の条件として、信仰・観光とともに、経費等も加味して考察しなければならないことを示唆している。

これらの事例を元に再考したいのが、民俗学における文献の取り扱いである。湯川洋司・古家新平・安室知は

民俗は暮らしの中で意味を持ち、伝えることで暮らしの場を作り上げるものである。単に伝承されてきたものをいうのではない。従って、民俗は死んだ過去の遺物ではなく現在においてなお命を保ち、新たな意味づけを獲得

したり、新たな姿となって現れたりする、自らの暮らしに直接的につながる存在である。（中略）現在では歴史的産物となった民俗が、かつて保持していた意味や、それが変容しあるいは衰退した様相を解説する内容のものが少なくなかった。(3)

と述べている。民俗学の現在性を強調し、文献を「死んだ過去の遺物」と位置付け、これにとらわれるものが少なくなかったことを示している。一方川村清志は民俗学が終焉に近づいている理由として「多くの研究は、すでに文字資料になり果てた民俗事象の解明に執心するか、非民俗学領域からの問題提起や歴史・文字資料に依存した研究を行うことで、あたかも民俗学が現存しているような錯覚を起こしている(4)」としている。本稿では、こうした提言をふまえ、民俗学における文献資料の取り扱い及いついても再考してみたい。

二　神仏分離と民俗宗教

神仏分離とは、神仏習合の慣習を禁止し、神社と寺院、神道と仏教の区別を明確にするもので、狭義としては慶応四年（一八六八）三月一三日の「祭政一致の制に復し、天下の諸神社を神祇官に所属せしむべき件」（法令第一五三）から同年（明治元年）一〇月一八日に出された「法華三十番神の称を禁止」（御沙汰第八六二）までの集中的に出された通達・法令に基づき行われた公的行為を指すといわれる。(5)なお、神仏分離の開始については慶応四年三月一七日の「諸国の神社の別当・社僧復飾の件」（神祇事務局達第一五八）であるという説もあるが、(6)これまでの神仏分離及び廃仏毀釈の研究は、伊勢神宮・春日大社（興福寺）・吉野山金峰山寺・出羽三山など、神仏習合が顕著な有力寺社の事例を分析したものが中心であった。

まず辻善之助は、明治維新期における神仏分離は、江戸後期から盛んになる復古思想と国学及び廃仏論に起因し、神職の自主引導要求を軸とした僧侶との軋轢も一つの要因であったとしている(7)。さらに、廃仏毀釈については、

廃仏毀釈は、その弊の固より大なるものがあつたには相違ないが、之に伴うて多少の利益も齎らされたといはねばならない、即ち僧界の不健全なる分子を篩ひ落し之を淘汰した。之によつて教界の浄化作用が行はれた(8)。

と評価している。圭室文雄は、神仏分離の源流は近世前期までさかのぼるとしており、水戸藩・岡山藩における寺院整理を事例としてあげている。さらに、神仏分離政策とともに展開した神道国教化政策に着目し、皇祖神としての伊勢神宮信仰と神武天皇祭典に対して、国家の懸命な強制にもかかわらず、民衆が巧みにそれをやり過ごし、従来の不条理な民間信仰を継続していくプロセスを紹介している(9)。安丸良夫は、全国の多くの寺社の事例を紹介しながら、廃仏毀釈の背景には、日本人独特の「過剰同調的特質」があるとし、神仏分離については以下のように評価している。

神仏分離以下の諸政策は、国民的規模での意識統合の試みとしては、企画の壮大さに比して、内容的にはお粗末で、独善的、結果は失敗であったともいえよう。しかし、国体神学の信奉者とこれらの諸政策とは、国家的課題にあわせて人びとの意識をも編成替えするという課題を、否応ない強烈さで人びとの眼前に提示してみせた(10)。

言い換えれば、強烈な国家の推進力が、国民に天皇崇拝の心意を植えつけたということであろう。

村田安穂は、埼玉県の寺檀関係の分析から民衆にとっての神仏分離を考察し、以下のように分析している。

神仏習合は一〇〇〇年以上をけみしたが、性急な神仏分離によっても神仏が表面的には少なくとも容易に分離しえたほどルーズな習合しか遂げていなかったことを歴史的に証明した。（中略）しかし当局による神仏分離の実施作業自体が明治初年の短時間のみに限られ、永続徹底して行われなかったことが温存された大きな理由であろうし、（中略）権力による強制力を必ずしも伴わない宗規法民俗規範の独自性によることも習合のまま温存された一つの大きな理由であろう[11]。

筆者は、日本宗教史において大きな変革をもたらしたのは、神仏分離よりも、神道国教化政策に基づく教部省の設置と民間宗教者への弾圧と考えている。すなわち、それまで民衆が生・病・老・死の四苦への不安を除去するために拠り所としていた修験・虚無僧等の聖の活動を禁止したのである。例えば、木場明志は、「聖は①既成宗教への包摂②新教団の設立③秘密結社化のどれかを選択しなければならなかった[12]」としているが、その聖の代わりに民衆に対応したものは、もとより既成教団の僧侶や神官であるわけはなく、何であったのかが問題となってくる。すなわち、三条教則のもとに教導職に宗教者を統一し、皇道宣布に国家をあげて尽力しても、それが民衆の現世利益に対応するものではなかったのである。

ところで、豊田武はこの皇道宣布運動について、

区々として定まることのなかった民論を統一し、王政復古の何たるかを了解せしめた点に於て、この運動も亦見

逃すことの出来ぬ大きな効果を挙げたと考へられる。すなはち新政府の進歩的政策を以て、異教徒の所業なりと目した民衆の多かった時代に、神官・僧侶・先達を動員せる一大教化事業を通じて、かかる迷妄を打破し、新文化吸収の途を開いたことは、明治政府の今後の歩みに対しても確かに好結果をあたへたに違いない。（中略）この意味に於て、明治五年から十年にわたる教部省の時代は、神官も僧侶も、また、あらゆる民間有識の士が、統制有る組織に参加し、ひたすら民族主義の自覚につとめた我が国史上画期的な時代であったといふ事ができる。(13)

と高く評価しているが、筆者はこの皇道宣布の一端を、出羽三山や相模大山の参詣講社が担ったと考えている。村上重良は、皇道宣布運動を国民教化運動と言い換え以下のように分析している。

多元的な民間の諸宗教を天皇制の枠内に強引に引き入れ国民教化の一翼とする方針を強行し、成功したのであった。（中略）天皇制イデオロギーを定着させる上で一定の効果をあげた。しかし国家権力が上からの布教によって新しい宗教をつくりだすという異様な性格を持っており、しかも内部では神道と仏教の紛争が絶えなかった。(14)

筆者は、歴史学研究の一方法として民俗学を位置付けている。神仏分離は、宗教史的見地から、仏教各宗派・神道といった教団としては大きな転換であったことは間違いないものの、民間信仰としては大きな転換となりえなかったと考えている。これは、筆者が、出羽三山については一九八〇年以来、羽黒山御師の檀那帳の分析を行い、同様の分析を、白山については加賀・越前・美濃の三口から一九八〇～八九年に、相模大山（伊勢原市）は一九九二～二〇〇六年、下野国石裂山（鹿沼市）については一九九八～二〇〇一年に調査を行ってきた結論である。

三　相模大山に関する研究史

相模大山は、古くから大山寺の不動尊及び山上の石尊大権現に、関東一円の信仰が寄せられてきた。その信仰圏を示す好史料に明治一六年（一八八三）に作成された『開導記』[15]があり、当時、関東六県及び福島県、新潟県、静岡県にかけて実に一五、九八一村で九〇九、七四三軒もの壇家があったと記載されている。近世初期には、碩学領五七石が寄進され、古義真言宗の道場として復興することが要求された。その中心である八大坊には、慶長一五年（一六一〇）に寺領一〇〇石が与えられた[16]。寛永一〇年（一六三三）の『関東真言宗古義本末帳』[17]によれば、大山八大坊は、高野山を本山とし、常法談所となっている。その下の供僧一一の坊を支配し、衆徒一三人と合計僧侶が二五人となっている。また、「このほか無供の交衆員数をさだめず」とあり、大勢の修験や御師がいたと考えられる。

相模大山信仰については、その流布した御師たちの宗教活動を中心に現在まで多くの研究がある。まず田中宣一は、早くから御師と檀那の構造分析に取り組んでおり、大山阿夫利神社の『開導記』から、関東の大半の村落が大山御師の檀那場であったことを示している[18]。また、鈴木章生は、歴史民俗学的アプローチから、相模大山の信仰圏は、農耕守護神及び死霊鎮座・修行霊場・除災招福の三種類に分けられると分析している[19]。こうした相模大山に関する研究を集大成したのが『論集　大山信仰』[20]である。ただし所収論文のほとんどが、大山先導師の史料を分析したものであり、近世後期大山不動尊を中心にした信仰が興隆した様子を論証しようとしたものである。これに対し、本稿は、相模大山信仰を、参詣者側のいわゆる在地の史料から分析しようとするものである。

四　大山御師増田源之進家の近世・近代檀家帳から——講の変遷

千葉県東総地方を近世に檀那場としていた大山御師（先導師）増田家の初出の記録は、天保三年（一八三二）の「十日市場村々軒別帳」があり、現在の旭市から市川市にわたる広範囲な一四の村名が表1のように散発的に書かれている。また、幕末期嘉永二年（一八四九）～明治二年（一八六九）の『廻檀帳』がある。さらに明治一四年五月にまとめられた『下総国順回諸記録袖鏡帳』（以下『袖鏡帳』）があり、幕末期の村々を並べ、天保三年、明治一四年と比較したのが表2である。地理的分布を分析するために、記載された地名を、香取郡、海上郡、匝瑳郡の順にまとめた。内容を検討すると、まず、目を引くのが天保三年と幕末期の檀那場の村数の差である。天保三年に一四ヶ村であったものが幕末期には六倍の八五ヶ村に増加している。「軒数」は各村での配札数を表すが、これも九三九軒から三、九五七軒と四・二倍である。「訪問先」は各村で人名が書かれた数、すなわちその村で増田御師を受け入れ、初穂を出した家である。「訪問先」の家は、さらに配札を請け負ったり特別祈願をしたりしたが、その数は、天保三年では八一人であったものが、幕末では八四三人と一〇・四倍となっている。これは、約四〇年間で、増田家が檀那場を大幅に拡大したことを示している。天保三年の『軒別帳』に記載された村はほとんど幕末の『廻壇帳』と重複する。よって、増田家は『軒別帳』の村々を拠点に檀那場を開拓していったものと考える。表2で明らかなように、増田家が檀那場の獲得に特に力を入れたのは、銚子及びその近辺の有力河岸であった。これら河岸の舟運による経済力も目的の一つであったと考える。備考欄を見てみると、「宿」が一四ヶ村で確認できるが、名主方で宿泊したのは十日市場村だけで、後は医者であったり酒屋であったりまちまちである。また配札の運送については、「当宿へ着仕候ハハ、早速万力村役元へ家来を遣し、明朝新切重兵衛殿迄人足例年之通相頼旨申遣候事、又ハ明朝入用仕入いたし置、馬荷相送り候旨申遣し候而も宜、都合次第可致」とあり、到着次第家来を遣わし、次に訪れる村の「役元」にあらかじめ人足を依頼していたことが分かる。こうした「宿」や他の特定の村人に持参した札の村内配布を依頼している。筆者はかつて、増田家の檀那場でもある二四番の野尻村（銚子市）の安政五年（一八五八）の史料から、当時、利根川沿いの銚子から笹川にかけての各村には「売継」という役職があり、時宗の鉦打の配下で、大山御師をはじめ、村を定期的に訪れた民間宗教者のもたらす札を売り継ぐなど、村側の窓口として機能していたことを紹介したことがある。[21]「売継」のいる村々では、こうした札は村入用のみの対応ではなく、自分が村内で転売する数だけ購入していた。「宿」はこうした「売継」的な性格を持ったものであろう。

風呂敷	杓子	はし	大札	金銭奉納	常夜燈	門札	中札	備考
4	1	1	0	0	0	0	0	
1	3	3	2	0	0	0	0	
1	4	4	1	8	1	0	0	
0	7	7	6	4	0	0	0	
1	1	1	0	3	0	0	0	
0	4	3	3	4	0	0	0	
0	2	2	1	0	0	0	0	
0	0	0	0	2	0	2	0	金銭奉納初穂
0	1	1	0	0	0	0	0	
0	0	0	0	1	0	1	0	
0	0	0	0	1	0	1	0	
0	1	1	1	2	0	0	1	長沼新田8軒含む
1	2	2	0	0	0	0	0	
0	0	0	1	1	0	0	0	
8	26	25	15	26	1	4	1	

表1　天保3年（1832）「十日市場村々軒別帳」より作成

番号	村名	現市町村	配札法	軒数	訪問先	包札	くすり
1	十日市場	旭市	軒別	140	5	1	1
2	神宮寺	旭市		390	7	3	3
3	東谷	匝瑳市	軒別中札くすり		14	4	4
4	椿	匝瑳市		90	11	4	6
5	谷中	匝瑳市	文政14年から軒別	60	4	1	1
6	籠辺田	匝瑳市	登山之方へきず薬他	60	12	1	4
7	宮本村	匝瑳市		28	4	1	2
8	山崎	匝瑳市			2	0	0
9	佐倉町	佐倉市			1	1	1
10	佐倉肴町	佐倉市			1	0	0
11	佐倉鏑木	佐倉市			1	0	0
12	長沼	千葉市稲毛区	軒別中札くすり	19	3	0	1
13	行徳二股	市川市		32	9	2	3
14	酒々井	酒々井町	役人不残大札家み つくろい大札	120	7	0	0
				939	81	18	26

「明治一四年」の欄に書かれた数値は、『檀廻帳』に書かれた村を再び訪れた際の初穂奉納者である。また、次の欄の「明治一四年時の信仰形態」の欄には、その時どのような講が組織されていたかを箇条書きにした。これらを集計すると、幕末期『檀廻帳』の八八ヶ村の内二五ヶ村しか記載されておらず、初穂も約四四％の五八二人である。こうした数値の変化には、背景として、大山敬神講への転換が考えられる。すなわち、近代に入り、明治新政府の神道国教化政策にもとづく神仏分離令により、大山寺が廃され、大山不動から大山阿夫利神社に宗教施設が統一された。さらに、国学者権田直助が宮司となり廃仏毀釈が徹底化され、ほとんどの寺坊が破壊された。同時に、各地の大山講を新たに阿夫利神社参詣のため

表2　幕末期「廻檀帳」より作成

番号	村名	現在地名	現市町村	軒数	訪問先	備考	初穂	天保3年	明治14年	明治14年時の信仰形態
1	神田村	神田	香取郡東庄町	30	2	祈祷札仕入	諸徳寺集			
2	和田村	和田	香取郡東庄町	4	4	軒別	諸徳寺集			
3	稲荷入	東和田	香取郡東庄町	60	1	上代家	諸徳寺集			
4	万力村	万力	旭市(旧干潟町)	100	5	元結付札	諸徳寺集			
5	秋田村	秋田	旭市(旧干潟町)	18	1		諸徳寺集			
6	松沢村	清和乙	旭市(旧干潟町)	30	1		諸徳寺集			
7	堀之内村	南堀之内	旭市(旧干潟町)	46	1		諸徳寺集		3	札遣す
8	米込村	米込	旭市(旧干潟町)	92	92	軒別杉崎方泊　札仕入	諸徳寺集			
9	溝原村	溝原	旭市(旧干潟町)	60	15	茂左衛門方泊浄光寺	桜井村届		1	合同敬神講
10	萬歳村	萬歳	旭市(旧干潟町)	200	47	東栄寺軒別 札仕入 穴沢方泊	諸徳寺集			
11	諸徳寺村	清和甲	旭市(旧干潟町)	70	3	永明寺	井戸野村へ		140	敬神講(大々講)
12	入野村	入野	旭市(旧干潟町)	70	2	佐左衛門祈祷	諸徳寺集			
13	長部村	長部	旭市(旧干潟町)	12	2	遠藤伊兵衛　惣左衛門	諸徳寺集		16	合同敬神講
14	志高村	志高	香取市(旧山田町)	40	2		諸徳寺集			
15	古内村	古内	香取市(旧山田町)	20	5		諸徳寺集			
16	猿田村	猿田	銚子市	45	10	大行院・宝珠院	三川村集			
17	舟木台村	船木	銚子市	20	1		三川村集		1	
18	生明寺村	正明寺	銚子市	9	1		三川村集			
19	中島村	中島	銚子市	18	1		三川村集			
20	三門村	三門	銚子市	24	1		飯沼へ送			
21	岡野台村	岡野台	銚子市	35	1					
22	芦崎村	芦崎	銚子市	80	33	役元軒別、舟持へ大札	初穂定使集		10	
23	高田村	高田	銚子市	100	2		初穂集		72	敬神講(大々神楽講)
24	野尻村	野尻	銚子市	0	4	軒別	高田村集		12	敬神講(大々神楽講)
25	小舟木村	小船木	銚子市	30	4		高田村集			
26	塚本村	塚本	銚子市	30	4		高田村集			
27	忍村	忍	銚子市	30	6		高田村集		40	敬神講
28	富川村	富川	銚子市	30	3		高田村集		0	合同敬神講
29	東森戸村	森戸	銚子市	30	3		高田村集		39	敬神講
30	西森戸村	森戸	銚子市	18	3					
31	笹本村	笹本	銚子市	23	4	「河岸場」	高田村集		16	敬神講
32	下桜井村	桜井	銚子市	40	5		高田村集		5	合同敬神講
33	宮原村	宮原	銚子市	74	7	泊り　医師石上周悦	高田村集		97	敬神講
34	余山村	余山	銚子市	28	5		垣根村集			
35	赤塚村	赤塚	銚子市	40	2		垣根村集			
36	四日市場村	四日市場	銚子市	50	2		垣根村集		0	合同敬神講
37	高野村	高野	銚子市	11	1		垣根村集		64	敬神講
38	垣根村	垣根	銚子市	28	6	泊りうなぎや	垣根村集		1	合同敬神講
39	松岸村	松岸	銚子市	60	4	下町軒別50軒本村置札	飯沼届け		4	間再建勧化頼み受取

番号	村名	現在地名	現市町村	軒数	訪問先	備考	初穂	天保3年	明治14年	明治14年時の信仰形態
40	長塚村	長塚	銚子市	50	7	泊り酒屋	飯沼届け		7	合同敬神講
41	本所村	本城	銚子市	80	2	下町軒別47軒	飯沼届け			問再建勧化頼み受取
42	松本村	松本	銚子市	50	10		飯沼届け			
43	鞍橋村	倉橋	旭市(旧海上町)	60	1		三川村集			
44	後草村	後草	旭市(旧海上町)	20	1		成田村届			
45	蛇園村	蛇園	旭市(旧海上町)	40	15	軒別（一部）	自村			
46	見広村	見広	旭市(旧海上町)	40	4		三川村集			
47	大間手村	大間手	旭市(旧海上町)	14	1		三川村集			
48	清瀧村	清瀧	旭市(旧海上町)	90	20	軒別（一部）	自村			
49	幾世村	幾世	旭市(旧海上町)	75	8	龍福寺へ包札･茶	自村		1	
50	三川村村方	三川	旭市(旧飯岡町)	80	11	荷物十日市場村送 泊り 軒別	自村		1	敬神講結成願い
51	三川村町方	三川	旭市(旧飯岡町)	200	4		自村			敬神講結成願い
52	川口村	川口	旭市(旧旭市)	37	17	泊				
53	野中村	野中	旭市(旧旭市)	90	6		自村			
54	東足洗村	東足洗	旭市(旧旭市)	80	4		自村	*	5	
55	十日市場村	ハ	旭市(旧旭市)	209	2	軒別　泊り名主方	自村	*		勧化願い
56	神宮寺村	神宮寺	旭市(旧旭市)	140	8	泊り酒屋	自村			
57	大塚村	大塚原	旭市(旧旭市)	40	4		井戸野村預			
58	鎌数村	鎌数	旭市(旧旭市)	30	4	伊勢殿泊り			11	
59	琴田村	琴田	旭市(旧旭市)	35	4		成田村届			合同敬神講
60	江ヶ崎村	江ヶ崎	旭市(旧旭市)	60	1		成田村届		15	
61	太田村	ニ	旭市(旧旭市)	60	60	人足14人頼み軒別　酒屋泊り				合同敬神講
62	成田村	ロ	旭市(旧旭市)	69	69	蕎麦屋泊り 勧化世話人伊能屋				
63	網戸村	イ	旭市(旧旭市)	36	36	軒別	自村		17	
64	新町村	新町	旭市(旧旭市)	70	4	東屋醤油蔵初祈祷	諸徳寺集			合同敬神講
65	春海村新組	春海	匝瑳市(旧八日市場市)	100	10		平木村集			
66	春海村元組	春海	匝瑳市(旧八日市場市)	60	6					
67	平木川向村	川向	匝瑳市(旧八日市場市)	8	4					
68	平木荻野村	荻野	匝瑳市(旧八日市場市)	30	2	講元宝積院				
69	平木村	平木	匝瑳市(旧八日市場市)	200	14	2泊札仕込む		*		
70	東谷村	東谷	匝瑳市(旧八日市場市)	30	13	軒別 泊り伝兵衛方 安養寺	自村	*		
71	椿村	椿	匝瑳市(旧八日市場市)	40	13	吉祥院	自村	*		
72	篭辺田村	八日市場ハ	匝瑳市(旧八日市場市)	26	26	軒別	自村	*		
73	宮本村	宮本	匝瑳市(旧八日市場市)	14	14	軒別	自村		2	
74	西小笹村	西小笹	匝瑳市(旧八日市場市)	140	16	軒別(一部)常宝院泊り	自村			富士先達家
75	長谷村	長谷	匝瑳市(旧八日市場市)	4	4	軒別	神宮寺村預			
76	東小笹村	東小笹	匝瑳市(旧八日市場市)	100	2		神宮寺村預			
77	駒込村	駒込	匝瑳市(旧八日市場市)	33	1		井戸野村預			
78	井戸野村	井戸野	匝瑳市(旧八日市場市)	200	44	軒別(一部)石橋方泊り	太田村送り	*		
79	上谷中村	上谷中	匝瑳市(旧八日市場市)	40	11	参詣者へ大札渡す	自村			

番号	村名	現在地名	現市町村	軒数	訪問先	備考	初穂	天保3年	明治14年	明治14年時の信仰形態
80	今泉村	今泉	匝瑳市(旧野栄町)	200	12	軒別(一部)小河方泊り	自村			
81	鏑木村	鏑木	佐倉市？	1	1	軒別	自村	＊		
82	酒々井町	酒々井	印旛郡酒々井町	17	17	軒別　講元佐野屋泊り	自村	＊		
83	長沼村	長沼	千葉市稲毛区	30	1	軒別　名主方泊り	自村	＊		
84	行徳二股	二俣	市川市	46	29	軒別	自村	＊		
85	新作村	新作	松戸市	30	4		粟ヶ沢村			
				3957	843			11	582	25カ村

の「大山敬神講社」と改めたのである。また、これを機会に御師は先導師と名称を変えた。増田家には権田直助が制定した講社の規則が伝わっているが、こうした大山そのものの変質によって、檀家側の信仰が大きく変化し、幕末期の檀那場の激減と新たな檀那場の形成という事態を招いたと考える。

表3は、明治一四年の『袖鏡帳』に初出する村々であり、その数は四二で、そのうち三四が銚子市内である。以上から、明治維新期に五三の村を失ったものの、四二の村を新たに獲得したことになる。相模大山そのものの変質によって、檀家側の信仰が大きく変化し、表2で示された幕末期の檀那場の激減と表3のように新たな檀那場の再興となったと考える。東総地域に多くの旧檀那場を保有する増田耕三は、早くから権田宮司に師事していたと伝えられ、唯一神道思想の権化である「敬神講」の普及に努力したという。こうした普及活動にもかかわらず、近世以来の檀那場は「敬神講」となることを拒否したと考えられる。その理由については、御師側・東総側両方の史料には管見のところ記述されていないが、木太刀を担ぎ大山不動へ参詣する講が、神道一色に変化した「敬神講」への信仰を拒否したためと考えられる。注目すべきは、明治一四年の『袖鏡帳』には幕末期と同じく銚子の小字が多いことである。やはり銚子近辺の舟運による経済力に期待したものと考える。

以上のように、明治初期の大山の神道化による講の激減はあったものの、やがて講数は再興する。ただし、これは近世の講が復活したのではなく、新たな講を開拓したものである。

五　講の重複性について

増田家が明治期に新たに開発した講のある村は、元来出羽三山講があった所も多く含まれる。出羽三山は、近代に

表3　明治14年（1881）「袖鏡帳」より作成

番号	村名	現市町村	明治14年の信仰形態	
1	夏目村	香取郡東庄町	21	敬神講（大々講）
2	松沢村	旭市	3	札遣ス
3	飯沼新田村	銚子市	6	敬神講
4	飯沼堂之下	銚子市	3	敬神講
5	外川浦	銚子市	34	敬神講
6	川口村	銚子市	1	門再建寄付頼むか？
7	下町	銚子市	2	門再建寄付頼み受取
8	本田	銚子市	1	門再建寄付頼み受取
9	東通町	銚子市	2	門再建寄付頼み受取
10	前田町	銚子市	2	門再建寄付頼み受取
11	山中町	銚子市	2	門再建寄付頼み受取
12	東芝下	銚子市	2	門再建寄付頼み受取
13	西芝下	銚子市	2	門再建寄付頼み受取
14	西芝上	銚子市	1	門再建寄付頼み受取
15	東芝上	銚子市	4	門再建寄付頼み受取
16	袋町	銚子市	6	門再建寄付頼み受取
17	飯貝根	銚子市	40	門再建寄付頼み受取
18	新生村	銚子市	10	門再建寄付頼み受取
19	三崎村	銚子市	2	門再建寄付頼み受取
20	小浜村	銚子市	2	門再建寄付頼み受取
21	川端町	銚子市	2	敬神講
22	大橋町	銚子市	7	
23	辺田本村	銚子市	8	敬神講　配札願い
24	辺田村東	銚子市	8	敬神講　配札願い
25	辺田村西	銚子市	9	敬神講　配札願い
26	親田村	銚子市	2	寄付願い
27	橋本村	銚子市	8	神殿寄付願い
28	通穀町	銚子市	2	神殿寄付願い
29	下穀町	銚子市	2	神殿寄付願い
30	正明寺村	銚子市	7	敬神講
31	舟木台村	銚子市	10	合同敬神講
32	岡野台	銚子市	1	合同敬神講
33	新生村	銚子市		合同敬神講
34	新町村	旭市	18	敬神講（大々講）
35	下永井村	旭市	6	門再建寄付頼み受取
36	塙本村	旭市	4	敬神講
37	塙新田	旭市	38	敬神講
38	八木村	銚子市	6	敬神講
39	飯岡本町	旭市	38	敬神講

番号	村名	現市町村	明治14年の信仰形態	
40	横根村	旭市	2	
41	平松村	旭市	57	敬神講
42	常陸柳川	茨城県神栖市	31	敬神講
			412	

おける檀家の新規開拓ではなく、元来あった講が出羽三山神社敬神講社になった場合が少なくない。大山不動の信仰を完全に否定し、阿夫利神社となった相模大山に比較し、出羽三山は在地行屋の大日如来以下の仏像を破却せず、祝詞奏上以外は仏教色を黙認したためと考えられる。いずれにせよ、出羽三山講の地域に相模大山阿夫利神社が入り込んだ現在の講の重複性はこのようにして始まったものと考える。講の重複性というよりも信仰の重複性というべきであろう。一つの村落の中で地域別に分離する場合もあれば、一人の人間の属性の中に二つの信仰が存在する場合も考えられる。千葉県印西市酒直卜杭は、全体で三六戸であるがその内二五戸を三班に分け、交代で相模大山阿夫利神社・三峰神社（埼玉県）・古峰神社（栃木県）に参詣している。こうした形になったのは昭和三九年（一九六四）からで、それまでは三年に一回相模大山のみに行っていた。三峰・古峰の二つを追加した理由はそれが有名というほかは特にない。しかも平成一二年（二〇〇〇）の場合、相模大山には第一班六名、三峰には第二班九名、古峰には第三班八名の二三名で二五戸すべてから参加しているわけではない。ただし、それぞれ札は二五戸分受けてくる。よってこの二五戸では相模大山・三峰・古峰の三社の札が毎年揃うことになる。

おわりに

以上から導かれた結論は以下のようになる。相模大山の増田家史料によれば、明治一四年の檀家のうち、幕末期の檀家の二〇%しか大山敬神講社として継続できなかった。すなわち在地の講側が、信仰の対象が大山不動から阿夫利神社になることを納得しなかったのである。一方出羽三山講は、神仏分離で対象が神道化しても近世以来の講数は減少しない。これは徹底的な神道化を目指した大山に比べ、出羽三山はゆるやかに神道化を行ったためであろう。また、近世にレジャーとして振興した大山講に比べ、出羽三山講は人生儀礼の一部に組み込まれ、しっかりとした行人組織を基礎とした出羽三山とは講の属性が異なったことも理由として考えられる。ただし、先導師となった増田家では、その後敬神講社を増やし、近世期の講数の八〇％の講社を獲得する。

一方で、一村落で御師を迎え入れた人物、および講のリーダーは、村落の名主など政治経済的なトップと重複しないことも重要である。このことは、むしろ出羽三山の行人に顕著である。村の滅罪檀家の総代が村役と重複することと対照的である。

一村落における重複の実態は実にファジーである。これは近世～近代でも同様で、相模大山講の消長もイデオロギーとは無関係な部分で展開していた可能性を示唆する。

今後の課題としては以下のことがあげられる。現在、交通機関の発展に伴い、相模大山参詣は、急速にレジャー化し、それに対応して、先導師旅館も豆腐料理等を前面に出すなど変化が激しい。参詣者側でも相模大山ではなく、箱根など近隣の温泉等を目的とする団体旅行となっている。相模大山講は、近世においてもレジャー的要素の強い参詣講であったことは知られている。それにもかかわらず今までの研究はあまりに「信仰」の要素に力点を置きすぎたと考える。この点を反省するとともに、現在のレジャーと近世の参詣とは類似性があるのかどうか、改めて分析したいと考えている。

一つの課題にアプローチする時、それが文献であるとか伝承であるとか、研究の素材にこだわることこそ民俗学を終焉に接近させていると考えられないであろうか。たしかに、民俗学は、歴史学では二次史料として取り扱っているものを、そのまま一次史料として取り扱う錯誤が散発している。いわゆる史料批判が不足しているためであり、安直な史料引用は避けなければならない。史料批判は今後一層重視すべきであると考えており、この問題をクリアしない限り、歴史学において、民俗学の文献使用に対する疑問は払拭されず、いつまでも歴史学の一つの研究方法の呼称から脱却できないと考える。

註

(1) 桜井徳太郎『講集団成立過程の研究』吉川弘文館、一九六二年、三頁。
(2) 西海賢二『近世遊行聖の研究』三一書房、一九八四年、一三～一四頁。
(3) 湯川洋司・古家信平・安室知「さらば民俗学・新しい民俗学の構築」(『日本の民俗』吉川弘文館、二〇〇八年)。
(4) 川村清志「終焉からの再起動　特集解説」『歴博』一九一号、国立歴史民俗博物館、二〇一六年、一頁。
(5) 梅田義彦『改訂増補　日本宗教制度史』近代編、一九七一年、東宣出版。
(6) 圭室文雄『神仏分離』一九七七年、教育社、一二〇頁。
(7) 辻善之助『岩波講座　日本歴史』第一七巻、岩波書店、一九三五年、後に『日本仏教史研究』第六巻、岩波書店、一九八四年、三一二頁。
(8) 辻善之助　前掲註(7)、『日本仏教史研究』第六巻、三二〇頁。
(9) 圭室文雄　前掲註(6)、二〇九～二二二頁。
(10) 安丸良夫『神々の明治維新――神仏分離と廃仏毀釈』一九七九年、岩波書店、二一〇頁。
(11) 村田安穂『神仏分離の地方史的展開』一九九九年、吉川弘文館、一六頁。
(12) 木場明志「民俗宗教の再構成」(『日本近代仏教史研究』創刊号、一九九四年)。
(13) 豊田　武『改訂日本宗教制度史の研究』一九六〇年、第一書房、二二六頁。

(14) 村上重良「国家神道体制の成立」(『アジア仏教史』日本編　近代、一九七二年、佼成出版社)一四八頁。
(15) 全八冊　大山阿夫利神社蔵。
(16) 「永代ニ売渡シ申証文之事」寛文五年八月二十四日　伊勢原市大山　内海(景弓)家文書(『伊勢原市史資料編　続大山』所収)。
(17) 内閣文庫蔵(圭室文雄編『江戸幕府寺院本末帳集成』雄山閣、一九七五年所収)。
(18) 田中宣一「相州大山講の御師と檀家——江戸末期の檀廻と夏山登山をめぐって」(『日本常民文化紀要』八巻二号、一九八二年)。
(19) 鈴木章生「相模大山信仰の成立と展開——民衆参詣の動向と信仰圏をめぐって」(『秦野市史研究』六号、一九八六年)
(20) 圭室文雄編『大山信仰』雄山閣、一九九二年。
(21) 拙論「下総国海上郡野尻村の沙弥文書について」(『時宗教学年報』一七輯、一九八九年)。

村落社会における男性・女性の講集団の相対性と非対称性
——契約講社会における女講中《じょこうちゅう》の役割を中心として

戸邉　優美

はじめに

村落社会における地縁的な講は、信仰を同じくする人びとの集まりであるだけではなく、村人を区分し、組織化するものとしても機能してきた。社会組織として機能する講集団の場合、家格や同族関係など家の属性や、性別や年齢など生得的な個人の属性が編成の重要な要素となっている。なかでも性別は、身分の異動や成長のように変更の生じない、固定した要素であり、村落社会を男性と女性とに二分してきた。それぞれの性別で、青年・壮年・老年のように世代ごとの集団を形成する例が早くから報告されている。村武精一らは、伊豆新島若郷の社会では、地域組織・漁業組織と親族呼称が関連して性別と世代ごとに階層を成していることを明らかにし、世代階層制と呼んだ〔村武ほか一九五九〕。他方で、加入年齢と脱退年齢が決まっている集団（年齢集団）や加齢に応じて集団を移っていくしくみ（年齢階梯制）のように、年齢による編成もある。[1] 年齢階梯制が男性側に顕著であるのに対し、世代階層制は男女双方に見られることが多く、両性は対応関係にあると考えられてきた。[2]

年齢や世代による秩序は、村落社会の運営や生業、祭り行事などの視点からも調査研究が進められてきたが、女性側より男性側に偏って言及されてきた。村落社会の基幹となる組織の多くは戸主やその後継者、つまり男性によって編成されてきたためである。女性は村落運営の場から排除され、公的に発言する機会を持てないことになる。ただし、その場合でも男性が全てを決め、女性が受動的であるとは限らない。[3] 男性集団だけではなく女性側の役割や働きにも着目することで、村落社会の実態を把握できる可能性がある。

村落社会における女性の講への着目は、信仰、特に産育習俗の側面から進んだ。その先鞭となったのが、鎌田久子による利根川流域の産神信仰の報告である。利根川下流域（茨城県・千葉県）では子安信仰、上流域（群馬県・埼玉県）では産泰信仰が広がり、利根川下流域では組単位の若い嫁の講が分布していることが示された〔鎌田　一九七一〕。内容は地域によって違うものの、子授けや安産への祈り、産死者や亡くなった子供の弔いなど、お産に関する信仰的講という点で大きく共通していた。[4] こうした利根川下流域の若い嫁の講の名称は、女人講など「女」を冠するもの、十九夜講など月待に関わるもの、安産講など産育を冠するもの、観音講や産泰講のように神仏を冠するものなど様々だが、調査研究が蓄積されるにつれ、「女人講」研究として集約されるようになっていった。女人講研究の多くは、講の行事・習俗、講結集の要因など信仰的講としての側面から進められたが、社会的講の側面にも言及がある。丸谷仁美は、利根川下流域にある一村落の講集団を男女別に比較して、女人講が男性とは異なる集団形成をしており、両者は模倣の関係にないと指摘した〔丸谷　一九九六〕。丸谷の試みは、女人講研究の枠組みを超え、女人講を村落社会の一組織として位置づけるものだったが、これに続く議論は十分に尽くされていない。

女性の講集団の社会的側面があまり取り上げられてこなかった要因としては、村落社会に対する役割や機能が明確になっていないことが考えられる。文字資料が乏しく、歴史的変遷や実態が分かりづらいこともあるが[5]、村落社会の運営や序列など、男性による基幹組織を基準として役割や機能を捉えようとすることに、無理が生じている。女性を含めた村落社会の講の全容をすくい取るには、つながりの緩やかさ・柔軟性に視点を移すことが必要といえる。

そこで手掛かりとしたいのが「講的人間結合」の視点である。桜井徳太郎は『講集団成立過程の研究』において、講集団研究の目的を「講的人間結合の本質の把握」としている〔桜井　一九六二〕。同著にて「日本人の信仰生活における人間結合・社会結合の特徴ないし原理」とも述べており、「講的」な「人間結合」ということになろうが、長谷部八朗はこの「講的」な集団結合に今後の講集団研究を切り開く可能性があると指摘する〔長谷部　二〇一三a〕。「講」の性格は、講員同士の自発的・平等的結合による相互扶助性の強い結社体であり、継続的な活動を志向しつつ、組織的には脆弱で安定性に欠けるとする。また、結集の目的は信仰（宗教）をはじめ、地縁、血（族）縁、職縁など多岐に及ぶ。「講」の呼称に関わらず、こうした「講的」性格を具えた集団結合に着目しようとするものである。長谷部の指摘に基づき桜井の「講的人間結合」を捉え直すと、村落社会で基幹的な役割を果たす男性の講集団だけではなく、女性の講集団やつながりについて、村落社会における位置づけや機能はもちろんのこと、講員以外との関係など講の周辺を含め、再考する必要性が浮かび上がってくる。

本稿では、契約講のある村落社会に着目したい。契約講とは、東北地方に分布する講で、家単位の互助的協同組織である〔松本　二〇〇六〕。原則的に男性が加入し、戸主契約、若者契約、年寄契約のように家における地位に対応して階層的に組織されることもある。契約講の研究は、特に一九五〇年代から一九七〇年代にかけて、歴史学、民俗学、法社会学、農村社会学、経済学、文化人類学などで調査研究が行われてきた。このうち、宮城県牡鹿半島で調査をおこなった竹内利美や平山和彦などの研究者は、契約講を家同士の水平的結合であるとともに男性のみの集団であることに着眼している〔竹内ほか　一九五九、平山　一九六九〕。男性の強固な結合が中枢にある村落社会において、女性側の社会の在り方や男女の講の対応関係はどのようであったか、講集団の全容把握を試みたい。

なお、本稿は、平成三〇年の日本民俗学会第七〇回年会シンポジウム「「講」研究の可能性」（コーディネーター・高木大祐）内の発表「女講中と女性同士のつながり」、令和元年の日本宗教学会第七九回学術大会パネル発表「「講」と女性をめぐる研究――ジェンダー視点が拓く可能性」（コーディネーター・小林奈央子）内の発表「契約講社会における女講中の役割と相対性」を総括したものである。

一　契約講の分布と女性の講集団

（一）基幹組織としての契約講

契約講は前述のとおり、東北地方、特に宮城県・山形県・岩手県を中心に分布する、家を単位とした結合である。田村浩によると、近世の五人組を強化し組織化したものであり〔田村　一九三六〕、規約に基づく強固な組織性や制度が特徴である。こうした契約講が基幹組織となる村落社会を、本稿では契約講社会と呼ぶことにする。

契約講の機能について、立柳聡は一〇件の先行研究を整理し、内容を①自治のための協議、②共有財産の管理、③葬式互助、④屋根替互助、⑤堰普請、⑥道普請、⑦警防、⑧風紀統制、⑨制裁、⑩氏神等の祭祀、祭礼運営、⑪水利統制、⑫定例会・親睦会・共同飲食、⑬災害・病気見舞い等の生活扶助、⑭生業の互助、⑮その他に分類した〔立柳　一九九八〕。立柳は、この一〇件のうち圧倒的に多いのは、①自治のための協議、②共有財産の管理、③葬式互助、

④屋根替互助、⑤堰普請、⑥道普請、⑫定例会・親睦会・共同飲食であることから、契約講の機能の中核は「自治と生活互助」であるとする。契約講を自治組織・生活互助組織とする見方は、契約講研究においておおむね共通している〔田村　一九三六、千葉　一九五一、福田　一九六九〕。

他方で、本家と分家の系譜的な結合である同族関係が支配的と考えられてきた東北地方において、水平的結合である契約講が分布していることは、村落構造の研究にとって大きな関心であった。この点については、分家に対する本家の統制力や同族結合の弱さと相対して契約講が卓越すると考えられてきた。(6)同族と相対化する視点では、契約講は完全に家同士の結合として論じられ、男性集団という側面は希薄になりやすい。契約講社会という枠組みで男女の講集団を捉えるにあたっては、同族との関わりも含めて検討することが、村落構造の全容を把握する上で必要といえる。

（二）契約講社会における男女別集団体系の視点

契約講社会では、契約講を中心とした序列やつながりが形成される特徴がある。一つは、戸主による戸主契約、各家の後継ぎによる若者契約、隠居者の年寄契約のように、家における地位に対応した階層的な契約講の形成である。また、戸主の妻による女契約のように、女性側にも対応する集団が形成される。これらの集団がない場合でも、家同士の結合である以上、後継ぎや戸主の妻も一定の役割を担うことがある。その一方で、男性でも後継ぎ以外の子供は、契約講に参加できないなど明らかに区別されたりする。

例えば、南三陸町戸倉波伝谷では、戸主による契約講が組織されている〔東北学院大学ほか　二〇〇八〕。ミアガリ（代替わり）すると、契約講を抜けて六親講に入ることになっており、後継ぎが新たな戸主として契約講に入る。女性の側にも同様で、戸主の妻は観音講に入り、ミアガリすると念仏講に移ることになっている。カトク以外の男性は、結婚し独立しても契約講に入れないため、振興会（オンツァマ契約）を組織している。

このような、契約講の階層制と男女の対応関係に着目したのが、竹内利美や平山和彦などの民俗学者だった。竹内と平山に共通するのは、若者組あるいは年齢集団として契約講を捉えようとした点である。竹内は、伊豆半島の年齢階梯制と宮城県の牡鹿半島、仙台近郊農村を比較し、東北地方にも性別と年齢による地域社会の秩序があることを指摘した〔竹内ほか　一九五九〕。特に竹内が重要視したのは、牡鹿半島の契約講に明確な年齢規定が見られることだった。牡鹿半島小網倉浜では、若者契約講への加入が一五歳、脱退が四二歳と年齢がはっきりとしており、更にその後、年寄契約に入り、六一歳で抜けることとなっている。女性側もまた、地蔵講（ヨメ講）、観音講（ガガ講）、念仏講（ババ講）と上位層の講集団に上がる仕組みとなっており、竹内は男女の集団が対応関係にあるとした。そして、この牡鹿半島の年齢集団型契約講を原型と位置付け、年齢基準のない戸主会型の内陸農村部の契約講はそれが弛緩したものとした[7]〔竹内　一九九一〕。竹内が男女の対応にこだわったのは、同族関係が濃厚で講組結合が希薄とされてきた東北地方において、契約講を中心した年齢秩序の実態を示すためであった。これは、当時の民俗学で主要な課題だった若者組研究の俎上に契約講を載せようとするものであり、竹内と同様に、平山和彦も若者組の文脈で契約講を理解しようとした。平山は、宮城県内五〇例と自ら調査した牡鹿半島給分浜の例に基づき、年齢集団型・戸主会型・中間型に分類し、竹内と同じく戸主会型は年齢集団型が崩れたものとした。他方で、契約講が婚姻や婚礼を主導せず、婚姻の決定については各家の家長に強い権限があることから、西南日本の若者組とは明らかに異なるとしている〔平山　一九六九〕。

しかし現在では、契約講の本質は藩政下の五人組制度に遡るとする見解が一般的であり、年齢集団型は一部の事例に固有なものとされている。平山と同時期に宮城県内八か所を調査した福田アジオは、契約講から次男以下が排除されていることや共同体の実態から、平地農村部の戸主会型が基本形であり、それに漁村としての特質が加わったのが年齢集団型の契約講とした〔福田　一九六九〕。更に前出の南三陸町戸倉の事例は、契約講の脱退加入は年齢ではなく家の中の地位に対応しており、年齢集団型は単に沿岸部というより牡鹿半島に集中してきたことが窺える。また、牡鹿半島の契約講でも、父親が脱退年齢に到達する前に息子が加入年齢になった場合、父親の脱退が早まるなど、年齢より一戸一名の原則が優先される〔戸邉　二〇一九〕。個人の属性より家の一員としての側面が、契約講制度を構成しているといえる。

ただし、男性側と女性側が対応関係にあるという竹内の指摘は重要である。福田は、契約講はあっても女性の講集団がない平地農村部の事例を挙げ、契約講社会において男女の対応関係は支配的ではないとした。しかし、男性戸主のみの会合で契約講から女性が排除されているのであれば、契約講社会では男性側と女性側を明確に区別して地域社会が形成されてきたと考えることができる。このことから、女性側も包括して契約講社会を捉え直す必要がある。

二　牡鹿半島の女講中と契約講

（一）牡鹿半島における男女別集団体系

牡鹿半島は、三陸海岸の最南端に位置する。沿岸部はリアス式の入り組んだ地形であり、谷合やわずかな浜地に集落が形成されている。半島は、北部太平洋側東岸は女川地区（藩政期の女川組・現在の女川町）、石巻湾側西岸は荻浜地区（狐崎組・石巻市）、南部は牡鹿地区（十八成組・石巻市）と分かれ、更に牡鹿地区では東岸を裏浜、西岸を表浜と通称している。切り立った崖と入り江の多い裏浜では磯漁、波が比較的穏やかな表浜では定置網漁といったように、自然環境が漁業の在り方に影響してきた。牡鹿半島の契約講は、大正期から昭和初期にかけて、統一的に「実業団」を呼称するようになり現在に至るが、実業団以前には「契約」「若者連中」「竜神講」「神風講」など地域や時代によって様々な名称があるため、本稿では全て「契約講」と記述する。

牡鹿半島の契約講は年齢制限が設けられており、集落によって脱退年齢は三八歳、四〇歳、四二歳、四五歳までなど様々である。抜けると「年寄契約」、更に「庚申講」のように移っていった。契約講に加入するのは、家の後継者であるカトクである。規約に「長男」と明記している集落もあるが、長男が他出して次男が家を継いだり、長女の夫がカトクになったりする例も少なくない。契約講の役割は、年二回の総会（寄合）、共有林や網株など共有財産の管理、集落の祭礼、火災や海難事故等災害対応などで、規約や規範に反した場合には制裁があった。各集落には行政区や区会と呼ばれる行政機能の末端を担う地域組織があり、重要な事項は契約講との協議が行われてきた。立柳の整理によるならば、①自治のための協議、②共有財産の管理、⑥道普請、⑦警防、⑨制裁、⑩氏神等の祭祀・祭礼運営、⑫定例会・親睦会・共同飲食が、牡鹿半島の契約講のおもな機能であり、時代や集落によって③葬式互助や⑧風紀統制も加わったと見られる。

一方で、女性の講も年齢層ごとに三つの段階があり、多くは「女講中」、「観音講」、「念仏講」の構成で、年齢とともに次の講に移るしくみだった。男性の契約講と年齢や家の中での立場で対応するのは女講中である。女講中には、カトクの妻であるアネが入り、三八歳や四二歳を定年として抜けた。女講中では、「地蔵講」と「山神講《やまのかみ》」の二つが行われてきた。地蔵講は、二四日に集落の地蔵尊に幟を立て、回りヤドや集会所へ集まって飲食するもので、子供の無事な成長を祈る講とされる。山神講は、一二日を祭日として、集落の山神塔に幟を立て、地蔵講と同じく回りヤドや集会所に集まり、子授けや安産を祈る講である。山神講では、若い講員たちが揃って三月一二日に山神社《やまのかみしゃ》（美里町）に参拝することも行われてきた。

先述のとおり、竹内利美は東北地方における性と年齢の秩序（年序集団体系）を示す上で、女性側の講にも着目した。ただし、焦点は基幹組織である契約講に置かれ、女講中については「嫁たちのレクリエーションの機会になっているにすぎない」と評価するにとどまっている〔竹内ほか　一九五九〕。豊富な先行研究が蓄積されている契約講に比べ、女講中は調査報告も少なく、瀬川清子の田代島（荻浜地区）、岡田照子の江ノ島（女川地区）、明治大学法社会学演習の給分浜（牡鹿地区）調査の報告が見られるのみである〔瀬川　一九七二、岡田　一九六九、江守ほか　一九六八〕。これらを参照すると、いずれの集落でも女講中への加入は結婚を契機とし、脱退については年齢制限が設けられている。また、集落を三つに区分し（当前《トメ》）、それぞれ年長の者を一名ずつ代表者に選出し、活動している。筆者が牡鹿地区のほぼすべての集落を調査したところ、全域的に女講中では脱退年齢を設け、年長者を代表者として複数名選出していたことがわかった(8)〔戸邉　二〇一九〕。脱退の年齢規定、組織内の年齢の序列、一戸から一名の加入は、契約講と女講中の組織に共通する事項といえる。

ただし、契約講の加入の際は、規約の宣誓や山盛りの飯を食べる（オタヅメシ）など儀礼的習俗があるのに対し、女講中では年初めの講で挨拶する程度で、特に儀礼はおこなわれなかった。また、契約講が厳格な規約を設けているのに対し、女講中は規約が設けられていないことが多く(9)、統制力は比較的緩やかだった。

（二）女講中による婚礼への関与

女講中の数少ない調査報告に共通して記載されているのが、婚礼への関与である。

荻浜地区の田代島で昭和二三年に調査した瀬川清子は、「山の神講のアネコダチ」が行う嫁入道具の荷運び「長持担ぎ」について述べている〔瀬川　一九七二〕。山の神講は婚家に到着するまで三度立ち止まり、婚家側に金銭を要求する。この金銭をもとに、山の神講は振袖や膳椀を買い揃え、婚礼の際に賃貸しているというものである。

岡田照子は、東京教育大学による昭和四〇年の陸前北部調査に参加し、女川地区・江ノ島の「地蔵講」による「ナガモチガイ」について述べている〔岡田　一九六九〕。婚礼の日、嫁入道具を運んできた見参を地蔵講が出迎え、荷物の売り買いが行われる。値の折り合いがつくと、地蔵講が金銭を受け取り、婚家まで嫁入道具を運んでいく。受け取った金銭はそのまま地蔵講の講金になるというものである。

昭和四三年に江守五夫と平山和彦の指導で行われた明治大学法社会学演習では、牡鹿地区の給分浜を調査している〔明治大学　一九六八〕。ここでも女性の「地蔵講」による「長持かつぎ」が報告されており、婚家から受け取った金銭を収入にしている。そして、膳椀や婚礼衣装の購入に充てられ、貸し出されたとある。

これらの事例は、①女性が嫁入道具を運ぶ、②運ぶ行為に対して金銭の報酬がある、③金銭は女講中の収入となり、膳椀や婚礼衣装を購入している、という点で共通する。嫁入道具を運ぶ区間や引渡しの場所、金銭の出所には違いがあるが、筆者調査ではこの「長持渡し」習俗が牡鹿地区全域で女講中により行われていたことが明らかになっている〔戸邉　二〇一九〕。このことは、契約講との関係や村落社会における女講中の位置付けについて、二つの事実を示している。

一つは、婚礼に対する契約講との態度の違いである。牡鹿半島の村落社会では、シンルイやマケなど同族関係、エビスオヤやナモライオヤなどの擬制的親子関係が、親戚関係とともに家同士のつながりとして重なり合っている。冠婚葬祭はこうした家同士や個人同士の関係で行うべきとされ、契約講は関わらない(10)。同族関係で行うこと、契約講が行うことがはっきりと区分されているのに対し、女講中は荷運びや用具貸しで婚礼に関与してきた。家で婚礼が行われていたのは昭和四〇年代前半までだが、嫁入道具を運ぶ必要がなくなってからも、女講中が儀礼的に荷運びをおこなったり、婚礼の日に祝い唄である「さんさ時雨」を歌ったりすることが行われてきた。牡鹿半島では、長持渡しという習俗が単なる嫁入道具の運搬ではなく、女講中が嫁入を承認・受容するものとして定着していることが窺える。

二つ目は、長持渡しが女講中の経済的基盤となっていた点である。大原浜女講中「会計簿」の昭和一八〜三九年の記載を見ると、ほかの集落から嫁がやってくる場合の「御祝儀」と、嫁が出ていく場合の「長持金」の二種類の項目がある。このうち長持金は、女講中が婚家側に対して「こんないい娘ただではやれない」などと不満を述べて、嫁入道具をすぐには渡さず、金額に納得するまで応酬するものだった。長持金には一定の相場があるわけではなく、相手によって変わり、昭和二四年は長持金だけで総額二三七〇〇円の収入を得ている。これを元手に膳椀や婚礼衣装を購入し、貸出してさらに収入を得ることが可能となった。膳椀や婚礼衣装の貸出しは大原浜以外でも広く行われており、婚礼衣装の購入時期は戦後であるものの、膳椀を買い揃えること自体は大正時代にはすでに行われていたと見られる。牡鹿半島集落の多くは漁村だが、女性は個人的な収入手段を持たず、経済的には婚家に依存していたため、持続的な収入源を持つことは女講中にとって重要であった。

女講中による婚礼への関与は、村落社会が役割として認めているものである。したがって、この点では冠婚葬祭を役割としない契約講とは対応関係にない。また、女講中が婚礼において果たしてきた役割を踏まえると、「嫁たちのレクリエーションの機会」を超えて、社会的・経済的な意義を持っていたといえる。

ては対応関係にある。

(三) 年中行事における女講中と契約講の共同

契約講と女講中が婚礼について関わり方を異にする一方で、それぞれカトクの講、アネの講であり、村落組織としては対応関係にある。

一年の最初に行われる契約講の総会や女講中の講は、新しく講員が加入する日であるとともに、特別な行事や芸能を伴うことがあった。契約講の場合、「獅子振り」と呼ばれる春祈祷の芸能がそれに当たる。獅子振りは、契約講員が家々を回り獅子舞を行うもので、牡鹿半島だけではなく三陸地方沿岸部に広く分布する。牡鹿地区の大谷川浜の春祈祷では、一軒一軒回る獅子振りとは別に、一月二四日に集会所で獅子振りが行われた。この日は契約講の講日ではないものの、男性にとっては秋葉講、女性にとっては地蔵講の縁日である。大谷川浜の場合、契約講の獅子より一回り小さな「女獅子」を女講中が所持しており、昭和三〇年代までは、契約講の獅子振りの後に女講中も獅子振りを披露していた。大谷川浜において、この日は契約講と女講中のいわば合同演芸会であり、女講中は大漁踊りなどほかの歌や踊りも披露した(11)。

なお、契約講との共同行事でないが、牡鹿地区の小淵でも、一月二四日に女講中の新人が芸を披露する「オメツキ」が昭和一〇年頃まで行われていた。船の新造、家の新築など祝い事のあった家を訪れ、祝いの内容に合わせて唄や踊りを披露する行事で、芸の一つに、笊に獅子の絵を描いた紙を貼り、獅子振りを真似て踊る「ザルジシ」があった〔下村　二〇〇九〕。大谷川浜と同じく女講中の獅子振りに当たるのか、オメツキ(即興芸)として契約講の獅子振りを模倣した芸なのかは明らかではない。

また、谷川浜、大谷川浜、十八成浜では、契約講が石仏の地蔵を隠し、女講中が見つけ出す「地蔵隠し」が行われていた。谷川浜の場合、地蔵を見つけることができれば女講中の勝ち、女講中が降参すれば契約講の勝ちであり、負けた方が勝った方にお膳料理をふるまうことになっていた。見つかった地蔵は元の場所に戻され、女講中の新人講員が化粧し、新しい衣装に着替えさせた。谷川浜の地蔵隠しは昭和一〇年頃までに途絶えたが、新人による化粧は、女講中が解散する平成一〇年頃まで続けられた。

先行研究にも、牡鹿半島の契約講と女講中の接点について報告がある。給分浜の「ミズスギ（水祝儀）」は、新婚の講員を契約講、女講中がそれぞれ宴会に招く行事で、昭和一五年頃まで行われていた（明治大学　一九六八、平山一九六九）。旧正月一五日の朝、新婚の契約講員が家の外で待っていると、契約講から三名が迎えに訪れ、裸の新婚を担ぎ上げて宴会に運んでいく。一方で、その妻である女講中の新人講員は、杵を縛り付けたバンドウ（背負子）を背負い、女講中の講員に連れられ、馳走を受けた。費用は契約講が負担したという。

このように、契約講と女講中が共同あるいは接点を持つ行事は、一月に集中しており、新人あるいは新婚の者に何らかの役割を負わせる、通過儀礼的な要素が強く見られる。婚礼の時に路傍の石仏を運び込んだり、隠して新婚夫婦に探させたりする習俗は、西日本で多く見られるが、契約講と女講中の地蔵隠しもそれに類するものといえる。また、給分浜のミズスギで女講中の新人が杵を背負っているが、小淵のオメツキでも新人が水引をかけた杵を持って踊っており、若い嫁に杵を持たせることの呪術的な狙いが窺える。筆者は以前、これらの行事を村落社会への女性の正式な仲間入りとして述べたが（戸邉　二〇一九）、契約講と女講中の共同行事という視点では、夫と妻で対応していることから、夫婦の村入りと見ることもできる。

（四）両性の集団間の贈答

しかし、一月の行事を除いては、契約講と女講中の対応はあまり見られない。契約講が祭礼や災害救助を行うときに、女講中が調理や炊き出しを担うなど、女講中の補助的な役割が窺える程度である。ただし、必ずしも二つの講が主と従の関係にあったわけではない。

牡鹿地区大原浜の女講中が記録していた「会計簿」（昭和六～三九年）を見ると、契約講の記述が大きく分けて二種類登場する。一つは、女講中が持つ膳椀を借りるためである。契約講は総会の食事を自分たちで用意するため、膳椀や酒器などが必要だった。集落によっては、自前で膳椀をそろえている契約講や、講員が各自でお膳に料理を盛りつけて総会に臨む契約講もあるが、大原浜の契約講は地元の女講中から借り受けていた。

もう一つは、寄付のやりとりである。例えば、昭和二二年頃に女講中が婚礼衣装の振袖を三五〇〇円で購入したときには契約講から五〇〇円の寄付、昭和二五年頃に倉庫を建てたときには一〇〇〇円の寄付を贈られている。その一方で、昭和二六年に契約講が散宿所を建てたときには、女講中から五〇〇〇円の寄付を送っている。何らかの事業を行うときには、互いに寄付を贈るのが習慣になっていたといえる。例えば、昭和三〇年に「大原観音堂移転費用寄付金」として、姑たちの観音講に一〇〇〇円を贈っているが、逆に観音講から寄付を受けた記録はない。観音講は女講中にとっては姑の講だが、収入源を持たず、経済的には脆弱な集団だった。寄付を贈ることは経済力の裏付けであり、女性では女講中のみが契約講に対応することができたことがわかる。

（五）小　括――相対性と非対称性

牡鹿半島の契約講と女講中は、夫と妻の対の関係が反映されている。ただし、役割や機能においては、必ずしも対称的ではなかった。それは、村落の基幹組織と信仰的講という講集団としての質的な差だけではなく、女講中が独自の目的と論理を持ち活動していたことによる。また、婚礼とのかかわりについて、契約講はそれを同族関係など家同士の領域として関わらないのに対し、女講中は婚礼を仲間入りの契機として重視し、関与した。契約講に対し補足的側面が女講中にあったことも確かだが、契約講とは異なる女講中の独自性も総合的に見ることで、初めて村落社会の全体を捉えることができるといえる。

三　再生する契約講・衰退した女講中

（一）非講員と講の関係――「入れない嫁」と女講中

牡鹿半島の契約講と女講中に共通する事項として、年齢あるいは婚姻を契機に加入して特定の年齢で脱退することと、一戸から一名の参加が挙げられる。契約講の規約には「世帯主若くは男子相続人及び養子」（昭和三〇年「小網倉実業団則」）など加入条件が明記されており、家の継承者であるカトク以外の男性は除かれていたことがわかる。旧戸（旧家）と呼ばれる契約講加入等の資格のある家に対し、分家（カトク以外の息子が同じ集落内に創設した家）・別家（養子や奉公人の男性が独立した家）は明確に区別された。契約講員と非講員では総会への参加や共有財産の利用をめぐって大きな違いがあったため、集落で暮らしていく上で契約講への加入は重要であり、時代によっては分家や別家でも条件付きで加入することが可能だった。牡鹿地区の給分浜では「二三男も独立して世帯を持ったばあいは講員の了解をえて加入金をだせば加入でき」た（平山　一九六九）。また、小淵では、新たに移住してきた者が加入するには、幹事をとおして契約講の役員である評議員に伺いを立て認められる必要があり、「移住（年数）が足りない」と見送られることもあった。[12]

このしくみは女講中も同様で、原則的にはカトクの妻であるアネにのみ女講中への加入資格があり、嫁ぎ先が旧戸であるか分家・別家であるかによって区別された。女講中の場合は、契約講と異なり、加入しなくても生活に極端な支障をきたすことはなく、婚礼道具や膳椀も、講員でなくても支払いをすれば借りることができた。ただし、外の集落から嫁いできた嫁にとって、女講中は人間関係を築く大切な場だった。また、女講中で当前長《とめちょう》など代表を務めれば、その後の観音講・念仏講や婦人会でも中心的な役割に就くことが多かった。したがって女講中に入れない女性は、女性社会の中で周縁に置かれやすかったといえる。

このように、契約講・女講中とも、その集落に暮らす適齢の男性・女性を完全に統括する組織ではなかったことには、注意する必要がある。女講中は、集落の女性を女講中に「入れる嫁」と「入れない嫁」に二分した一方で、婚礼への関与をとおして、「入れない嫁」が集落の者として認知される機会を作り、存在を受容した。例えば長持渡しでは、女講中が嫁入道具の引渡しを認め、唄を歌うことで、その嫁入を承認する意味があった。また、集落の紋が入った女講中の婚礼衣装を借りて着ることについても、費用節約だけではなく、集落の嫁という認識を得ることができた。(13)講員になるか否かに関係なく、外来者である嫁を集落とつなげるのも、女講中の役割だったといえる。

(二)　女講中に入らない選択と婚礼の変化

女講中は、「入れない嫁」を含む村落社会の女性たちの中心にある講集団だった。しかし、女講中のこうした凝集性は、集落によって時期は異なるものの、昭和から平成にかけて失われていった。

その背景として、女講中に入らないことを選択する女性が増えたことが挙げられる〔戸邉　二〇一九〕。一つは、民宿等の経営や結婚後も勤め続ける人が増え、女性の労働が多様化し、定例的な講行事の実施が難しくなったことがある。社会奉仕活動や趣味に時間を費やすなど、講行事以外の魅力的な過ごし方の選択肢も増えた。また、集落によっては、嫁いで来る女性が少なくなり、講集団を維持できなくなったところもある。

他方で、昭和四〇年頃から婚礼が大きく変化していったことも影響していると思われる。家で行われていた婚礼が、集落内あるいは近隣の旅館や料亭で行うようになり、更に石巻など離れた都市部に移っていった。これにより、嫁入行列とともに荷運びする機会がなくなり、嫁入道具の移動と婚礼が分離した。長持渡しは、嫁入の承認儀礼として部分的・象徴的に実施されるようになり、長持渡しに伴う金銭のやりとりは大幅に縮小した。婚姻圏が拡がり、牡鹿半島住民以外との婚姻が増え、長持渡しが夫方・妻方の双方向的に行われなくなったことも関連していよう。また、婚礼の場が家から集落外に移ったことで、婚礼衣装や膳椀を女講中から借りる必要もなくなった。女講中以外から用具を調達することが容易になったし、女講中の衣装を着て認知を得る必要もなくなったわけである。

女講中は、婚礼の変化により、婚礼を承認する役割と衣装や道具を管理する役割が薄れ、それに伴って主要な収入源も失った。集落における社会的意義と経済力が大きく低下したことで、女講中の衰退が進んだと考えられる。なお、平成期まで女講中が続いていた集落では、地蔵講・山神講の定例的な講行事のほか、女講中が子供会や小学校行事の支援もおこなっていた。信仰や飲食など講員同士の活動に加え、講の外側でも役割を持つことが講集団として長く続くことにつながったといえる。

(三) 契約講の機能縮小

村落社会での役割の変化は女講中だけではなく、契約講にも起きた。それまで契約講が担ってきた役割のうち、災害対応は消防団へ、共有林の管理は林野組合へ、漁業権は漁業組合へと外部化が進んだのである。契約講の機能が縮小することで、村落社会の基幹組織としての意義も見直されることとなった。また、契約講には一五歳で加入することとなっていたが、戦後に新制高校への進学が定着すると、加入年齢は一八歳に引き上げられていった。進学や通勤のため半島外に住むカトクも増え、集落によっては契約講の活動が鈍るところも出てきた。

牡鹿地区の大原浜では、昭和四〇年代に契約講の活動が停退した。大原浜は江戸時代より十八成組（牡鹿地区）における行政の中心地であり、大謀網漁では四つの村網を有する漁業の盛んな集落でもあった。しかし、近代に入ると、捕鯨会社の進出によって同じ牡鹿地区の鮎川浜に人口が集中し、行政や経済は鮎川浜を拠点とするようになった。対称的に、大原浜の大謀網漁は、大正から昭和にかけて村網から集落外の資本を含む瀬主の経営に移行し、その後、昭和三五年までに廃業や小型定置網漁への転換が進んだ。大原浜から若者が流出していき、契約講の活動が極めて難しい状態となった。森林組合発足に伴い共有林管理の役割を手放し、契約講の戦後のおもな活動内容は、総会、正月の春祈祷（獅子振り）、大原浜の鎮守である三熊野《みくまの》神社の祭り行事となっていたが、昭和四〇年代はそれらも十分に行えなくなり、休止状態となったのである。

昭和五〇年代に入ると、大原浜の契約講は建て直しに向け動き始めた。加入や脱退にかかる厳密な年齢規定を実質的に廃止し、活動の中心を「郷土の振興」、具体的には大原浜の祭り行事と定めた。三熊野神社の祭り行事には、二月の御神木祭、七月の夏祭りがあり、契約講のほか、大原浜行政区、大原浜三熊野神社の氏子会が協力して行う。勤め人も参加しやすいように、祭りの実施日は土日祝日に変更した。そして、昭和五二年二月三日に新体制による最初の総会を実施し〔牡鹿町誌編纂委員会　一九八八〕、祭祀団体として再興を果たした。更に、大謀網漁の終息とともに簡略化していった御神木祭を、山車で御神木を曳いていたかつての形式に復元した[14]。大原浜契約講は、目的を整理し、明確にすることで、講集団の継続を選択・実現したといえる。

休止状態から復活した契約講に対し、同じ大原浜でも女講中は昭和五五年頃に活動をやめている。両者の講集団としての凝集性の差は何だったか。女講中は、長持渡しや婚礼道具貸出が減り村落社会における役割が小さくなるにつれ、本来の講の目的である信仰活動も個別の参拝に変わっていき、ゆるやかに活動を終えた。その一方で、契約講は役割を限定して復活し、村落社会の祭礼集団として継続している。平成二三年の東日本大震災や令和二～三年頃の新型コロナウイルス感染拡大を乗り越え、その役割は大原浜にとってより重要なものとなっている。契約講と女講中のような地縁的な講にとって、講集団の内部的な結集原理とともに、村落社会における位置づけ・役割も重要な要素といえる。

（四）契約講社会における性別の行方

契約講社会では、加入資格は限定されるとはいえ、次三男でもカトクになれば加入の可能性がある。ただし、長女に生まれ相続者に指名されても、カトクとして契約講に入るのはその婿であり、女性はアネとして女講中に入ることとなる。このように性別による区分を基本とする契約講社会が、どのように推移しまた講集団がどのような問題に直面してきたか、平成期の状況を中心に検討したい。

平地が少なく、沿岸部に集落が点在する牡鹿半島では、ほとんどの集落の主要産業は漁業だった。男性だけで漁業を行い、女性は陸しごと（漁獲物の加工、畑仕事など）に専従した。性別役割分業については、昭和二三年に荻浜地区の田代島を調査した瀬川清子の記述からも伺える。

三五町歩を女手一つで耕す。傾斜地なので朝起きるとこやしかつぎで、それも肩と背だけでする。夫は家にいる時には飯炊き、子守をして畑に手を出さぬ。〔瀬川　一九七二〕

牡鹿半島では、基本的に女性は漁船に乗らず、海女もいない。男性と女性は、海と陸で空間的にも活動領域が分かれていた。大規模な大謀網漁、同族で操業する漁船漁業など、集落によって主要な漁業の様態は異なるものの、いずれの場合も、男女ともに同性同士で協力して働く場面は多くなる。契約講と女講中が対形成されたこととの関連も窺えるように、漁業の在り方と村落社会の相互に影響してきた。

戦後、牡鹿半島では養殖漁業の技術が広がり、カキ、ワカメ、ホヤ、ホタテなどを出荷する家が増えていった。養殖漁業は繁忙期には家族総出で作業し、釣漁や網漁に比べると性別で分かれて仕事をする場面が減少した。他方で、漁船漁業においても、コールドチェーンの発達で漁獲物を加工してから出荷する必要がなくなった。加工する場合も、水産加工場で行い、若い嫁たちが連れ立って薪拾いするような共同作業はなくなった。

令和となった現在でも、漁船操業など海上作業は主として男性の仕事であり、女性は漁獲物の加工・活用などに当たることが多いが、性別役割分業としては以前ほど徹底されてはいない。夫が漁業に従事し、妻は勤めに出るなど、漁業者家族としての在り方も多様化している。

他方で、人口動態の変化は深刻である。旧牡鹿町の人口は昭和三〇年時点で六七五八人だったが、平成二年には三三九八人まで減少し、令和四年には二一九三人となっている[15]。また、令和四年の六五歳以上人口は一一四一人と総人口の半数以上を占めており、人口減少と高齢社会が課題となっている[16]。集落によってその深刻さは異なるものの、二〇～三〇代男性が中心となる契約講が変わらないまま活動を続けるのは極めて困難といえる。年齢区分をゆるめたりなくしたりして契約講を継続する集落もあるが、盛んに調査研究が行われた昭和三〇年頃と比べると、性と年齢による契約講社会の秩序は失われているといえる。

こうした集落の変容は、東日本大震災を境に、その変容にどのように向き合うかが喫緊の課題として立ちはだかることとなった。平成二三年三月一一日に牡鹿半島沖で発生した東北地方太平洋沖地震により、大きな津波が東北・関東地方の太平洋岸を襲った。牡鹿半島も被災し、平地の多い牡鹿地区谷川浜では津波浸水高が二五・八メートルに達した。各集落が受けた被害は甚大で、漁業の再開や居住の継続が難しく解散を余儀なくされた集落もあった。また、高台へと移転せざるをえず、集落の形が大きく変化した集落も多く見られた。

それぞれの集落が村落社会の結びつきを課題とする中、同性同士の結びつきを再度重視しようとする集落があった。牡鹿地区の寄磯浜では、女性たちが地元の寺院・崇徳寺で講行事をおこなってきたが、震災前にはすでに女講中と念仏講が活動をやめており、わずか二名の講員が観音講を続けている状況だった。震災に見舞われ、村落社会で助け合う生活が続く中、女性たちは同じ集落でも意外に互いを知らないことに気付いたという。そこで、女性が集まる定期的な機会を求め、観音講が注目されることとなった。年に三回、子育て世代を除く集落の女性たちが崇徳寺に集まり、御詠歌を唱え、一緒に作った食事を食べる。午前中のみの短い時間ではあるが、職業に関係なく女性が集まり、互いを知りあうのに、講はちょうどよい集まりの形として改めて注目されたといえる〔戸邉　二〇一九〕。

同性の結びつきの重要性が再認識される一方で、性別による区分のゆらぎも見られた。被災した牡鹿半島には、多くの災害ボランティアや支援団体が訪れた。災害発生直後の瓦礫撤去や清掃だけではなく、生活や産業、行事に対する長期的な支援も行われ、中にはボランティア先に移住したり、起業したりする人もいた。集落では、こうしたボランティア等との長きに亘る接触により、様々な刺激を受けることとなった。その一つに、契約講への女性の加入という例がある。

その女性は、牡鹿半島に震災直後から来ていたボランティアだった。作業の合間に地元の人から祭り囃子を教わり、やがて若い契約講員から「契約講に入ったらどうだ」と誘われるまでに地域社会へ溶け込んでいた。彼女自身も、集落で事業を始めるつもりで移住を決めており、誘いを受けて契約講に入りたいと考えるようになった。しかし、上の年齢層の契約講員や行政区役員は、受け入れに対して慎重だった。講員の人数が減る中、彼女の申し出は貴重ではあったものの、女性であること、移住年数が短く定住の見込みが分からないことが問題だった。何度も話し合いを重ね、ついに、牡鹿半島で初めての女性契約講員が生まれることが決まった。契約講の加入が認められる上で、一つの要素であったのが、彼女が未婚だったことである。既婚者であれば、婦人会など既婚女性のグループに入るのが自然だが、未婚女性については集団のカテゴリがないため、本人の希望を汲んで契約講で受け入れることになったのである。

前例ができたことで、この集落の契約講では翌年に二人目の女性講員が生まれている。この講員は地元の出身者で、子供の頃から祭り囃子の練習をしてきた。契約講員ではないものの、祭礼時の祭り囃子に参加していたため、女性講員の前例ができたことで誘われ、その後加入が認められたということだった。二人目も加入時は未婚だった。

性別までもが緩和されたことは、契約講だけの問題ではなく契約講社会の構造に関わることである。牡鹿半島の契約講は、年齢や家の後継者に加え、女講中との対形成による男女の区分があることで秩序が維持されてきた。しかし、現実的に集落の社会構造が変化する中で、何故男性だけの組織を維持しなければならないかが、移住者や若い講員の目線では疑問視されたといえる。

元々の契約講は、村落社会が互助によって生活するしくみとしての「契約」が根本にある。生活の在り方や性に対する認識が変わる中で、村落社会における講集団の意義を見直したとき、何のために集まるのかという結集原理もまた更新されていくといえる。同性同士の結びつきの強化と性別による区分のゆらぎが同時期に見られたように、契約講社会の変化の方向も一様ではない。

おわりに

地縁的な講集団について、男性・女性の講集団を総体的に捉えることにより、村落社会の把握を試みた。契約講を基幹組織とする牡鹿半島の村落社会では、男性の契約講と女性の女講中が併存することで同性同士が結びつき、性別による役割分担が行われてきた。二つの講集団は、カトクの講とアネの講として相対的ではあるものの、それぞれは集落の基幹組織と婚礼への関与が付与した信仰的講であり、活動目的と社会的役割は対称ではなかった。非対称な対組織として両性の講集団を捉えることで、契約講社会の根底にある性別の秩序の実態が明らかとなった。

また、契約講社会は契約講と女講中を中心とするが、これらの講集団は全ての住民を総括するわけではない。契約講はカトク以外の男性に対し極めて慎重であり、女講中もそれに近い対応をとってきた。また、結婚を加入の契機とする女講中では、独身の女性は加入できなかった。このように、契約講社会は性別によって住民を単純に二元化するのではなく、講集団に「入れる者」と「入れない者」を分けてきたことに留意しなければならない。更に、集落の人口減少と高齢化に伴い「入れる者」が減少し、講集団に加入しない人びとは「入れない者」から「入らない者」に変化してきた。入らない選択は、その講集団の意義が村落社会にとって縮小してきただけではなく、職業や趣味の多様化により、加入する側の帰属意識も複雑になってきたことがある。

例えば女性は、未婚と既婚、職業を持つ人と専業主婦、子供の有無などによって分断され、カテゴライズされる〔妙木　二〇〇九〕。牡鹿半島の女講中は、子供を産み育てることを共通の目的とした既婚女性の講集団であり、講行事の回数が多いなど職業を持つ女性にはあまり対応していない、柔軟性の低い講だったといえる。本文中で、女性の集団ではなく契約講への加入を希望した女性の例を示したが、他方で、講の名称を冠してはいないものの、東日本大震災以降、各地で新たに女性の協働組織やサークル活動が立ち上がっている〔戸邉　二〇一九〕。契約講社会における講集団の選択はより増えていく可能性がある。

註

（1）　年齢階梯制は、ドイツの民族学者・ハインリッヒ・シュルツが提唱した男子結社「Altersklassen」を江守五夫が翻訳した語で、原則的に男性の組織や制度のみを指していた〔江守　一九五四〕。

（2）　日本の民俗学では、未婚の若者組と娘組が対応関係にあったと考え、女性側の組織や制度を欠く年齢階梯制理論を問題視した〔関　一九五八〕が、その後も組織的な娘組を実証する報告は乏しかった。前田安紀子は、配偶者の選択決定の観点から、娘の集団は若者組ではなく若者仲間に対置されるべきであると指摘した〔前田　一九七三〕。前田の指摘を踏まえ、従来娘組とされてきた事例を検証した福田アジオは「安易に娘組という名称を与えて、若者組に対応する存在とすることは間違い」と述べ〔福田　二〇〇四〕、未婚の若者組・娘組の対応関係をめぐる議論の結論的な見解を示した。

（3）　男性の不在がちな地域では女性が日常的な調整を行う機会も多く、男性が長い期間漁に出る千葉県南房総市和田町和田では、寄合の総代（男性）を女性たちで相談して決め、それを各自が夫に伝え、夫は寄合でそのとおりに投票するという事例が報告されている〔和田　二〇〇八〕。

（4）　利根川下流域の産育習俗の一つに、犬が死んだときに二股の塔婆を村境などに置く犬供養があり、安産へのあやかりのほか、産死者の供養とされている〔菊池　一九八〇〕。近世の人口動態と講の発生時期に着目した西海賢二は、講の石塔が作られた時期と人口減少の時期が地域的に重なることを実証し、女人講誕生の背景に子の弔いがあることを示した〔西海　一九七九、一九九二、二〇一二〕。

（5）　福田アジオは、男性の若者組は近世文書によって存在と活動内容が明らかであるものの、女性の娘組については近世村落に存在していたことを示す字資料が発見されておらず、若者組との併存説は成立しないと指摘する〔福田　二〇〇四〕。近世における女人講の発生を研究した西海賢治もまた、文書ではなく、石塔や墓石を分析の対象としている〔西海　一九七九〕。本稿で考察している牡鹿半島の女講中もまた、会則や講則があった例は少数で、それも平成二三年の東日本大震災等で失われており、現在残っていない。引き続き文字資料の収集が求められる。

（6）分家に対して本家が特権を有しないこと〔千葉　一九五二〕、同族の系譜意識が薄弱であること〔平山　一九六九〕などが指摘されている。

（7）竹内利美は、年齢に基づく組織や集団を「年序組織」〔竹内ほか　一九五九〕、性と年齢に基づく社会秩序を「年序集団体系」〔竹内　一九九一〕と呼んでいる。

（8）小網倉浜について、竹内は「女子の場合は、年齢よりもむしろ家族内の地位によって整除されている」〔竹内ほか　一九五九〕としているが、筆者の調査では、小網倉浜女講中の脱退年齢が四二歳であったことを確認している〔戸邉　二〇一九〕。筆者調査に協力してくださった二名の話者は、昭和五〇年代に地蔵講で活動しており、長持渡しも経験している。また、女講中には婚礼衣装が古いもの・新しいものの二着があり、話者はうち新しい方の一着を借りて嫁入りしたということだった。竹内は女講中の婚礼関与に全く触れておらず、女講中の収入源は「磯分け」と呼ばれる海藻採取だったと述べている。ただし、筆者調査では「磯分け」の形跡を見つけることができなかった。なお、竹内は江馬成也が収集整理した情報をもとに編述しており、実際には小網倉調査をおこなっていない。

（9）牡鹿地区・新山浜女講中の「会則」や大谷川浜女講中の「講則」など、契約講と同じく規約を設け、文書で保管していた例もある。ただし、新山浜、大谷川浜ともすでに実物は失われており、詳細を知ることはできない〔戸邉　二〇一九〕。

（10）牡鹿地区小網倉浜の慶応四年二月一六日「当邑若者中契約定書」には「当村之内極難ニ而聟取嫁取等相及兼候もの有之候ハハ、契約連中之若者共自分持弁当ヲ以一日肴取ヲ手伝仕」とあり、限定的に婚礼の手伝いを許していた。しかし、昭和二二年旧暦一〇月五日の「小網倉清水田実業団則」では、「本団の年間行事左の如し。（イ）春祈祷（ロ）年祝（ハ）神社祭典（ニ）葬儀手伝（但し正月に在りては任意とす）（ホ）その他団員の決議作業」となり、婚礼手伝いは消えており、年祝と葬儀が明記されている。また、女川地区飯子浜の明治二三年旧暦二月二三日「竜神講掟書之事」、明治二五年旧暦二三日「神風講社中合規約」、横浦の大正二年一〇月「横浦青年会会則」には冠婚葬祭の手伝いは一切記載がない（以上の契約講規約出典は〔竹内ほか　一九五九〕による）。小網倉浜と同じ牡鹿地区の小淵で平成一九年に現地調査をした仲川によれば、昭和二四年旧暦二月一六日「小渕実業団団則」に「冠婚葬祭の互助やそのほかの助け合い」が記載されているとのことだが、調査に対応した小淵区長より「ここの契約講は他と違って葬式の手伝いなどの助け合いはやらない。葬式の手伝いは隣同士で助け合う」と言われたという〔仲川　二〇〇九〕。

(11) 女性が唄や踊りを披露する慣習としては、不漁時などに女性たちが宴会を開く、田代島の「磯祭り」〔瀬川　一九七二〕、桃浦の「タル入れ」〔川島　二〇〇二〕がある。こちらは年中行事ではなく、牡鹿地区の集落ではあまりなじみがない。なお、田代島、桃浦ともに荻浜地区である。

(12) 平成一九年一〇月、大里正樹氏調査による。

(13) 戦後の新生活運動では、結婚改善の一環として、婚礼衣装の共有を奨励することも行われた〔田中　二〇一二〕。牡鹿半島の場合も、大原浜女講中は、自身の婚礼を懸念する青年団の女性たちの依頼をきっかけに婚礼衣装を揃えていることから、経済的事情の側面は確かにあったといえる。しかし、昭和三六年に牡鹿地区の集落から集落へ嫁いだある女性は、離れた鮎川浜まで行って着付け・髪結いをした。婚家・実家共に裕福で、集落の重鎮でもあり、彼女自身も多くの嫁入道具を携えて嫁いでいることから、節約目的としては不自然である。集落の紋が入った女講中の婚礼衣装には、町の貸衣装や個人の婚礼衣装にはない集落への帰属が表れており、その価値は時として、家の示威や花嫁の意思、労力より重要視されたといえる〔戸邉　二〇一九〕。

(14) 大謀網漁は人手を要するため、大原浜では気仙地方から大網仕を雇い入れていた。御神木祭では、契約講は笛・太鼓を担い、山車を曳くのは大網仕の役目だった。『牡鹿町誌』によれば、昭和五四年に御神木祭の形式を復活させてからは、大網仕に代わり集落の住民が山車を曳いたとある〔牡鹿町誌編纂委員会　一九八八〕。しかし、平成二三年三月十一日に東北地方太平洋沖地震が発生し、津波による大規模被害を受けると、大原浜では字町を中心に居住が制限され、自宅の再建を諦め集落を後にする住民が続出した。翌二四年からは、ボランティアが御神木祭の山車の曳行を支えている。

(15)　石巻市ホームページ市政情報（令和二年一二月五日更新）による。昭和三〇年、平成二年は国勢調査に基づきそれぞれ十月一日時点、令和四年は住民基本台帳に基づき三月時点の情報である。

(16)　註(15)に同じ。

参考文献

江守五夫　一九五四「年齢階梯制ならびに自由恋愛に関するH・シュルツの学説について」『社会科学研究』（四）東京大学社会科学研究所。

牡鹿町誌編纂委員会（編）　一九八八『牡鹿町誌』（上）牡鹿町。

鎌田久子　一九七一「利根川流域の産神信仰」九学会連合会『利根川――自然・文化・社会』弘文堂。

川島秀一　二〇〇一「エビスバアサマのお振る舞い――三陸漁村の女たちの役割」『別冊東北学』（二）東北芸術工科大学東北文化研究センター。

菊池健策　一九八〇「利根川流域の犬供養」『日本仏教』（五〇・五一）日本仏教研究会。

小林奈央子　二〇一六「ロマン化されたイメージに抗う――日本における霊山と女性行者」『宗教とジェンダーのポリティクス』昭和堂。

桜井徳太郎　一九六二『講集団成立過程の研究』吉川弘文館。

佐々木美智子・加納尚美・島田智織・小松美穂子　二〇〇四「女人講における「聖」と「俗」――茨城県南地域の事例から」『茨城県立医療大学紀要』（九）茨城県立医療大学。

下村　希　二〇〇九「女講中と婦人会の変遷――戦後の都市化と高齢化による村落への影響」『フィールドへようこそ！二〇〇七――牡鹿半島表浜の民俗』筑波大学民俗学研究室。

瀬川清子　一九七二『若者と、娘をめぐる民俗』、未来社。

関　敬吾　一九五八「年齢集団」『日本民俗学体系（三）社会と民俗（一）』平凡社。
竹内利美・江馬成也・藤木三千人　一九五九「東北村落と年序組織」『東北大学教育学部年報』（七）東北大学教育学部。
竹内利美　一九九一『竹内利美著作集（三）ムラと年齢集団』名著出版。
立柳　聡　一九九八「契約と同族――東北地方の村落構造を支える原理の検討」『性と年齢の人類学』岩田書院。
田中宣一　二〇一一「塩尻市旧洗馬村での生活改善への取組み」田中宣一（編）『暮らしの革命――戦後農村の生活改善事業と新生活運動』農文協。
田村　浩　一九三六『五人組制度の実証的研究』厳松堂。
千葉正士　一九五一「村落生活における「契約」について」『法律時報』（二三―六・七）。
坪井洋文　一九八五「生活文化と女性」『日本民俗文化大系（一〇）家と女性』小学館。
東北学院大学政岡ゼミナール・東北歴史博物館（編）　二〇〇八『波伝谷の民俗』東北歴史博物館。
戸邉優美　二〇一九『女講中の民俗誌』岩田書院。
仲川公二郎　二〇〇九「小渕実業団の役割の変遷と現在」筑波大学民俗学研究室（編）『フィールドへようこそ！二〇〇七――牡鹿半島表浜の民俗』筑波大学民俗学研究室。
西海賢二　一九七九「近世後期の人口動態と女人講――常陽地方を中心として」。
西海賢二　一九九二「江戸後期の女人講――常総地域の人口対策と子安講をめぐって」戸川安章（編）『仏教民俗体系（七）寺と地域社会』名著出版。
西海賢二　二〇一二『江戸の女人講と福祉活動』臨川選書。
長谷部八朗　二〇一三a「叙文」長谷部八朗（編）『「講」研究の可能性』慶友社。
長谷部八朗　二〇一三b「「桜井民俗学」と講研究」長谷部八朗（編）『「講」研究の可能性』慶友社。
服部　誠　一九九三『名古屋民俗叢書（二）婚礼儀礼における女客の優位――嫁社会への加入式』名古屋民俗研究会。
平山和彦　一九六九「牡鹿半島一帯における年齢集団の諸相」和歌森太郎（編）『陸前北部の民俗』吉川弘文館。

福田アジオ　一九六九「契約講」和歌森太郎（編）『陸前北部の民俗』吉川弘文館。
福田アジオ　二〇〇四「娘組と娘仲間」飯島康夫・池田哲夫・福田アジオ（編）『環境・地域・心性——民俗学の可能性』岩田書院。
前田安紀子　一九七三「配偶者の選択」青山道夫（編）『講座家族（三）婚姻の成立』弘文堂。
明治大学法社会学演習学生一同・江守五夫・平山和彦　一九六八「牡鹿半島の一村落における慣習規範と社会構造——宮城県牡鹿郡牡鹿町給分浜の調査研究」『法学会誌』（一九）明治大学法学会。
松本誠二　二〇〇六「契約講」福田アジオ・新谷尚紀・湯川洋司・神田より子・中込睦子・渡邊欣雄（編）『精選日本民俗辞典』吉川弘文館。
丸谷仁美　一九九六「利根川下流域の女人講——観音巡行・巡拝習俗を中心に」『日本民俗学』（二〇六）日本民俗学会。
丸谷仁美　一九九七「女人講の組織とその変遷——千葉県香取郡大栄町一坪田の事例を中心に」『常民文化』（二〇）成城大学常民文化研究会。
妙木　忍　二〇〇九『女性同士の争いはなぜ起こるのか——主婦論争の誕生と終焉』青土社。
村武精一・郷田洋文・山口昌男・常見純一・武村卓二　一九五九「伊豆新島若郷の社会組織——世代階層制村落の研究」『民族学研究』（二三）日本民族学会。
和田　健　二〇〇八「村の変容と存続」『日本の民俗（六）村の暮らし』吉川弘文館。

講と女性をめぐる研究

——ジェンダー視点が拓く可能性

パネル代表者　小林奈央子

講と女性をめぐる研究は、おもに民俗学において「女人講」研究としてさかんにおこなわれてきた。そのまま「女人講」と呼称する講もあれば、子安講や念仏講などと称し、構成員が女性であることから〝女人講〟として把握されているような組織もある。村落における女人講組織は一般的に年齢による区別が截然としており、いずれの組織でも年齢の近い女性同士のつどいの場となっていた。たとえば、子安講は嫁入りしてすぐや子どもができたら加入する若い世代の女性たちの集まりで、他方、念仏講はムラに死者が出た際に死者を弔うために経を上げる年配女性たちの集まりであることが多い。こうした区別は、既婚女性が家をあけて出かけることが難しかった時代、嫁、姑それぞれがお互いに気兼ねせず講行事に参加できるようにという意味が含まれていた[1]。女性たちはその中で料理や裁縫などの知識を得、出産や子育て、家庭での問題や悩みを共有してきた。

しかしながら従前の女人講に関する研究では、娘、妻（嫁）、母といった女性のライフコースは自明のものとされ、特定地域における「女人講」の、個別の事例報告にとどまる傾向が強かった。また、多くは女性だけを調査の対象とした「女性研究」であり、女性の組織に対応する男性主体の組織の在り方や、その組織との関係性についての視点は希薄であった。

「女性の視点」の重要性を主張し、女性研究者による女性に関する研究を促進させたのは柳田国男であった。そして、そのきっかけを作った瀬川清子と柳田の出会いが、「女性民俗学研究会」を成立させ、現在まで続く学術雑誌『女性と経験』の刊行につながっている。

この『女性と経験』に長年複数の論考を投稿している靍《つる》理恵子は、日本の民俗学は早くから女性を研究対象としてきたリベラルな学問としての評価があるが、フェミニズムの視点やジェンダーの概念が導入された研究はきわめて少ないとし、(2) 繰り返しそれらの必要性を訴えている。(3) たとえば、ムラの寄り合いや村落祭祀を担う集団である宮座などに女性がいないということを、話者も研究者も自明視し、「女性の不在」に疑問を持たずに来たこと、また女性ばかりで成り立つ念仏講や子安講において、男性はどうしているかという問いが立てられることもなかったという問題を指摘した。(4)

いまここで、小論という形で報告する日本宗教学会第七十九回学術大会（オンライン開催、二〇二〇年九月十八日―二十日）のパネル発表「講と女性をめぐる研究――ジェンダー視点が拓く可能性」（代表・小林奈央子）は、まさにこのような「女性研究」の域にとどまりがちな女性が主体の講および女性が関与する講に関わる従来の研究を、ジェンダーの視点を介しながら、村落社会や教団全体から捉え直すことを目的としている。また、女性による（あるいは女性が関与する）講も、村落社会の中で社会的な役割を果たしている組織であり、講組織を含めたほかの社会組織や男性組織との関係性の中で、複合的、俯瞰的な視点から考察すべきものであるという視点を登壇者で確認し合った。さらに、パネリストの一人である戸邉優美が著書の中で指摘している、女性だけを対象とする女性研究から脱却し、複合領域としてのジェンダー論を目指す必要性をメンバーで共有した。以下、各報告について簡単に紹介する。

戸邉優美「村落社会における男性・女性の講集団の相対性と非対称性――契約講社会における女講中の役割を中心として」は、平成三〇年（二〇一八）日本民俗学会第七〇回年会シンポジウム「「講」研究の可能性」（コーディネーター・高木大祐）での戸邉の発表「女講中と女性同士のつながり」と、日本宗教学会第七十九回学術大会パネル発表「契約講社会における女講中の役割と相対性」を総括したものとなっている。おもに東北地方に分布する、家単位の互助的協同組織である契約講のある村落社会に着目し考察を進めている。契約講は家同士の水平的結合であり、男性のみの集団である。それゆえ、男性の強固な結合が中枢にある村落社会における、女性側の社会の在り方や男女の講の対応関係をとおして、講集団の全容を把握しようとしている。

戸邉は、男性の契約講に対応する女性の集団があり、それが男女ともに年齢集団に基づいているという竹内利美による研究、および、契約講は年齢集団ではなく男性戸主を基準にしているとした福田アジオの研究などをふまえながら、男性による契約講を基幹組織とする村落社会も、女性側の連携を包括した上で捉え直す必要があるとする。そして、その方法の一つとして、男性の契約講と年齢的に対応する「女講中」について、牡鹿半島の婚礼や年中行事を事例に考察を加えている。

その結果、契約講と女講中は、カトクの講とアネの講としての相対性はあるものの、冠婚葬祭には関わらない講（契約講）と、婚礼に深く関与する講（女講中）であり、活動目的や社会的意義は非対称であるとした。ゆえに、両者は非対称の対組織として捉えられ、ここから当該社会の根底にある性別に関する秩序の実態が明らかになったとする。

後藤晴子「「講的」なものとしての女性司祭者の集まり――南島を事例に」は、日本宗教学会第七十九回学術大会パネル発表「「講的なもの」としての女性宗教者の集まり――沖縄の事例から」の内容に基づきまとめている。後藤は、神祭祀のたびに離合集散する、凝集性の低い沖縄離島の宗教的職能を持った女性司祭者たちの集まりを、「緩やかな性質を持つ集まり」、すなわち長谷部八朗の定義するところの「講的な」集団の一例であると捉え、彼女たちの実践を同じ社会内の男性による社会組織の実践との関わりから考察している。ここでの男性組織とは、父系血縁集団の門中組織や、男性メンバーが中心の村落（行政）組織をさす。

後藤は、沖縄離島の女性司祭者が神祭祀の場において中心的な役割を果たしていることを明らかにすることで、宗教とジェンダー研究に関する新たな議論を開く可能性や、日本本土の女性の講（的）集団研究との対話を拓く可能性があると述べる。その一方で、神祭祀で中心的な役割を果たす女性司祭者にとっても、「門中の恥になる」といった言い方がなされるように、彼女たちを経済的・社会的にバックアップしている、男性組織の門中が強く意識されていることを指摘する。また、神祭祀のなかでも特別視されている旧暦六月の神祭祀は二日間にわたって開催され、島内外から多くの人が集まる。そのため祭祀行事を円滑に進めていくためには村落（行政）組織との協力と事細かな微調整が不可欠である。

すなわち、宗教的な優位性を持つ女性司祭者たちの集まりと、世俗的な優位性を持つ男性中心の門中や行政上の村落組織が相補的な関係性にあるとする。

佐藤俊晃「曹洞宗梅花講の女性構成員について」は、日本宗教学会第七十九回学術大会パネル発表「梅花講における女性僧侶・寺族・檀信徒講員」の内容に基づいている。曹洞宗の詠讃歌講である梅花講について、僧侶であり実践者でもある立場から考察している。

梅花講は曹洞宗教団のご詠歌（梅花流梅花講）として昭和二七年（一九五二）に発足した。梅花講の成立には、同年が開祖道元の七百年大遠忌の年であったことや、戦後の親民衆的布教教化施策、戦争犠牲者（夫・息子）の慰霊供養など複数の背景があるとされている。多くが戦後の日本社会という特殊事情に関係するものであるという。

佐藤は、そのなかでも戦後に高揚した女性僧侶の地位向上運動と、彼女たちに期待された梅花講の詠歌指導者としての役割に着目するが、実際には指導に当たる女性僧侶の圧倒的な少なさと、梅花講の講長として曹洞宗教師（多くは寺院の住職）が補任される慣習から、指導者としての立場は男性僧侶によって占められてきたとする。しかしその一方で、男性僧侶が講長であっても、その多くが指導実績の無い僧侶（初心者あるいは無教階が半数を占める）であり、実際に現場で檀信徒に指導を行っているのは相対的に教階上級者が多い寺族（男性僧侶の妻）であるという。そして、そうした指導に当たる寺族にとっては、梅花講の場が主体的に活動できる場ともなっているという。ただここからは、かつて島薗進が指摘したように曹洞宗教団において「女性が積極的な役割を果たしながら、教団組織の上層は男性が握っている」という構造が見える。ここから佐藤は梅花講や寺院活動における寺族女性の位置づけについて再検討を行う必要があると述べる。

小林奈央子「御嶽講と女性先達──行と法力が支える講活動」は、同名の日本宗教学会第七十九回学術大会パネル発表に基づいた内容である。御嶽講は岐阜県と長野県にまたがる木曽御嶽を霊山として信仰する山岳信仰の講組織であり、女性が主体である講ではない。ただ、明治期に女人禁制が解除されて以降、女性行者の活躍が顕著となった山岳講組織の一つである。ただ、女性行者が多く存在しても、御嶽講（教会）の長となるのはほとんどが男性であった。そのようななか、戦後すぐの昭和期に三十余年以上、愛知県北部に所在する御嶽教会（講）の教会長を務めた女性のH先達と、H先達と同時代に御座（御嶽講における神降ろしの巫儀）でパートナーを組んでいた女性のA先達がいた。男性中心で保守的な山岳宗教の世界において女性であるために受ける差別や困難を両先達はいかにして克服し、講組織内で主導的立場に立ってきたのか、その要因を検証している。

小林はその要因を、厳しい行の実践と行をとおして獲得した霊的な力（法力）によって行者の力量が評価される御嶽信仰の特色と、「講」という組織がもつ特性のおもに二つにあったとする。とりわけ、両先達は御座の儀礼で卓越した能力を発揮し信者からの信頼を得ていた。その能力を獲得するために行う苛烈な修行姿を講内部の人たちは日常的に目にしていた。そうした姿に対する尊敬と信頼によって、女性であるということで受ける差別や抑圧を軽減、回避することができた面があったと推察する。さらに、二人が所属した教会（講）は教派神道系教団である御嶽教を上部包括教団組織としているが、そこに属しつつも各単位講の自立性・独自性が容認されてきた御嶽講組織の伝統によって、教団による男性中心主義、家父長制的な運営からある程度距離を置いて活動することができたのではないかと見る。

以上が、日本宗教学会第七十九回学術大会のパネル発表「講と女性をめぐる研究――ジェンダー視点が拓く可能性」の四人の登壇者による、パネル発表をふまえた今回の報告書の概略となる。戸邉、後藤の前者二人は、女性によって構成される講組織（講的集まり）についての研究であり、牡鹿半島と沖縄の離島というそれぞれの地域社会に根付く特色を有す。また、佐藤が取り上げた曹洞宗教団の梅花講は、講員のほとんどが女性寺族あるいは女性檀信徒であり、構成員の内訳としては女性主体の講組織といえるが、講の代表を務める講長のほとんどは寺院住職を務める男性の曹洞宗教師である。女性の構成員からなる講組織ではあるが背後にある曹洞宗教団との関係は不可分である。この点では、同じく御嶽教という上部包括教団を持つ小林の御嶽講組織の研究と繋がる部分がある。今回の四人の研究を通じても、「女性の講」「女性が関与する講」のありようにはさまざまな形態の違いや類似性があることがわかる。

パネル発表当日にコメンテータの長谷部八朗からは、「本来限定的であった「講と女性」の関わりを「講的なもの」も含む多彩な位相から捉え直すとともに、そのことをとおして新たな視座からのジェンダーの論の可能性を提示している」との評を受けた。「新たな視座からのジェンダー論の可能性」について、今後どの程度研究を発展させていけるかわからないが、今回のパネル発表をきっかけとして、ジェンダーの非対称性の是正という論点だけではない、「女性と講（講的集まり）」をめぐる研究の多様な観点や潜在力を知ることができた。

註

（1）丸谷仁美「女人講の組織とその変遷―千葉県香取郡大栄町一坪田の事例を中心に」『常民文化』二〇、二五―五三頁、一九九七年。
（2）靍理恵子「アキナイ再考――「現在」と「フェミニズムの視点」から」『女性と経験』三八、一五頁、二〇一三年。
（3）前掲論文のほかに、靍理恵子「「女性の視点」とは何か？――民俗学の先行研究をふまえて」『女性と経験』二五、二九―三六頁、二〇〇〇年、同「日本民俗学とフェミニズムの「距離」――ジェンダー視点の導入がもたらすもの」『女性と経験』三四、一七―二九頁、二〇〇九年、同「女どうしの絆があるムラ――血縁、地縁と選択縁」『女性と経験』四〇、三三―五一頁、二〇一五年など。
（4）靍理恵子、二〇一三年、一六頁。
（5）戸邉優美『女講中の民俗誌――牡鹿半島における女性同士のつながり』三八頁、二〇一九年。

「講的」なものとしての女性司祭者の集まり

――南島を事例に

後藤　晴子

一　問題の所在

「講的」な性格を備えた緩やかな集団は、今も私たちの身の回りに多種存在している。そして緩やかな集団は、しばしば私たちの日常実践における重要な基盤のひとつになりうる。また女性の講的な集まりは、日本の地域社会の中心的な組織として構成される男性の講組織や「講的」な集団とは異なる独自の機能や役割を担うこともある。こうした女性の「講的」な集まりは、日本本土とはその歴史、文化的・社会的背景を異にする南島においても同様に認めることができる。

南島研究では「をなり信仰」に端を発する沖縄の「霊性の高い女性」像の固定化や内面化に関する議論のなかで、女性の宗教的優位性を強調するだけでは、現実の南島女性の姿を捉えきれないという警鐘がジェンダー研究を中心になされてきた［加賀谷二〇一四：堀場一九九〇など］。具体的には、沖縄学の父・伊波普猷が一九一九年に記した『沖縄女性史』［伊波二〇〇〇（一九一九）］で古琉球において女性の地位が高かったことや、一九二七年の論考「をなり神」で姉妹（をなり）が兄弟（えけり）を守護するという「をなり神信仰」を指摘して以来、「をなり神信仰」は南島研究で自明視され、沖縄をはじめとする南島において「霊的能力のある女性」像がひとり歩きするようになった、という指摘がなされている［加賀谷二〇一〇］。ただしこれは南島研究に限られたことではなく、日本民俗学の父・柳田国男も『妹の力』（一九四〇年）のなかで霊的な能力が一般の女性にもみられると記述している。こうした柳田の記述も女性が持つとされる神秘的な霊力があたかも古代の巫女から連綿と続くかのような錯覚を抱かせることにもなった［安井二〇〇二：八八］。南島研究を実践してきた民俗学・文化人類学・歴史学というアカデミズムの世界で生み出されたこうした言説は、南島の女性たち自身に内面化され、男女同権の意識が高まるなか沖縄の地元紙『琉球新報』で繰り広げられた一九八〇年代のトートーメー論争(1)以降も、多くの女性たちが位牌の男性継承の慣習を容認する事態を招いている［加賀谷二〇一四、堀場一九九〇］と、ジェンダー研究者たちから懸念も提示されている。

もちろん南島の宗教とジェンダーを取り巻くさまざまな問題群を考察する上で、これらの指摘が重要であることは明白であろう。しかし南島の地域社会の現場に目を向けると、いまなお女性の司祭者たちが宗教的な場面で中心的な役割を果たし、行政や門中に代表される男性の社会集団とは異なる性質、役割や機能を担っている現実も同時に見受けられる。南島の司祭者集団には、男性が加わる場合もあり、その役割や立場の地域差は大きいが、総じて女性司祭者が中心的な役割を果している地域は多い。このような女性司祭の伝統は、沖縄を含む南島で今もなお多様なバリエーションを持って分布しているといえる［高梨二〇〇九］。宗教人類学者の川橋範子は、「生身の人間」でありながら「聖性を持った」沖縄の女性司祭は文化的価値に根差している［KAWAHASHI 二〇一六：九一―九二］とし、宗教とジェンダーに関する新たな議論を拓く端緒として沖縄の女性司祭者に関する議論の重要性を論じている。

本稿では、沖縄離島を事例に地域社会の現場から女性司祭者たちの集まりを、「講的」な集団として考察し、その機能と役割について多少なりとも議論することを目的としている。具体的には、筆者が二〇〇四年から二〇一二年にかけて断続的に調査を実施した沖縄離島で村落祭祀毎に集まる女性司祭者たちの集まりを、長谷部八朗の定義する「講的な」［長谷部二〇一三：一二］集団の一例として取り上げる。(2) 彼女たちの実践を他の男性の社会組織（父系血縁集団である門中や男性メンバーが中心を占める行政組織）の実践との関わりから考察し、権力の非対称性は踏まえつつも、非対称な権力構造を議論の中心に据えるのではなく、男性の集団とは異なる機能や役割に着目したい。

ここで女性司祭者たちの集まりを「講的な」集団として議論しようとする意図は、先に述べた広義の意味での「講的な」集団の一例として講とジェンダー研究へ寄与する、という意図による。また文化・社会的な背景が日本本土と異なり、地域的偏差が大きいことから細かい個別のデータの蓄積がなされ、各地域によって異なるフォークタームによって、統括的な議論や他の地域の研究者の参入がなかなか難しい［森田二〇〇二：三〇四―三〇五］とされる南島の一離島の議論を、「講的な」集団として拓かれた議論の俎上に載せる、といった点にもある。つまり本稿は日本本土の女性の講（的）集団研究との対話を拓き、いわゆる運動論とは異なるかたちで、講とジェンダーの議論の構築へのささやかな一助になることを目的としている。

また本稿は二〇二〇年九月の日本宗教学会の第七九回学術大会のパネル「講と女性をめぐる研究――ジェンダー視点が拓く可能性」（代表：小林奈央子氏）内における個人発表「『講的なもの』としての女性宗教者の集まり――沖縄の事例から」を端緒としていることを明記しておきたい。

二　島における女性司祭者の位置

（一）調査地概要

本稿で取り上げる島は、人口千人足らずの沖縄本島周辺に位置する高齢化率の高い島である。古来より人びとは農業で生計を立てており、天水と僅かな湧き水に頼っていたため、しばしば台風や旱魃の災害をじかに受けていた。こうした環境的な制限も相まって、琉球処分（沖縄併合）前後の一八七九（明治一二）年以降県内外への移動が自由になると、相続の限られる次三男を中心に那覇や大阪に出稼ぎや奉公に出かける人びとや移住する人が増えた。第二次世界大戦中には、一九四四（昭和一九）年の一〇一〇空襲の後に沖縄本島から避難してきた住民で一時的に島内人口が爆発的に増えるものの、戦後はまた島外への移住が増加するようになった。その結果、沖縄の他の小規模離島と同様に島民の三分の一は島内に在住し、三分の二以上は那覇や京阪神地方といった地域に第二の故郷を求めるといったライフスタイルを確立した。在島者も那覇に拠点を持つ人は多く、日常的に沖縄本島を往き来している。また祖先祭祀や旧暦でほぼ毎月開催される神祭祀の盛んな地域でもある。神祭祀では女性司祭者たちをはじめ宗教的霊性の高い人びとが宗教的な場面で重要な役割を果たしている。島内には琉球王朝期に編纂された『琉球国由来記』（一七一三年）に記される御嶽（ウタキ）のほか、拝所などのさまざまな祈りの場が存在し人びとの信仰の場となっている［後藤二〇一七：六四―六五］(3)。

（二）複層的な宗教者

村落レベルの神祭祀を担うのはノロ、カミンチュと呼ばれる中高齢の女性司祭者たちである。島内には霊性の高いといわれるマリングヮと呼ばれる人びとが数多く存在する。女性司祭者もそうしたマリングヮの一人であり、マリングヮたちはその霊性によって担う役割が異なる［後藤二〇一七：六九］。

マリングヮは霊性が高い生まれの総称で、ウマレ、サーダカ、サーダカウマリとも呼ばれている。性別に関わりなくウマレの人びとは存在するが、調査当時は圧倒的に女性のマリングヮが多かった。マリングヮは①村落祭祀を担う女性の宗教的司祭者（ノロ、カミンチュ）、②男性の村落祭祀関係者（特定の家の人びとで神祭祀に参与）、③門中の祖先祭祀を司る祭祀者（クディー）、④家の個人的な御願（オガミ）の依頼を受ける人、⑤過去・現在・未来等を見渡すシャーマン（いわゆるユタ、性別は問わないが島内では女性が多い）、⑥特定の職掌は持たないマリングヮ（個人でオガミをするのみ）におおよそ類別もできるが、調査当時その職掌は複層的に担われているため必ずしも明確に区分できるわけではなかった。

①や②は特定の人物に限られる。しかしたとえば①であっても、その霊性によって③や④、⑤的な役割を果たしている人もいる。沖縄研究では、ノロとユタの両者の領域が混然とした「第三の領域」［桜井一九七三：一四五］が指摘されており、いわゆるノロとユタの職掌がハッキリとわかれる理念系は沖縄本島のみ［津波一九九〇：一三七―一四〇］で、離島等では琉球王朝期からその限りではなかったとの指摘[4]があるが、それと同様の状況を調査当時に見て取れた。調査当時①の人びとは父母両方もしくは片方が島の門中の出身者で、それぞれが神の召命を受けてその座に着いていた。琉球王朝期にはノロは決まった二家から輩出されていたようだが、近代以降こうした継承が特に困難になったようである[5]。また①は島の内陸部の門中出身者で担われることが多いようで、調査当時沿岸部の集落の出身者は限ら

れていた(6)。

彼女たちが司祭者として活動するのは、おおよそ毎月実施される神祭祀の場である。とはいえ二〇〇八年当時島内に居住していた一名を除き、全員が那覇をはじめとする島外で生活していたため、多くは神祭祀のたびに島に通いながら祭祀を担っていた(7)。また先輩の女性司祭者に個人的に教示を受ける場合もあったようだが、修行はそれぞれで実践されるものであるというような共通認識のようなものもあり、奄美大島の女性の宗教的職能者の事例で報告［波平一九九〇］されているようなはっきりとした師弟関係を認めることは難しい。なかには「神事（カミグトゥ）は神が教えてくれる」、「他人の神事には口出しできない」と話す人もいた。加入のタイミングはそれぞれであったが、司祭者たちの話によれば子育てが一段落をする五〇代以降に加入する場合が多く、離脱のタイミングは加齢による身体的な要因によるものが多いようであった。またなかには資格や霊能があっても日本本土など遠方に生活拠点があるなど継続して祭祀に参加することが難しく、結果的に離れることもあるようだった。よって調査時における島における女性の宗教的司祭者の集まりは、宗教的職能を持った女性たちが神祭祀の機会に離合集散する、緩やかな性質を持つ集まり、長谷部の定義するところの「講的な」集団だと言えよう。

三　宗教的司祭者と他の社会集団

（一）門中と女性司祭者の関わり

島で暮らす人びとは性別年齢に関わらず多かれ少なかれ、父系出自集団である門中組織を意識しながら生活することが求められていた［後藤二〇一七：七二—七五］。とくに女性の場合、外で頻繁に飲み歩くこと、頻繁に家を空けること、日暮れに門の灯をつけないでいることといったことに眉をひそめる人は、高齢者を中心に少なからずみられ、厳しい眼差しを向けられていることがしばしば見受けられた。また「○○門中のひと」といった物言いは日常的によく聞かれた。こうした眼差しは、女性司祭者たちに対しても同じように向けられていた。

（女性司祭者を）門中から出す以外はね、門中の恥になるでしょ。門中から立つ（出る）って、そうしたウマレだから、押して出されたっていうこと。門中が（女性司祭者に）寄付して着物やらなにやら、あれ（援助）して出すって。○○さん、あそこはノロのあれ（家）で、昔はあそこから（出るもの）だったから（と話していた）。……やっぱり門中でした以上は、ちゃんとするべき、門中の恥にならないようにするべき（二〇〇七年八月、六〇代女性の言葉（丸括弧内は筆者の補足））

「門中の恥」という表現が印象的な言葉だが、女性司祭者たちのバックグラウンドたる門中が強く意識されているともに、経済的にも、また社会的にも女性司祭者たちを支えているのが彼女たちの門中であることがよくわかる言葉である。

（二）神祭祀の場面に見る行政関係者と女性司祭者の関わり

先に記したとおり旧盆の時期を除いてほとんどすべての月で神祭祀が行われているが、先に述べたとおり調査当時女性司祭者の在島者はひとりであったため、(8) 毎回全員が揃うわけではなかった。調査当時高齢の女性司祭者のなかには身体的な問題から、旧暦六月の神祭祀以外にはほとんど参加していない人もいた。

二日間にわたる旧暦六月の神祭祀は、端的に言えば島に豊穣（ユー）をもたらす神を初日の夕方に迎え、二日目の朝から午前と午後に二度神庭で饗応し、祭祀後送り返すといった神祭祀である。特に神迎えは、明かりが落とされたなか厳粛な雰囲気の中行われ、神への饗応の場面では島内の多くの人びとが集まる。年間の神祭祀のうち旧暦六月の神祭祀がほかの神祭祀よりも特別視されているのは、島に豊穣をもたらす神迎え祭祀であることによるが、ほかにも司祭者たちの就任のタイミングがこの祭祀であり、島内外の人びとが数多く参加するなどほかの祭祀には見られない特徴があった。実際のところほかの月の神祭祀では、移動や準備の手助けをする区長と高齢の女性司祭の補助をする親族、女性司祭者の候補者等を除けば、在島の人びとすら、たまたま行きあったりすることを除けば、関わることはほとんどない。むしろどちらかと言えば「カミンチュの責任はとれない」といったように積極的に関わることを忌避するような風潮もあった［後藤二〇一七：七〇］。

旧暦六月の神祭祀ではおおよそ祭祀の数週間前から、字ごとに女性たちによって粟酒の仕込みが行われる。この粟酒はこの祭祀のときのみ振る舞われる神酒である。また同様に供物や振る舞い、魔除けとしても用いられるトビウオが漁業関係者を中心に準備され、二日目の朝から神庭の端で燻られる。役場では神庭や関係する御嶽、拝所等の会場の整備（御嶽や拝所の草取り、神庭のテント立て等）や観光客を含む参集者の誘導の担当する雇い（ヤトゥイ）の手配などがおこなわれる。女性司祭者たちは、祭祀当日の四日前から祭祀にむけて練習や拝願を始める。具体的には最初の三日間は、ノロとカミンチュがふたつの座に分かれそれぞれの拠点でこの祭祀でしか歌われない神歌の練習を行ったり祭祀当日に身に着ける草冠（カーブィ）の葉を御嶽に取りに行ったり、祭祀の報告を島内の主だった御嶽や拝所へ行ったりする。よって、女性司祭者たちにとっては四日がかりの神祭祀となる。

このように旧暦六月の神祭祀はほかの祭祀がおおよそ一日のみで実施されるのと異なり、準備や人手を要する祭祀であるが、神祭祀を進めるにあたってしばしば女性司祭者たちと行政関係者との間に、ちょっとした齟齬が生じることもある。そもそも区長以外の行政関係者は神迎え祭祀当日以外で、彼女たちの練習の場に顔を出すことはほとんどない。行政側の実質的な担当者として対応に当たっている各字の区長も、それぞれ仕事があるため毎日つきっきりで祭祀の準備に当たったり、女性司祭者たちの送り迎えができたりするかというとそういうわけにもいかない。よって神祭祀の準備に際して何か不都合があると、たとえそれが女性司祭者しか対応することが出来ないような宗教的なことは全く関係がなくとも、女性司祭者が適時対応に当たる必要もでていた。

たとえば筆者が参与観察を行った、二〇〇六年や二〇〇七年の神祭祀では、神祭祀で回る予定の拝所の草取りが忘れられていた場所の草取りの手配を女性司祭者が区長に依頼していたし、練習場所の近くの電灯が切れて「こっちの街灯（がきれていることを）区長にゆうの忘れた。前も来る時（に）切れたゆうてから、つけてもらった」といったことを不満そうにこぼしたりもしていた。また神祭祀当日には「あんたミチ（神酒）が足らないみたい、足らないからって、区長が私（宗教的司祭者）のとこきて言うわけさ」と区長から声をかけられたことを困惑して話す女性司祭者もいた。

このような状況はもちろん、神祭祀において宗教的な役割に専心したい宗教的職能者からすれば不満にもつながる部分でもある。しかしながら現実的に神祭祀を円滑に進めていくには行政組織との完全な分業化は難しく、両者の協力と事細かな微調整は欠かせないものになっていた。

四　小括

ここまでに見てきたとおり、旧暦六月の神祭祀では行政の人びとの関与がこまごまとした場面にも見て取れることができた。それは必ずしも細部に至るまで徹底されているものではないこともあるため、場合によってはしばしばコミュニケーションの齟齬や軋轢が生じさせることもある。しかしその場合も時に話し合いによって微細に調整され、時にあまり問題化せずにそのまま維持したりしながら、神祭祀は実施されている。

女性司祭者たちの実践は南島における父系親族集団である門中や村落組織（行政組織）との関わり抜きには成立しないものでもある。もちろん本稿で取り上げた女性司祭者の集まりは、門中や行政組織のそれに比べると組織化されているとは言えず、冒頭で「講的」だと指摘したとおり神祭祀ごとに離合集散する凝集性の低い集まり、社会組織であることは間違いない。しかしながら神祭祀において彼女たちの集まりはほかに替えの利かない存在である。ここに見えてくるのは宗教的な優位性をもつ女性司祭者たちの集まりと、世俗的な優位性を持つ男性中心の門中や村落組織という単純には二元化できない、相補的な関与のあり様であるといえる。

謝　辞

調査でお世話になりました皆様に記して感謝申し上げます。また本稿は本文中に触れたとおり、二〇二〇年九月の日本宗教学会の第七九回学術大会のパネル「講と女性をめぐる研究――ジェンダー視点が拓く可能性」内における個人発表「『講的なもの』としての女性宗教者の集まり――沖縄の事例から――」を端緒としています。パネルを企画されました小林奈央子先生、パネリストの戸邉優美先生、佐藤俊晃先生、コメンテーターの長谷部八朗先生、ご意見を賜りました講研究会の皆様、パネルのオーディエンスの皆様にも御礼申し上げます。

註

(1) トートーメー運動とは、『琉球新報』の記事をきっかけに起こった慣習上女性の位牌継承や相続が望ましくないということに対する女性側からの異議申し立てとそれに伴う社会運動のこと。

(2) 長谷部は「講」や「講的」なものを次のように定義している。「概して、ある目的のために自発的に形成された相互扶助性の強い結社体であり、継続的活動を志向しつつも安定性に欠ける。また、講員を結集せしめる契機は、地縁、血(族)縁、心縁、職縁など多岐に及ぶ。それに、加入・脱退の条件がかならずしも明確に規定されているわけではない。こういった諸特徴に着目すれば、教会・結社・同好会・サークルなど、たとい「講」の呼称を冠していなくとも、その実質において「講的」性格を備えた集団は存外に多い。本研究会(講研究会)では、「講」という形式よりも、むしろその内実を規定する集団結合の原理に関心の眼を向けたい。叙上の見地に立てば、「講」研究は、より広い分析視座のもので、新生面を切り開く可能性も生まれてくるのではないか」(丸括弧内は筆者の補足)[長谷部 二〇一三:一一―一二]。

(3) 筆者は当該地域で二〇〇四年より二〇一二年にかけて、断続的に老いる経験、おもに高齢者のライフヒストリーの聞き書きや日常実践に関する調査研究を行っておりその大部は拙書にまとめている[後藤 二〇一七]。調査ではライフヒストリーの聞き書きなど個別、私的な情報に関わることから、本稿では一部地名も含めて人名は匿名で記載している。

(4) 島内のマリングヮが島内の家々の祖先祭祀の全てを担っているわけではない。ノロやカミンチュの調査当時の在島生活者は一名のみで、家によっては島外のユタを招くことや、島外から僧侶を呼ぶ家も存在した。

(5) 島内では戦前までは内陸部と沿岸部では通婚はもちろん、同じ小学校に通う子どもたちの交流も限られていたという話も聞かれた。戦後こうした傾向は次第に薄れたが、戦前までは集落内での幼少期の婚約による内婚も珍しくなく、そのため同じ集落の家々は血縁的にも近しいこともある。

(6) 考古学的な見地から内陸部から集落が発展したと考えられており、創始家を指す沖縄本島の根屋(ネーヤー)に相当する大屋(ウフヤー)も島の内陸部に存在する。

(7) 村落の女性司祭者に関する調査はおもに二〇〇六～〇八年に重点的に行っていたためその際の資料を使用している。

（8）祭祀に際して司祭者たちには、村から当時数千円ほどの手当が支払われていたが、当時の片道の船代にも満たない金額だった。

参考文献

伊波普猷　一九七三（一九二七）「をなり神」『をなり神の島（一）』平凡社。二〇〇〇（一九一九）『沖縄女性史』平凡社。

加賀谷真理　二〇一〇「沖縄研究にみられる『女性の霊的優位』言説からジェンダー研究へ」『比較家族史研究』二四。二〇一四「ジェンダー資格の民俗誌――個と社会の関係を問い直す」、門田岳久・室井康成（編）『〈人〉に向き合う民俗学』森話社。

川橋範子　一九九八「沖縄の女性宗教者――伝統芸能とジェンダー観をめぐる考察」、大胡欣一（編）『アジア世界――その構造と原義を求めて（上）』八千代出版、二一七―二三九。KAWAHASHI, NORIKO　二〇一六 "Embodied Divinity And The Gift: The Case of Okinawan 〝Kaminchu〟, Joy Morny.(ED.) Woma Religion And The Gift, SPRINGER, 八七―一〇三.

後藤晴子　二〇一七『老いる経験の民族誌――南島で生きる〈トシヨリ〉の日常実践と物語』九州大学出版会。二〇二一「『講的なもの』としての女性宗教者の集まり――沖縄の事例から」『宗教研究』（第七九回学術大会紀要特集）第九四巻別冊：四三―四四。二〇二二「『宗教とジェンダーの最前線Ⅳ』報告」『南山宗教文化研究所研究所報』三二：一一―一八。

桜井徳太郎　一九七三『沖縄のシャマニズム』弘文堂。

佐々木宏幹　一九八四『シャーマニズムの人類学』弘文堂。

安井眞奈美　二〇〇二「女性」、小松和彦・関一敏（編）『新しい民俗学へ――野の学問のためのレッスン二六』せりか書房。

高梨一美　二〇〇九『沖縄の「かみんちゅ」たち――女性祭祀の世界』岩田書院。

津波高志　一九九〇『沖縄社会民俗学ノート』第一書房。

波平恵美子　一九九〇「幻覚と癒し――奄美大島におけるユタの治療儀礼の分析」、波平恵美子（編）『病むことの文化――医療人類学のフロンティア』海鳴社、二二六―二三六頁。
長谷部八朗（編）　二〇一三『「講」研究の可能性』慶友社。
堀場清子　一九九〇　『イナグヤナナバチ――沖縄女性史を探る』ドメス出版。
森田真也　二〇〇二「南島とアジア」、小松和彦・関一敏（編）『新しい民俗学へ――野の学問のためのレッスン二六』せりか書房、二九六―三一〇頁。
宮城栄昌　一九七九『沖縄ノロの研究』吉川弘文館。
若尾典子　一九九四「伊波普猷「沖縄女性史」の現代的意義（特集＝沖縄の女性史）」歴史科学協議会（編）『歴史評論』五二九、校倉書房。
柳田国男　一九九〇（一九四〇）『妹の力』ちくま文庫。
山下欣一　一九八八『南島説話生成の研究――ユタ・英雄・祭儀』第一書房。

曹洞宗梅花講の女性構成員について

佐藤　俊晃

はじめに

この報告は二〇二〇年度宗教学研究会におけるパネル発表「講と女性をめぐる研究――ジェンダー視点が拓く可能性」において、報告者が担当したタイトル「梅花講における女性僧侶・寺族・女性檀信徒講員」という発表をもとに、新たに作成したものである。当初の発表では、曹洞宗伝道部詠道課より梅花講に関わる二〇一九年度の公式データを提供していただいたが、今回の作業にあたり二〇二一年年度のものを新たに提供いただいた。よって発表当初の数値と若干の違いがあるが、より現状に近いデータとなった。曹洞宗当局には深くお礼申し上げる。

今回の内容は、梅花講の概説、その成立期における女性に期待された役割について述べ、ついで現況における特徴に及ぶものである。

なお報告者は現在、梅花講男性講員の一人であり、梅花流詠讃歌の実践者でもある（二〇一九年発表時は梅花流特派師範、本ノート作成時点・二〇二二年八月現在は梅花流専門委員）。そのため本報告の分析はできるだけ客観的でありたいと思うが、梅花講内部からの視点という偏りがあるかもしれないことをお含みいただきたい。

一　梅花講の成立と女性

梅花講は曹洞宗教団のご詠歌講（梅花流梅花講）として一九五二年に発足した。その成立の背景にはいくつかの事情が指摘されているが、およそ次のようにまとめることができる。

（一）第二次大戦後、民主・平和路線へと国の政策が方針転換したことから、各仏教教団と同様に曹洞宗教団も親民衆的布教教化施策が求められていた。

（二）曹洞宗では一九五二年に高祖道元の七百回大遠忌が予定されており、これを契機に曹洞宗の布教弘宣事業の一環として、道元の和歌を音楽布教の素材とする案が構想されていた。

（三）戦後の社会復興を期して「正法の顕揚による祖国の交流を図り、世界の平和と人類の福祉に寄与せんとする」構想のもと、曹洞宗教団は一九五二年に「正法日本建設運動」という教化方針を打ち出し、その運動の標語として「明るい日本、正しい信仰、仲良い生活」を発表した。これは後の梅花流の活動指針「お誓い」のもととなった。

（四）戦後、女性の社会進の気運が高まり、その影響で曹洞宗教団では、従来冷遇されていた尼僧の教団内での地位向上運動が活発になった。その具体的活動として、女性層を教化対象としたご詠歌指導者という役割が尼僧に求められた。

（五）梅花流発足以前に、曹洞宗寺院の檀信徒や僧侶が他流のご詠歌を行っていた例がある。特に戦後、戦争犠牲者（夫・息子など）の慰霊供養のために女性がご詠歌をならう場合が多く、曹洞宗としてのご詠歌活動が求められていた。

（六）明治期から続いていた仏教音楽活動は大戦で一時停滞したが、戦後再活性化する。洋楽を基礎にしたこの運動が、各仏教教団の音楽活動にも影響を与えた。

（七）戦後の混乱により困窮していた民衆に対して、曹洞宗側から「梅花禅」というメッセージが発せられていた。梅花は「寒苦を経て清香を放つ」象徴、つまり修行から開悟にいたる譬喩として禅宗では好んで用いられていた。これが「苦しい状況を耐え抜いて明るい将来を実現しよう」というイメージと重なった。

以上のように梅花流の成立には複数の複合的要因が指摘できる。そこに共通するのは戦後日本社会という特殊な状況であった。本報告の趣旨に即して（四）についてやや詳しく述べよう。

ａ　女性僧侶

曹洞宗の近代尼僧史に目を向ければ、教団内における尼僧の地位は不当に劣位に置かれていた。たとえば一九三〇年の第二回尼衆大会の宣言決議文に次のように見える。

私たち尼衆は社会一般は言ふまでもなく宗門人からさへも殆ど軽視されている有様であります。その結果は宗団に於ける正当な権利さへ与へられて居りません。この為に如何に多くの尼衆が悲惨な境遇の下におかれてゐる事か、それは今も昔も少しも変わりません。

然し時代の流れは何時迄も私達を現在の境遇に留めておく事を許しません。即ち世間にあって已に婦人参政権の要求が声高らかに叫ばれて居り之が実現の日もあまり遠いことではない様になって参りました。今度の特別議会に於いて婦人公民権案が朝野の両党に依て提出を見たことなど之を最も明瞭に物語るものではありませんか。私達尼衆も一日も早く愉安と姑息の深き眠より覚め桎梏の鉄鎖より放たれなければなりません。（後略）

これに続き、宣言は宗務院（現、曹洞宗宗務庁）及び宗会（現、曹洞宗宗議会）に対して請願する具体的事柄として以下を掲げている。〈嗣法相続を許可せられ度き事／宗門に於ける各種の参政権と教育の機会均等とを与へられ度き事／各種布教師を任命せられ度き事／尼衆中心の各種講習会を毎年開かれ度き事／法地以上の寺院住職たるの権利を与へられ度き事〉。この一例を見てもかかる概況が察せられる。

近代尼僧の歴史は、その地位復権獲得の歩みであったと言える。終戦直前からのおもな動きを摘記すれば次のようになる。

一九四四年　曹洞宗尼僧護国団結成。
一九四五年　右を曹洞宗尼僧団と改称。
一九四六年　曹洞宗宗務院内に尼僧団本部事務所新設。
一九四七年　尼僧団から教育の機会均等、被選挙権の要求などの嘆願書を教学部長に提出。
一九四八年　この頃尼僧に被選挙権許可。
一九四九年　駒澤大学が共学となり四人の尼僧が入学。
一九五〇年　四尼学林（愛知・富山・長野・新潟）、専門尼僧堂として認可。

一九五一年　初の尼僧衆議員が宗議会で登壇。全日本尼僧連盟結成準備会を曹洞宗宗務庁で開催。続いて全日本尼僧連盟結成。

一九五二年　高祖七百回大遠忌に五百余名の尼僧を動員。梅花流誕生。

以上を見ると、尼僧の地位向上運動が高揚してくるようすがわかる。これに梅花講関係の記事を合わせると、一九五一年、三人の尼僧を密厳流ご詠歌修学のために埼玉県密厳流師範のもとへ派遣。一九五二年、梅花流発足。同年、梅花流詠讃歌レコード発表（詠唱担当は前年に派遣された内の二人）。このように梅花流初動段階で尼僧の登用が顕著だったのは、尼僧団の活動と深い関連があった。

b　寺　族

「曹洞宗宗憲」では寺族について「本宗の宗旨を信奉し、寺院に在住する僧侶以外の者」と規定している。これを広義の寺族とすれば、一般に使用されている場合は住職の妻ないし前住職及び副住職の妻を寺族と言うことが通例となっている。これは狭義の解釈と言えよう。

実際には住職が女性で配偶者の男性が寺族という場合もあり、寺族のありようは多様である。だが本報告では現実の圧倒的多数（統計上の実数は示されていない）が、男性住職で配偶者が女性の場合と想定されることから、通例の意味で捉えておく。

一九五〇年、曹洞宗社会部から『佛教式典散華舞曲　一　四弘誓願　二　法の深山』が発表された。これは仏教音楽と舞踊を伴うもので、仏教式典に演ずる新たな形式として注目された。この跋文に「僧侶も寺族も子供も青年も、みんなで、楽しく明るい法要が営まれ布教教化が活発となって一日も早く平和世界の現状せんことを祈って止まない」と見える。ここでは寺族に対して、家庭的で、親民衆的な役割が期待されていると窺える。

また梅花流発足時を回顧した佐々木泰翁（執筆時、前宗務総長・前梅花流正法教会会長）の文章に、次のように見える。

（前略）私は常に、宗門将来の興隆は、教化の拡充に重点を置くべきだと、堅く信じていたので、昭和二六年二月、第一次内局の成立を機会に、是非この面に力を注ぎたいと思い、その政策の一環として取り上げたのが、この詠讃歌であった。そして特に、詠讃歌を、最初に取り上げたのにも理由があった（中略）。第一に、できるだけ多角的でありたいこと（中略）。第二には、僧侶だけの独占であってはならないこと（中略）。第三に、相手をいつも、受け身ばかりに置いてはならないこと（中略）。これらの条件にピッタリなのが、当時真言宗あたりで、非常に盛んであった詠讃歌であったし、更にその上に、今後の寺院では、どうしても、寺族に、教化の補助的な役割を果たすように仕向けねばならんがそれには詠讃歌をもってするのが、最もふさわしいと思ったので、躊躇なく、これを取り上げることにした訳である。（「創立時を顧みる」『梅花・創立十周年記念特集号』五号、昭和三六年）

佐々木の打ち出したのが前述の「正法日本建設運動」だったが、その一環に寺族の役割があったことがわかる。ここでは教化補助者（その具体的手段として詠讃歌指導）として期待されていた。

c　女性檀信徒

一九四八年発行の曹洞宗尼僧団『団報』三号に、昭和二二年一二月八日に曹洞宗尼僧団代表より、教学部長宛に提出された「尼師家養成機関設置方建白書」が記載されている。そこには、「具申書。新生日本文化日本建設の礎石となる婦人教化の役割をもつ宗門尼僧の資質向上は寸時もゆるがせにならぬ問題で御座います」と見える。ここに女性僧侶による女性檀信徒の教化が期待されていたことがわかる。

以上を見れば梅花講初期において、「女性僧侶による女性檀信徒の教化活動」という一面があったことは確かである。しかしその後、実際にはそうはならなかった。その理由はいくつか考えられるが、女性僧侶が梅花講指導者の中において圧倒的に少なかったこと、男性僧侶が指導者の大勢を占めたことがおもな原因と思われる。

二　梅花講の現状

現在、曹洞宗の「曹洞宗梅花講規定」では「第一章総則」に、

第一条　この規定は。曹洞宗（以下「本宗」という。）の梅花流詠讃歌（以下「詠讃歌」という。）及び詠讃歌を詠唱する組織に関し、その事業、活動その他必要な事項を定め、詠讃歌の詠唱を通じて、宗旨に依遵し、かつ、仏祖の恩徳を讃仰し、並びに檀信徒の教化を図り、もって寺院の護持及び本宗の隆昌に寄与することを目的とする。

と規定している。続いて「第二章　組織」では「第一節　曹洞宗寺院梅花講」を挙げ、

第三条　曹洞宗寺院梅花講（以下「寺院梅花講」という。）は、本宗の寺院内に置く。

第五条　寺院梅花講に、講長一人を置く。

三　講長は、申請人の申請により本宗の教師のうちから、管長が任命する。

いま少し組織について補足すれば、全国一四五二三寺院の内四〇％にあたる五八八九寺院が梅花講を設置している。これが寺院

表1　梅花講講数・講員数一覧（設置、解散、入講、削除）　2021年9月30日現在

宗務所	寺院数	講数	設置率	講員数
東京都宗務所	370	61	16%	1,643
神奈川県第１宗務所	183	77	42%	834
神奈川県第２宗務所	203	100	49%	2,491
埼玉県第１宗務所	260	100	38%	1,367
埼玉県第２宗務所	268	58	21%	620
群馬県宗務所	353	111	31%	1,515
栃木県宗務所	188	98	52%	986
茨城県宗務所	200	43	21%	611
千葉県宗務所	328	66	20%	1,025
山梨県宗務所	512	105	20%	978
静岡県第１宗務所	373	249	66%	4,552
静岡県第２宗務所	162	81	50%	1,061
静岡県第３宗務所	434	134	30%	1,860
静岡県第４宗務所	159	52	32%	584
愛知県第１宗務所	606	65	10%	1,223
愛知県第２宗務所	330	88	26%	1,968
愛知県第３宗務所	245	56	22%	801
岐阜県宗務所	248	88	35%	711
三重県第１宗務所	366	148	40%	1,433
三重県第２宗務所	73	38	52%	495
滋賀県宗務所	198	85	42%	1,427
京都府宗務所	369	173	46%	2,823
大阪府宗務所	139	37	26%	480
奈良県宗務所	71	42	59%	542
和歌山県宗務所	67	9	13%	244
兵庫県第１宗務所	238	124	52%	1,937
兵庫県第２宗務所	178	103	57%	1,087
岡山県宗務所	166	61	36%	817
広島県宗務所	185	83	45%	1,261
山口県宗務所	267	138	51%	2,774
鳥取県宗務所	203	108	53%	2,135
島根県第１宗務所	118	50	42%	548
島根県第２宗務所	203	91	44%	1,949

徳島県宗務所	25	8	32%	95
高知県・香川県宗務所	30	9	30%	222
愛媛県宗務所	176	87	49%	1,368
福岡県宗務所	163	105	64%	1886
大分県宗務所	186	51	27%	805
長崎県第１宗務所	95	70	73%	1,321
長崎県第２宗務所	50	14	28%	254
長崎県第３宗務所	17	16	94%	394
佐賀県宗務所	233	179	76%	2,251
熊本県第１宗務所	72	37	51%	458
熊本県第２宗務所	51	31	60%	542
宮崎県宗務所	69	37	53%	754
鹿児島県・沖縄県宗務所	18	12	66%	268
長野県第１宗務所	384	72	18%	1,063
長野県第２宗務所	210	133	63%	2,735
福井県宗務所	284	84	30%	1,432
石川県宗務所	135	25	18%	283
富山県宗務所	223	46	20%	557
新潟県第１宗務所	239	115	48%	1,435
新潟県第２宗務所	41	13	31%	140
新潟県第３宗務所	162	76	46%	1,107
新潟県第４宗務所	342	118	34%	1,600
福島県宗務所	470	181	38%	2,911
宮城県宗務所	463	253	54%	3,031
岩手県宗務所	317	198	62%	4,422
青森県宗務所	173	71	41%	1,137
山形県第１宗務所	248	130	52%	4,736
山形県第２宗務所	170	65	38%	1,343
山形県第３宗務所	315	247	78%	18,185
秋田県宗務所	349	138	39%	3,239
北海道第１宗務所	198	134	67%	1,559
北海道第２宗務所	161	105	65%	1,706
北海道第３宗務所	128	95	74%	1,166
海外	62	12	19%	194
合計	14522	5889	40%	109,381

梅花講である。この講長はおおむね当該寺院の曹洞宗教師（多くの場合は住職）が補任されている（寺族は準教師になれるが、準教師は講長になれない）。寺院梅花講はその寺院所在地に応じて、全国六八の曹洞宗宗務所梅花講（以下、宗務所梅花講）に所属する。宗務所梅花講長は各宗務所の所長がこれに充てられる。寺院梅花講及び宗務所梅花講は曹洞宗梅花講に包括される。曹洞宗梅花講の講長は曹洞宗宗務総長である。

二〇二一年九月三〇日現在の梅花講講員数は一〇九三八一人。その構成員を以下の三種に分ければ、僧侶：六六八八人、寺族：五一七〇人、檀信徒：九七六二三人である。詳しくは表1を参照されたい。

当局のデータでは、三種構成員の男女別の数値は示されていない。報告者の経験上の認識では、僧侶の九割以上は男性であり（二〇一八年の報告では女性僧侶は僧侶全体の三％とされている※『SOUSEI』一八一号）、寺族はほぼ全てが女性、檀信徒講員は九割以上が女性と予想される。これは実数とは軽微な差があるものの、概ね蓋然性があると考えて進めることを断っておく。

右三種の構成員の梅花講講員全体の人数に占める比率は、僧侶六％：寺族五％：檀信徒八九％となる。つまり六％の男性僧侶と、九四％の女性講員（寺族＋檀信徒）という対比ということになる。

梅花講関連の先行研究のうち島薗進は次のように指摘している。「少数の僧侶が寺族（住職夫人）を補助者としつつ、きわめて明確なヒエラルヒー的権威秩序を形づくって、圧倒的に多数の在家女性檀信徒を指導するという体制が顕著」「伝統的仏教教団が継承してきた家父長的なジェンダー秩序を引き継ぎながら、信仰活動への女性の参加という方向で発展させたもの」「女性が信仰生活において積極的な役割を果たしながら、教団組織の上層は男性が握っている」（島薗二〇〇五年）。

宗務総長、宗務所長、寺院梅花講長のそれぞれが実際はほとんど男性僧侶であることを踏まえ、前述の梅花講構成員の男女比、梅花講組織を考えれば島薗の指摘は妥当するように見える。

だが次の数値の分析からはやや異なった状況が見えてくる。表2は梅花講構成員三種の教階別の人数を示したものである。教階は梅花講規程に準じて教階検定会もしくは認定によって補任または補命される。『梅花流指導必携詠唱作法篇』改訂第七版によれば、教階検定は「梅花講講員一人ひとりが、お誓いを通した正しい生活（生き方）と信仰の中で、梅花流における精進の成果を詠唱、作法・所作、経歴及び功績などを通して確認するために行われる」ものとされている。梅花流の指導力がそこに反映されていると見なされる一種の指標となるものである。

表2　僧侶・寺族・檀信徒講員数一覧（教階別人数）

2021年3月31日現在

僧　侶

正伝師範	13
一級師範	134
二級師範	331
三級師範	473
四級師範	1,227
五級師範	316
師範補	633
助教	2,061
無教階	1,500
合計	6,688

寺　族

正流詠範	159
一級詠範	527
二級詠範	801
三級詠範	1,254
四級詠範	586
五級詠範	302
詠範補	394
補教	393
無教階	754
合計	5,170

檀信徒

正詠教範	78
一級教範	1,034
二級教範	1,835
三級教範	13,139
大教導	3,585
権大教導	4,344
中教導	21,892
権中教導	2,366
正教導	3,544
権正教導	4,642
教導	6,862
無教階	34,202
合計	97,523

総合計	109,381

まず梅花流初心者（便宜的に、僧侶は助教と無教階を、寺族は補教と無教階を初心者とみなした。但し、あえて教階試験は受けずに修錬を積む例もあるが、その実数把握は困難である）とみられる人数を僧侶と寺族で対比してみる。

僧侶　助教＋無教階　三五六一名　僧侶全体の人数に対する比率五三％。

寺族　輔教＋無教階　一一四七名　寺族全体の人数に対する比率二二％。

ここで注意したいのは梅花講設置寺院は五八八九寺院である

から、講長はそれと同数いるわけである（ただし兼務寺院の場合は同じ講長が複数の講長を兼ねるのでこの数は考慮されていない。あくまでも多少の誤差を含むことをおことわりする）。とすれば計算上は寺院梅花講長の半数以上は梅花流初心者かあるいは無教階ということになる。すでに述べたように講長は曹洞宗の教師であればよく、梅花流の教階資格は必要とされていない。

次に講習会等指導現場において指導者として対応可能と目される教階を、仮に僧侶は四級師範以上とし（梅花流検定会における檀信徒講員・教導から中教導までを検定できる有資格者になる）、同じく寺族の四級詠範以上（寺族は原則的に検定委員にはなれないが、梅花流指導者としての能力をここに比定して考える）とした場合の人数の対比。

僧侶　正伝師範〜四級師範の計　二一七八名　僧侶全体の人数に対する比率三三％。

寺族　正流詠範〜四級詠範の計　三三二七名　寺族全体の人数に対する比率六四％。

ここに認められるのは僧侶に対して、寺族の方が相対的に上級者が多いということである。

表2に関するこの二つの分析（紙幅の制限から他の分析については割愛）結果は、梅花講の現場でしばしば見聞するところを裏づけているように思われる。各講において講員指導を担当するのは寺族の場合が多いということである。男性住職である講長の言葉として「私は梅花はやりませんのですべて寺族に任せています」という声はしばしば耳にするところである。

前掲島薗の、「少数の僧侶が圧倒的多数の在家女性檀信徒を指導している」という見方は修正を要することになろう。現実は、名義上の講長は多いが実際に講員指導しているのは寺族であるという場合が相当数想定されるのである。だが島薗の次の指摘は重要である。「女性が積極的な役割を果たしながら、教団組織の上層は男性が握っている」。これは、宗務総長（曹洞宗梅花講長）一名—宗務所長（宗務所梅花講長）六八名—住職（寺院梅花講長）五八八九名、その下に檀信徒講員一〇九三八一名という、階層的秩序を維持している梅花講組織にまさに適合していることになる。

ここで問題なのは、梅花流実践の能力が比較的高く、檀信徒講員の実質的指導者である場合が多いと想定される寺族の位置づけである。

梅花講講員の講活動を通じた所感データ二四二件（「梅花講活動にふれた所感データ」『「救い」としての梅花流』二〇二〇年）を参考に、寺族と寺族に対する檀信徒講員の所感を見ると次のようである。講員指導している寺族の立場からは「ご詠歌のおかげで長生きできたという亡き講員に、自分もそのような気持ちで生涯を暮らしたいと願い、寺族の生きがいを感じる。寺に住む者の使命としての教化、檀信徒に喜んでいただけることの筆頭は梅花」「梅花講は宗門人の一人である寺族が檀信徒と心のふれあいのできる場」等と、自分が教化者の一人であることに積極的な意義を見出している例が多い。また檀信徒講員側からは「寺族を中心になごやかな講習、梅花仲間と小旅行が楽しみ」「墓参時に寺族から、ご先祖さまのご供養にはご詠歌が一番と声をかけられて入講。詠讃歌の歌詞、旋律は心響く。すばらしい寺族に指導を受けられる幸せ」等、寺族の誘いがきっかけで講員同士の親和感、また親族の慰霊供養としての意義を見出している例が見える。ここには檀信徒講員と同じ地域に生活する女性として、寺族に対する檀信徒講員側の期待や信頼を読みとることができる。この所感データには、講長（男性僧侶）が指導している場合に檀信徒講員から寄せられた好意的な所感も多く、一概に寺族のみを強調するわけではないが、その重要性は変わらない。

だが前述の「階層的秩序を維持している梅花講組織」の中に寺族の位置づけは明瞭でない。講活動の現場における寺族の役割が明らかになるほど、この問題は重みを増してくるように思われる。

女性僧侶と寺族との関係についても触れておきたい。梅花流発足後間もなく、尼僧師範対象の相互研修会として「明珠会」が起ちあがった。次に挙げるのは一九七四年七月に発行された尼僧団機関誌『おたより』に掲載された

「明珠会総合報告」の一節である。

講員の大方は女性であるため指導者も女性の方がふさわしく、最近寺族が非常にのびて来たが、やはり梅花の指導権は尼僧が持っていたい。寺族に欠けているもの、技術ではなく修行という背景が尼僧にはあるはず。しかもそれが梅花流では一番大切なもの。本庁講習もとかく技術に終始しているがその本庁講習で欠けている点を補い、その点を研修する場として、また指導上のこまかい問題点や悩みの相談場としても是非この明珠会を存続させよう。

ここには出家者としての尼僧と在家者としての寺族という尼僧側の認識のありようが窺われる。この点、女性僧侶と寺族の性格は截然と分類できそうにも思うが、約五〇年前のこの記述が、今の尼僧に継承されているかどうかは検討が必要であろう。二〇一八年、『SOUSEI特集―女性僧侶として生きる』一八一号に掲載された諸事例を見ると、女性僧侶を取り巻く環境自体も大きく変化しているようすが察せられる。

小結

すでに表1に見たように現在、曹洞宗梅花講は約六千の講と約一一万人の講員を擁している。日本全国に分布するほかハワイ、ブラジルなど海外にも展開している。その歴史は七〇年を過ぎた。

これに関する調査は曹洞宗教団の研究部門から近年その成果が発表されたが、総体的にはまだその一端に着手したに過ぎない。本報告の表題には「女性」とあるが、これも男性である報告者の目を通して映じたものをまとめたのであって、女性の視点から見ればまた異なった問題が摘出されるかもしれない。また今回は全体の概況を扱うにとどまったが、特定の一梅花講、あるいは一人の講員に焦点を絞って調査検討してみることも梅花講の特質を明らかにしてゆく有効な手段になり得るだろう。

この拙い報告がそうしたきっかけになることをひそかに期待している。

（二〇二一年八月三一日）

参考文献

曹洞宗宗務庁伝道部編『梅花流指導必携解説篇（資料）』曹洞宗宗務庁、二〇一三年。

曹洞宗宗務庁伝道部編『梅花流指導必携詠唱作法篇』改訂第七版第一刷、曹洞宗宗務庁、二〇一九年。

曹洞宗総合研究センター企画・編集『曹洞宗教団史における梅花流』曹洞宗総合研究センター、二〇一九年。※報告者も共同執筆。

曹洞宗総合研究センター企画・編集『梅花流詠讃歌研究プロジェクトシンポジウム「救い」としての梅花流』曹洞宗総合研究センター、二〇二〇年。※報告者も共同執筆。

曹洞宗尼僧史編纂会『曹洞宗尼僧史』曹洞宗尼僧団本部、一九五五年。

曹洞宗尼僧団『曹洞宗尼僧団団員名簿並七〇年のあゆみ』曹洞宗尼僧団。

島薗進「第二次世界大戦後の仏教教団と御詠歌講」『東北仏教の世界――社会的機能と複合的性格』日本近代仏教史研究会、二〇〇五年。

『SOUSEI 特集――女性僧侶として生きる』一八一号、全国曹洞宗青年会、二〇一八年五月。

佐藤俊晃「梅花流発足と曹洞宗尼僧団」『曹洞宗総合研究センター学術大会紀要』一七号、二〇一六年。

御嶽講と女性先達
——行と法力が支える講活動

小林奈央子

はじめに

木曽御嶽（岐阜県・長野県、三、〇六七メートル）を霊山として崇拝する木曽御嶽講（以下、御嶽講）には、数多くの女性の行者や信者が存在する。しかし、講の主管者、すなわち、講長や教会長などに選出されるのは圧倒的に男性が多い。組織の長は「男性であるべき」という暗黙の了解が長く存在している。

宗教組織の主管者や幹部が男性であることは、御嶽講に限らず日本の多くの宗教組織、教団にいえることであり、仏教寺院における住職、神社の宮司なども同様に男性が主流となっている。もっといえば、御嶽講が上部の包括団体として属している仏教教団や神道教団のジェンダーのありようが下部組織である各単位講に影響しているという見方もできる。

筆者はこれまで御嶽講をはじめとする山岳で修行する女性行者たちが、講の発展に欠かせない重要な役割を担いながらも、教団内の家父長制や男性中心主義によって、差別され周縁化されてきた状況をジェンダー宗教学の視点から明らかにしてきた。(1)女は穢れているからと山内の聖域に入れず山道に置いていかれたり、命がけで依頼者の祈願をしても女性だと蔑まれ男性行者ならば当たり前のようにある謝礼もなかったなど、女性であるというだけでさまざまな差別的で抑圧的な扱いを受けてきた人たちが多くいた。「ジェンダーの視点に立つ」ということは、単に社会的、文化的に形成される性の在り方に着目するだけではない。性別にかかわる差別や権力の非対称性を明らかにし、その是正を求める批判的視座が不可欠である。(2)そのため、各単位講組織についてはもちろんのこと、山岳宗教教団内に根強く残る男性中心主義や家父長制的な制度や慣習について是正を求めるような論考も著してきた。(3)

しかし、本稿では、ジェンダーの違いによる権力の非対称性の是正を論点とはせず、そうした女性にとって困難が多い組織内で、女性行者がその困難をいかに乗り越え、主導的立場に立ってきたのか、その要因について、昭和期に三十余年以上、愛知県北部に所在する御嶽教会（御嶽講）の教会長を務めた女性行者と、同時代、彼女と共に講組織で活動していた女性行者の二人を事例として検証していきたい。

二人の女性行者のうち一人は、愛知県小牧市の御嶽講（J教会）の教会長を三十四年間務めたH先達（一八九九―一九八七）である。もう一人はH先達と同時代に卓越した法力により多くの信者から信望を集めていたA先達（一八九三―一九七五）である。男尊女卑、家父長制的な慣習が今日より一層強かった当時、彼女たちが御嶽教会内で主導的立場に立って活躍できた背景には、女性であることによる差別や偏見を「乗り越える」だけの、御嶽信仰および御嶽講組織が有する特色や要因があったはずである。筆者はその一つを、苛烈な行の実践と行をとおして獲得した霊的な力（法力）によって、行者の力量が評価される御嶽信仰の特色にあるとみる。また、二つ目として、共通の目的のために自発的に形成された相互扶助性の強い結社体である「講」[4]という組織の特性にあったと考える。

とりわけ、御嶽信仰には、「御座」や「御座立て」と呼ばれる独自の神降ろし巫儀がある。どのくらい安定的に神仏の降臨や昇神がなされるかなど御座の能力によって宗教者の実力が評価される伝統があり、優れた御座を立てられる行者がいる御嶽講はどこも隆盛する。その傾向は現代でも変わらない。H先達もA先達も御座立ての能力に優れており、その能力を高めるために日々厳しい修行に明け暮れていた。御座の高い能力、その能力を獲得するために行う苛酷な修行姿を周囲の人たちが日常的に目にすることによって、女性であるということで受ける差別や抑圧を軽減、回避することができた面があったと考えられる。さらに、二人が所属した教会（講）は教派神道系教団である御嶽教を上部教団組織としているが、そこに属しつつも各単位講の自立性・独自性が容認されてきた御嶽講組織の伝統によって[5]、教団による男性中心主義、家父長制的な運営からある程度距離を置いて活動することができたと推察される。

H先達

三十余年以上の長きにわたり、愛知県小牧市のJ教会という御嶽講の教会長を務めたH先達は、明治三十二年（一八九九）愛知県丹羽郡楽田村（現在の愛知県犬山市学楽田）に生まれた。十七歳のときに木曽駒ヶ嶽（長野県、二、九五六メートル）で、はじめて一ヶ月間の籠山修行を行い、下山後は迫間不動（岐阜県関市）で籠り行をした。迫間不動での籠山修行は、その後もH先達のライフワークとなり、生涯続いた。木曽御嶽山内での一週間の籠山修行では、精進潔斎の上、木曽御嶽黒沢口登山道三合目に宿泊し、深夜零時に四合目の松尾滝に打たれ、丑三つ時に五合目まで登ることを毎夜繰り返した。三合目から五合目は九キロほどになる山道である。灯りもない漆黒の道中を、途中滝行を挟

写真１　H先達とH先達を慕って集まる信者女性たち

写真２　H先達

みながら歩く。常人には到底真似のできない修行である。H先達はそうした修行を終生続けた。

H先達は、昭和七年（一九三二）、三十三歳のとき、愛知県西春日井郡西春町九之坪（現在の愛知県北名古屋市九之坪）の禰宜屋敷に入り、祈禱活動をした。H先達の法力が傑出していると噂を耳にした近隣の女性たちが慕って集まった（写真１）。

昭和十九年（一九四四）、H先達が四十五歳のとき、生家の犬山市楽田に戻った。その翌年七月、J教会の初代教会長であった男性のF先達が亡くなり、F先達の一番弟子であったH先達が第二代の教会長となった（写真２）。ただし、F先達の死後、H先達がすんなり教会長に就任できたわけではなかった。教会内部で「教会長は男性であるべき」との意見が大勢を占めていたからである。H先達より修行が未熟で、法力は劣るが、「男性」であった弟弟子が一旦は二代目となることが教会内で決せられた。しかし、H先達自らその決定に強く反発し、男性弟弟子を推す人たちと衝突しながらも二代目教会長の座を奪取した。奪取できた背景には、H先達自身の抵抗だけでなく、小規模の集まりである講組織内部でH先達の厳しい修行生活を身近に見ていた人やその法力の高さを頼みにする女性を中心とした信者の目や思い、支持があったからであると思われる。また、上部教団である御嶽教からの指示や

写真３　黒沢口登山道７合目で中座を務めるＨ先達

影響を受けることもなく、自主独立的に活動できたという点も大きいだろう。Ｊ教会では、女性を教会長として認める代わりに、堂守は男性にするという条件を付けるなど、Ｈ先達の二代目就任まではさまざまな苦難があったようであるが、Ｈ先達はその後昭和五十四年（一九七九）に弟子にその座を譲るまでの三十四年間、Ｊ教会の教会長を務めた。

苦労の多い境遇にありながらもＨ先達が長く教会長を務められたのは、まずもって彼女自身の法力の高さがあった。特に前述したような御座の能力はずば抜けており、教会内の誰もが認めるものであった。その能力によって信者からの信頼を勝ち得ていた。御座では、通例、神霊の入れ物になる憑坐役の中座（神代）と、中座の身体に憑依した神霊を制御し、その言葉を受け取り信者へ取次をする前座（正面）という行者がいるが、Ｈ先達は中座を務めていた（写真３）。つまり神霊を自らの身体に憑依させることができる能力があり、さらに前座を介さなくても、単独で神憑りができる独座の力もあり、一人御座を行うこともあった。信者の人たちからの病気、仕事、家族に関するさまざまな相談について、御座を立て、神仏にお伺いをした。

そうした能力は、Ｈ先達元来の宗教的資質と、不断の修行によって可能になっていた。Ｈ先達は神を自身の身体に降ろすため、身体に穢れを引き起こすことを極力遠ざけ、清浄に保つことを心がけていた。性生活や出産の可能性がある結婚はせず、生涯独身を貫いた。毎日の食事では四つ足（の動物肉）を食べない、水道水は飲まない、調理に包丁を使わない、火を使って調理した食品は口にしない（火のもの断ち、木喰行）などの精進をおこなっていた。こうした厳しい精進潔斎を続ける姿がほかの行者や信者の尊崇を集め、カリスマ的存在であったという。同時に、「信者に対しては大変穏やかで気やすく相談できる人でしたが、行者には厳しい方でした」とＪ教会の現教会長（四代目）が語るように、同じ行者の立場にある人にとっては脅威の存在でもあった。

昭和二十年、Ｊ教会の教会長に就任したＨ先達は、昭和五十四年、八十歳で教会登録所在地をＪ教会三代目教会長となるＴ先達の自宅（犬山市）へ移した。それが実質的に教会長の立場を退くことになり、昭和六十二年（一九八七）、八十八歳で亡くなった。Ｈ先達の死後も教会（神殿）は残っていたが、Ｈ先達の没後十年祭ののち、地主へ返還された。

Ａ先達

一方のＡ先達は、明治二十六年（一八九三）小牧市に生まれた。幼少時に底翳という眼病を患い、医者からも見放されていた。しかし、地元の御嶽講の先達を頼って眼病平癒の祈願をしてもらい、自らも水行や断ち物などで行を積んだところ、視力を取り戻すことができた。そして、視力の回復と同時に心眼が開き、本来は目に見えないものを感知できる能力が身についた。その能力を用い、失せ者、家出人探し、眼病をはじめとする病治し、病人を支える家族を守護するなどで衆生救済に励んでいた（写真４）。幼少期からＡ先達による祓いや祈祷を受けてきた現在七十代の女性信者は、十代から二十代にかけて足の疾患で歩行困難となっていた。医者からは一生歩行はできないとの診断を受けていたが、Ａ先達が「私が必ず、なんとしても歩けるようにする」と約束してくれ、度重なる祓いと祈願をしてくれた。その結果、歩けるようになったという。

また、前述のＨ先達より少し年長になるが、同時代に近郷の御嶽講で活動していたこともあり、共に活動すること

写真４　中央が A 先達、向かって右端が H 先達

があった。おもに、H先達が神霊の依り代である中座となり、中座に憑依した神霊の取次をする前座としてA先達がつくといった御座が立てられた。

そのようにH先達同様、卓越した法力を有し、信者からの信頼も厚かったA先達であるが、教会（講）の主管者になるなど、組織の中枢に立つことはなかった。A先達はもともとJ教会とは別の小牧市の教会に所属していたが、組織の長は男性がふさわしいとされたことで、教会長にはA先達の夫が就任した。ただし、行や法はA先達の方が（教会長の夫より）上というのは信者の間では周知の事実であり、信者が祈願・祈禱を依頼する際は教会長ではなく、必ずA先達の元へ相談に行ったという。これも小規模の講組織ゆえに内部の講員たちが自らの意思で適宜判断し選択できた面がある。

H先達が二代目教会長を務めたJ教会では、A先達が初代F先達・H先達の御座で前座（正面）を務めた。いまもA先達の卓越した法力を記憶し、その法力によって救われたことを感謝し語り継いでいる信者が存在する。A先達が組織の長としての立場に立つことはなかったが、伝説的な行者の一人として、生前の姿を知る人／知らない人の区別を越えて教会の人びとに広く認知されている。

死後も継続する影響

御嶽講では、御座の託宣を介して、功績のあった行者や信者に霊神の神位と霊神号が授与される。そして、授与された者の多くが死後には「○○霊神」として祭祀の対象となる。H先達もA先達も、死後はそれぞれT霊神、K霊神として祀られている。現在もJ教会の勤行の際には二人の霊神号が読み上げられ、霊神場に祀られた霊神碑（霊神の依り代とされる石碑）に祭祀されている。ことにH先達はJ教会の二代目教会長として歴代教会長の姿をかたどった石像となってJ教会の霊神場の最上段に祀られている（写真5）。

死後も霊神として祀られることによって、在世当時を知る信者はもちろん、生前の様子を知らない子孫の世代にも、二人の女性先達の存在が認知され、信仰や崇敬の対象となっている。さらに重要なことは、この二人の霊神が現在もしばしば御座の場で降臨し、行者や信者に託宣を授けていることである。二人の教えは御座の託宣を通じて死後も行者や信者に共有・継承され、いまなおJ教会の宗教活動に関与し続けている。

とりわけ女性の行者や信者を前にした御座で彼女たちが降臨した際は、男性中心の社会や組織で女性ゆえに感じる苦労など、同じ女性として経験してきた悩みや困難に寄り添うような内容の託宣が

写真5　H先達の霊神像（左側）

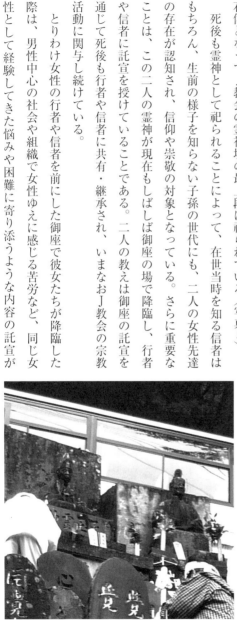

多い[6]。また、別の御嶽講においても、女性の霊神が降臨した際には、男性霊神に比べ、夫婦や子・孫に関する託宣など家庭生活に関わる内容のものが圧倒的に多い。とはいえ、筆者がさまざまな御嶽講の御座を調査する中で、降臨する霊神の生前の性別を調べたところ、生前女性であった行者の霊神の降臨は、御座全体のだいたい一割程度である。これはもともと女性で行者になる人が少ないこと、それに伴い、霊神号を授与される女性行者の数も少ないことがある。また、同じように修行をしていても霊神号を与えられる行者は圧倒的に男性が多い。小松和彦によれば、日本において、人を神として祀る習俗の中で、祀られる対象とされるのはほとんどが男性であるというが[7]、御嶽講の霊神号授与にも同じ傾向がみられる[8]。ジェンダーに基づく非対称性は行者の死後にも影響を与えているのである。とすると、女性行者が御嶽講組織において中核的な役割を担って存在することは、在世中についてはもちろん、死後の教会（講）組織においても、実践や運営に多様性をもたらす可能性を有しているといえる。

おわりに

本稿では、愛知県北部に所在する御嶽講J教会において、女性であることを理由に差別や制限を受けながらも、自らの行と法力によって、主体的に活動し、主導的立場となった女性先達（H先達とA先達）の生涯と宗教実践を取り上げた。困難が多い組織内で、女性行者がその困難をいかに乗り越え、主導的立場に立ってきたのか、その要因について検証してきた。

H先達は中座（神代）として長く活躍し、女性が組織の長となることが困難であった時代に、三十余年以上、J教会の二代目教会長を務めた。また、A先達はH先達の御座を支える前座（正面）として活動するほか、高い法力で失

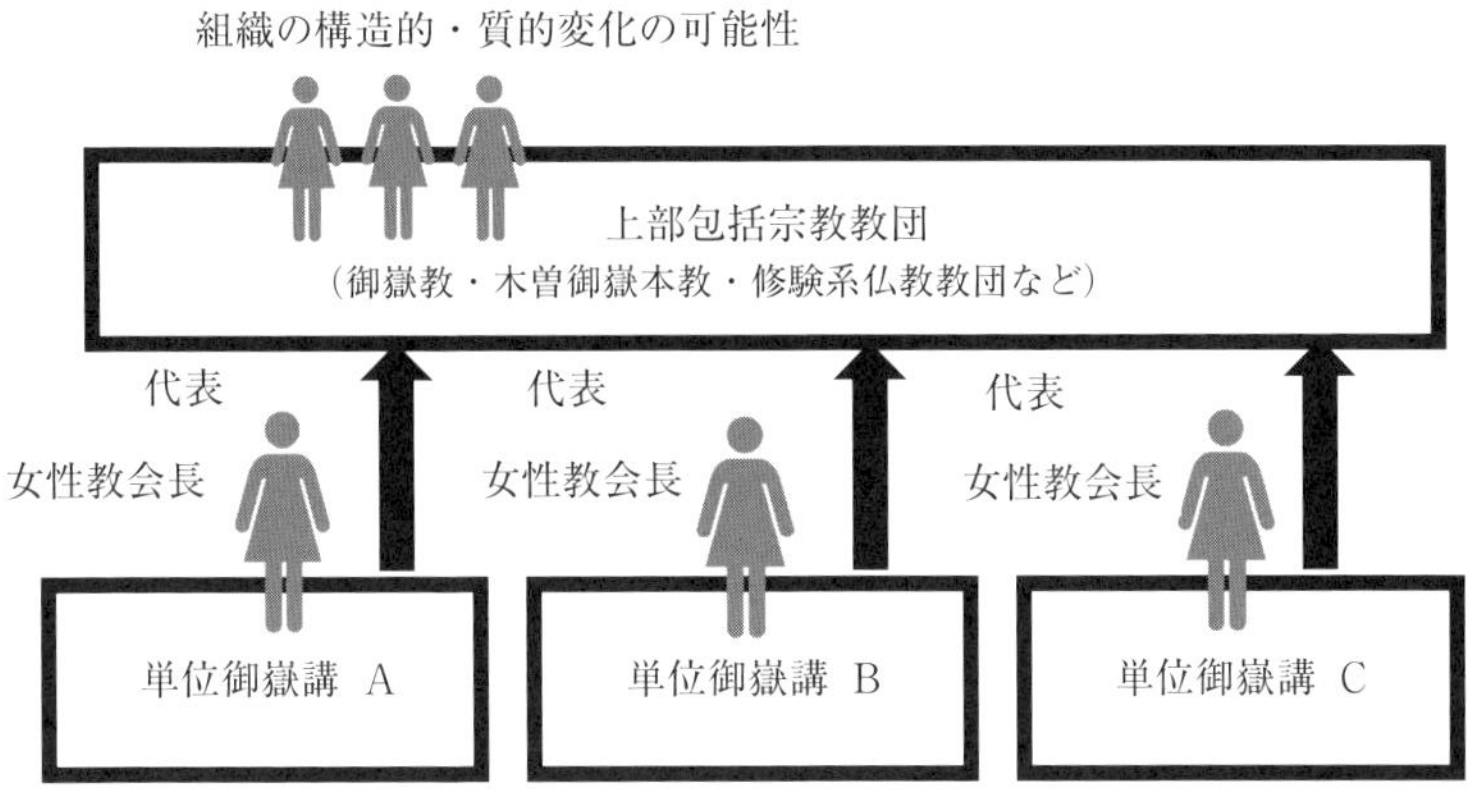

図１　組織の構造的・質的変化の可能性

せ物探しや病治しなどで活躍し多くの信者から絶大な信頼を得ていた。ただ、教会の長としては法力面で劣る夫が就任し、表に立つことはなかった。

二人の女性先達はともに厳しい修行を重ね、卓越した法力（御座、祈禱の能力など）を有することで多くの信者（特に女性信者）を獲得し、教会（講）の発展に大きく貢献した。また、その活躍は両先達の死後にも影響を及ぼしている。霊神の神位を授かり、「霊神」として祀られることで、霊神碑や霊神像として祀られ、勤行の際の神名帳読み上げに登場し、御座に降臨して託宣を述べる。そうした死後も続く講員との関係性の中で、在世当時を知る者のみならず、生前の様子を知らない世代にも認知され、崇拝され続けている。

また、もう一つ困難を乗り越えられる要素となったのが、御嶽教という上部教団に包括されながらも、講組織の自立性、独立性が容認されてきた御嶽講の特色にあった。戦後とはいえ昭和期において、女性が堅固に組織化された家父長制的宗教教団の長となることはほぼ不可能に近かった。それが講という小規模な集団においては、宗教者自身の訴えや修行の実績と法の力、またそれを身近で目にし、信頼を寄せる講員によって可能となった。「講」という信仰集団をその構成員とともに作り上げていく緩やかな組織だからこそ可能になったとも考えられる。

そして、J教会の事例のように、地方の一つの単位御嶽講であっても、女性が講長（教会長）など責任ある地位に就くことは別のメリットも産む。それは講長・教会長となった女性たちが、御嶽教や木曽御嶽本教など、各単位御嶽講を包括する上部教団が開催する委員会（会議）に参画することになるからである。下部組織の講の主管者に女性が就任するということは、その組織のみに変化をもたらすのではなく、男性中心主義が根強い上部包括教団のジェンダーバランスに変化をもたらし、構造的・質的な変化を引き起こす可能性を有している（図1）。現場ではあまり意識されてはいないが、H先達が長年J教会会長であったことはそうした御嶽信仰全体に変化を及ぼすものでもあったと思われる。

謝辞　本稿で使用している写真は、H先達のご親族のアルバムからお借りしたものです。ここに付記し厚く御礼申し上げます。

註

（1）「霊山と女性信者――中部地域の御嶽講を事例として」『山岳修験』三六号、二〇〇五年、「南無の心はひとつ――ある女性行者の衆生救済」、女性と仏教東海・関東ネットワーク編『新・仏教とジェンダー　女性たちの挑戦』梨の木舎、二〇一一年、「ロマン化されたイメージに抗う――日本における霊山と女性行者」川橋範子・小松加代子編『宗教とジェンダーのポリティクス』昭和堂、二〇一六年、「民俗宗教研究におけるジェンダー視点の必要性――女性行者を中心に」『宗教研究』九三巻（三九五号）、二〇一九年など。

（2）田中雅一・川橋範子『ジェンダーで学ぶ宗教学』世界思想社、二〇〇七年、一一頁。

（3）小林奈央子「民俗宗教研究におけるジェンダー視点の必要性―女性行者を中心に」『宗教研究』九三巻（三九五号）、二〇一九年。
（4）長谷部八朗「叙文」長谷部八朗編著『「講」研究の可能性』慶友社、二〇一三年、一一頁。
（5）中山郁『修験と神道のあいだ』弘文堂、二〇〇七年、二一四頁。
（6）小林、前掲論文、五七―六一頁。
（7）小松和彦『神になった人びと』淡交社、二〇〇一年、二二五頁。
（8）女性行者の場合、「霊神」の神位がなく、「○○霊女」という位のまま御座に降臨することもある。

講研究会座談会

二〇二二年三月二六日

参加者　長谷部八朗　牧野　眞一　村上　弘子
乾　賢太郎　石本　敏也　小林奈央子
久保　康顕　高山　秀嗣　阿部　友紀
天田　顕徳

司会　髙木　大祐

高木　今回は初めての試みなんですけれども、座談会という形でやってみようという提案を長谷部先生からいただきました。まずは講研究会が、どのような感じで始まり、そこから最初の民俗学会のグループ発表にどう繋がっていったのかというあたりを、その頃を知っている方々から、お話しいただきたいと思います。はじめに長谷部先生から立ち上げた意図や初期の様子をお話しいただければと思います。

長谷部　正確な年月は覚えていないけれど、手許に二〇一〇年の研究会の資料があります。これを見ると第二回の資料から残っているんです。第一回は多分、集まってわいわいやって終わったんだと思う。実際に担当を決めて始めたのが第二回で二〇一〇年の四月二四日、西村敏也さんが発表され、次が五月で小林さん。西村さんが宝登山の狼信仰の展開、小林さんが中部地方の御嶽講。六月が乾さんで「現代における諸職と講集団――高尾山講と太子講を事例に」。初期から力が入った発表があり、大分遅れて私が二〇一一年の一二月に桜井徳太郎の講理論を再考するということを発表します。桜井理論の再考を活動の柱にしながら、個別研究は比較的自由に、できるだけそれぞれのフィールド、あるいは研究の立ち位置を大事に、それが一方にあって、もう一方ではどうやって研究を奨励していくかを同時進行的にやるということがだんだんと話に出てきた。そこで公開のグループ発表やシンポジウムを、ということになった。個別に自由にやるものと同時に、徐々にその投げかけから見えてきた一つの方向性を、当初の我われの問題の所在に引き寄せながら、少しずつ所期の問題提起との接点を見出していく、その流れの中で、メンバー全体が協力して、展開していこうではないかと。

だから、活動の趣旨というのは、まず桜井徳太郎の理論をどういうふうに再考して、桜井が提起した講研究の課題を我われの内に見出し、それに対して、桜井はどんな形で回答を用意したのかを検証する、もしそこが十分になされていないとすれば、我われもそれを、講研究のやらねばならない宿題として受け止め、その回答を我われの研究を踏まえつつ模索しようじゃないか、ということであった。研究会活動を俯瞰するならば、行き当たりばったりではなく、それなりの問題意識に沿ってやってきたと思います。

結論を急がず根気よくをモットーに一〇年が経過しました。回答は急がないけれど、この第五集を一つの節目として、今の段階での会のスタンスを示さないといけないところです。一〇年間やってきた中で、当初の方針に比べ、新たな視点も取り入れられた。それは一〇年前には見えていなかった。それを整理する、総括するのが今回の座談会をやりたかった背景です。

来し方を振り返ることによって今後の方向性がみえてくる。今はその、どこにいくか、というところにあるんですね。

高木　はい、ありがとうございます。今のお話として、二年ほどやってそこで長谷部先生が初めて、桜井の講理論を基礎として、足りないことを補っていくというようなことを打ち出された、それが第一論集の長谷部先生の論攷と、皆さんの論攷に繋がっていくんだと思いますが、特に最初期からの皆さんにその頃のこと思い出していただいて。牧野さんは第一回からですね。

牧野　長谷部先生から声をかけていただいて、翌月の三月の何日かに研究室に来てくださいということでした。行ってみたら、そこに後の研究会のメンバーが何人かいて、そこで講の研究会を始めると知りました。とりあえず桜井徳太郎の講理論には足りないところがまだある、それを埋めていくべきだということで、関心を持つ人たちの研究を共有することで考えていこう、と始まったのが最初の状況だったと思います。

高木　研究を共有するっていうコンセプトがあったわけですね。

牧野　結局、それぞれのメンバーの研究にバラエティーがあるっていうか、歴史、民俗、宗教など分野もさまざま、まずはそれぞれの発表を聞いて、こういう事例や研究があるんだということを把握した上で、そのうち何か形にしようという話だったと記憶しています。結局、研究も研究分野もそれぞれバラバラですが、講の参拝講と在地講という分け方では、参拝講を研究している人が多かった。私も木曽御嶽講などを研究していて、それをさらに検討していこうかと思っていたんですけれど、ほかに参拝講を研究している人が多かったので、在地で活動する稲荷講をやってみようと考え、研究会で発表しました。それでその後、日本民俗学会年会のグループ発表で稲荷講について発表し、さらに第一論集のためにまとめたということでした。今もそういう傾向はありますが、在地講を研究している人が少ないということがあって、私が民俗学会で在地講を担当してやることになったわけです。

高木　今のお話を聞くと、やっぱり今回テキスト（『人のつながりの歴史・民俗・宗教　──「講」の文化論』二〇二二年、八千代出版）で第一部第一章に、牧野さんに「地域を支える講集団」を入れてもらったのは、ある意味、研究会の初期の頃からの議論の流れがそのままテキストに入ってきたというような構成が取れた、ということでもいいわけですよね。講研究といえば参拝講のイメージ、みたいなところで、テキストの頭に在地講を持ってこられたというのも、一つの成果なのかもしれないですね。

その流れで、では村上さん、その当時の議論の様子とか、今の牧野さんのお話のように、自分がこういう方向に、研究を初期の講研の議論から向けていた、みたいなのがあればお願いしたいんです。

村上　久保さんに教えていただいて講研究会に参加しました。自分は高野山信仰をやっているのですが、講に関しては、参詣講・参拝講という漠然とした知識程度でした。でも、研究会に入れていただいて印象的だったのは、講の仕組みを使った捉え方ができるものがある、講的なものがあるということを長谷部先生に指摘していただいたことです。そこから例えば、自分が高野山に関係する人たちを見つめ直した時に、仕組みみたいなものを見ると、講的なものを使ってみるとつかみ直せるものがある、というのが印象的でした。高野山の場合、特に東国からの参詣を見る場合、参詣のための高野講が組まれるわけでなく、在地講でもないという中で、では参詣者はどのように構成されているのか、個人で来る場合のみではないだろう、と考えた時に、伊勢講という仕組みを捉え直してみることができたのが印象的で、講的なもの、講の仕組みを使って捉え直せるものがあるということを教えていただいたのが大きくて、それでここまで続けて育てていただいた、というのがあります。

高木　講的なものに着目しようというのは、それこそ私が入った時は皆さん言っていたんですけれど、これはもう初期の頃からですか。

村上　そうですね、確かに。これまで史料を読んでいて、西国からの参詣については高野講があるのですが、東国から高野山へ参詣するための参詣講というのは、具体的に出てこないなって思っていました。そのような中で講というテーマの中で私はどうやって報告できるだろうと思っていたところが、講的なもので捉え直すとか、そういったことを指摘していただいて。

長谷部　今の村上さんの発表は二〇一二年の一二月二九日、この時に村上さんは「高野山参詣に見る講的性質――高野山龍光院武州登山帳の分析」ということでお話されている。その辺が、今の話です。

村上　登山帳とは各塔頭寺院への宿泊客を記したもので、現在の埼玉県から登山し龍光院へ宿泊している人たちのいわば宿泊簿です。この時はまだ、おもに村ごとの登山者数・月別の登山者数等について統計的に報告させていただいた形なんですけれど、これまで述べたような考え方を踏まえた上で登山帳をみるというのを試みたのがそのときです。登山帳の記録をみていくと、同じような時期に、近い地域から登山している人びとの記載があるのですが、その人たちはどのようなつながりを持っているのか、もしくは持っていないのか。そういうことを考えて登山帳を見直すと、伊勢講の仕組みを応用した集団がいくつかのまとまりとなって、登山日は若干ずれますが、高野山へも参詣しているということに気づくことができました。

高木　長谷部先生、講的なものをターゲットに入れていくというのも、講研究会を作った時からもう考えていたんですか。

長谷部　それは、桜井が具体的には指摘しないんだけども、桜井の研究の中で暗にそれが示唆されていたというふうに思うんですね。私が一方的に引き出した一つの仮説ではなくて、あの桜井講研究の中の周辺的な事例の中に、そういうものが示唆されているな、というふうに思ったんですね。例の『講集団成立過程の研究』の後に出した研究で、実は講の仕組みというのは具体的な社会集団の中にたくさんあるんだと、桜井は指摘しています。ただ、『講集団成立過程の研究』の中では言っていなかったことなんです。それが、一五年近く後に出された講関連の論文の中では指摘されているんですね。クラブやサークルなど、近現代化のなかで形成された諸々の社会集団は、名称が変わってもほとんど講を下敷きにしていると、桜井は言っています。

だから研究会の初期の課題として、講的集団ということを言ったわけですが、研究会の活動を続けていく中で私自身も桜井を読みつつ、桜井はここに講研究の一つの課題を見出そうとしていたと思い至った。しかし、それに対する見解がはっきりと述べられていない。ならば我われは何らかの用語を用いてこのことに言及しようと考えた、その言葉というのが講的集団です。講的集団という言葉自体は、実は桜井の書物の中にもある。それを我われは一つのタームとして、引きだそうとしたわけです。したがって我われの造語ではなく、桜井理論を読みこむ中で出てきた一つのタームです。

高木　乾さんも、当時のこんなところがおもしろかったとか、そういう話があれば。

乾　武蔵大学の宮本袈裟雄先生が二〇〇八年一二月にお亡くなりになりましたが、その後、日本山岳修験学会で長谷部先生とお知り合いになった西村さんが先生と今後について相談されたと思います。そのお二人の話から研究会を立ち上げようということになり、ご自身たちの知り合いに声をかけようということになったと記憶しています。つまり、研究会の立ち上げには宮本先生のご逝去が影響していたのだと思います。

そして、お二人から声掛けされたメンバーが集まって、研究会の方向性とかを決めていこうということになり、長谷部先生から講集団のこと、人びとの結合原理といったことを再検討しようかという話しになりました。

初期の目標では、桜井先生の理論を再検討し、講集団や講的な要素を含む集団など、様々な事例を収集する目的がありました。それで、全国の事例を集めて、データベースを作ろうという構想も以前はあったように思います。日本各地の講や講的なものを抽出し、一方で講集団の理論化を行うという作業を研究会での事例報告をとおして実践し、その過程の中で研究会の方向性を見出そうとしていたことを覚えています。

高木　『講集団成立過程の研究』を一種の目標というか、メルクマールとするということは共有されてきましたよね。宗教学会でパネル発表を最初にやった時に、森悟朗さんが趣旨説明で言ったのも、それに則った形だったと思います。

長谷部　当時森さんがまとめたものがあるので、皆さんで見てください。

高木　語義の再検討、講の分類の再検討、講の社会的背景の研究、共同研究なども考えてたんですね。

長谷部　森さんがね。

高木　こういう構想も森さんにはあったんですね、これをその場で聞いてた方はここにもいらっしゃるんですか。分類の再検討というのは宗教学会のパネルの時も言っていましたので、こんな議論をしてたんだよ、ということですね。

石本　基礎的年表っていいな。これは講研でしかできないと思う、すごく綺麗なまとまりですね。このうちどれぐらいできたんでしょうね。

長谷部　確か一つの提案であって、そこから先は進んでいない。

石本　これすごくいい見取り図ですね。

高木　当時の議論の雰囲気というのは、確かに森さんがこういうのを出しているというところからわかるかもしれませんね。

石本　僕、小林さんのお話をお聞きしたいんですが。ずっといらっしゃっている方は、なんかの違いみたいなのも感じますか、一〇年前と今の議論の。

高木　じゃあ、そのあたりを小林さんからちょっとお話をいただければ。初期の頃からの議論の雰囲気の違いとか、話している内容の変遷とか。

小林　最初の頃は、そうですね、さっき乾さんがちらっとおっしゃっていた、宮本袈裟雄先生の話が最初あったりして、そういう中で西村さんと乾さんが中心になって、やっていこうというところに、私とか、関敦啓さんとかが加わる形でやっていたと思います。そこに森さんも加わって、森さんは今お示しいただいたみたいに、結構いろんな具体的なプランをおっしゃっていたのと、森さんの場合は、山中弘先生などのツーリズムの研究会にも入ってみえたので、一般的な民俗学とか歴史的な講研究よりも、もうちょっと現代の視点を入れた山中先生などの研究に近いことをやりたいみたいなことをおっしゃっていたと記憶しております。

結構頻繁にやっていて、私も名古屋から行っていました。けれども震災があったり、私的な事情があったりで行かなくなって、そのあたりの空白もあって繋がりがわからないまま、高木さんたちの時代に入ったかなって。でも、最初始めた時には、やっぱり日本山岳修験学会の仲間がやっていたというか、西村さんも乾さんもそうですけど、そこでの内輪のというか、よく知る人たちの会っていうところから、高木さんなんかはこの会をとおして初めて知ることになったので、そうした違う学問分野の人も入ってきて、広がってきたという印象は持っていました。

高木　宗教とツーリズム研究を、意識したというか、そういうのも結構早い段階からあったんですか。

小林　森さんは、それを最初から言っていて、それこそ山中先生のその会に私も最初何回かは行っていたんですけれど、森さんはその後もずっと関与し続けておられて、それを講研の中にも入れたいな、みたいなことは話したことがあります。

高木　それこそ、自分が入ってからでも、ツーリズム研究のことに、長谷部先生が発表の後のコメントで触れられることも結構多かったと思うんですけれど。

小林　そうですね、だから、その点では、交通機関の研究、交通機関が霊場とともにあるみたいな視点もそういうところから出てきて、高田彩さんとか乾さんとかの発表と繋がるところも出てきたんじゃないかなと思うんですけれど。

高木　はい、ありがとうございます。

では、またまた初期からいる久保さん、当時の議論の感じとか、こんな話をしていたとか、記憶に残っているところをお願いしたいんですが。

久保　私はそうですね、初期といっても森さんから言われて、森さんとは國學院で宮家準先生のところで一緒にやっていて、彼が江の島で参詣のことをやっていて、僕は歴史の方、文書を読む方から彼と議論していたのでね。そういうのがあって、ここに呼んでいただいたという形でしたね。

自分のやっていることというのは、宗教史をやっているわけだけれども、ご存じのように僕は、大寺院とか、大社寺とか、有名なお坊さんをやるという、そういうものではなくて、在地の神社とか、寺とか、在地の宗教者の方に興味を持ってやってきたので、そういう意味では、とても講のことについては興味があったので交ぜていただいたというところになるかな。あとは、やはり民俗学系の人たち、いわゆるフィールドに出ている人たちがいるということで、とても僕は興味がありましたね。

どういうことかというと、一つ議論がしたかったですね。古文書を読んで出てくるものと、現実のすり合わせと言うんでしょうかね。それで、僕の方も生意気なこと言うと、古文書読むと全然違うぞ、という思いがあったので、そういうちょっと対決ができるかな、と考えてですね、こっちだって弱点はあるわけなんだけど、そういうようなちょっとした意気込みはありましたね。今もあるかな。

乾　そういえば、初期の頃の研究会はピリピリした雰囲気があったように感じます。報告後の質疑応答の際も、皆さんのコメントが鋭いというか。応じる発表者としては結構怖かったですね（笑）。

久保　うん、こっちもそれでとてもおもしろいという思いがあったのは、史料を読むとわかるけど調査じゃ分からないところもあるし、そういう生意気なことを言ってたら、長谷部先生にちゃんと両方とも大事なんだよ、現実も現実なんだということで教えていただいてですね。まあ、史料だけ読んでいたってダメであって、そのギャップをどう埋めるかというのが、やはりみんなで考えていかなきゃいけない。どっちがすごいとかじゃなくてね。そのあたりがとても有意義な会であったし、文書読むにしても、現実を見るにしても、どこまで見抜くっていうのが大切になってくるから、そこで、やはりこっちも質問はいっぱいしてですね、いろいろもっとわかるんじゃないかなんていうところもありました。

それで、一番おもしろかったのは、やっぱりその後の飲み会ですよね。飲み会が、これも有意義だったですよ。先ほどからいくつか出ている、講的な集まり、講的なものっていうのも、最初からは使われてはいなかったですよね、研究会では。さっきの森さんのレジュメを見ても、講的ということは、多分出てきていないんじゃないかな、具体的な言葉としてね。長谷部先生もおっしゃったように、元々は桜井徳太郎以来のものがあるわけなんだけれども、その講的という具体的な言葉を使うようになったのは、僕の記憶では、村上さんのご発表だったと思う。僕もそこで思ったのは、同じような参詣をしているのに、やっぱり資料でも出てこないし、今のみ調査したってよくわからないところがあって。でも参詣はしていて、お伊勢参りのついでに行っていたりとか、みんなで行っているのに講とは言わなかったりというようなことは、ご発表の後の質問で僕も言った。それで飲み会になって、多分そのあたりで出てきた。長谷部先生が反応してですね、多分その中で、言葉としては「講的」と言ったのは長谷部先生かなと思うんですけれども、出た現場は多分居酒屋だったと思う。それで気が付いてみると、いろんな講的なものがあるんだろうということで、ますますその言葉を得たことによって、一つの方向、見方というのが広まって、いろんなものを拾い上げていくという方向に行った印象は、僕は持っていますね。

高木　ありがとうございます。

長谷部　久保さんの発表は、二〇一一年七月三〇日、「里修験の行者講」というのをやっています。

乾　本題から外れるかもしれませんが、この研究会では、長谷部先生のこと先達と呼んだり、会の代表を講元と言ったり、この研究会自体が講集団のような気がします。研究会のメンバーはそれぞれの役割も担っています。

高木　その「講的なもの」というところに、居酒屋でも会議室でも一応議論の場までたどり着いたというのは、一つの成果として、その頃にあったわけですね。

久保　そうそう、最初は緩い繋がりとか、緩い集団というふうに言っていた。

高木　それもずっと意識していますよね。

久保　それを講的と呼んでいく契機にはなった。

高木　もう一つ、今の久保さんのお話は、やっぱり最初の頃からかなり学際的な良さというか、乾さんに言わせるとバチバチしたというような、それもこの研究会のいいところだなと思うので。最初集まったメンバーから自然と学際的な議論ができていたって感じなんですか。

乾　専門分野の研究者だけが集まった学会の発表とは違うってことですね。一つのテーマを多角的な研究視野から議論できますね。

久保　もう一つだけちょっと言うと、歴史学の方でもこういう細かな宗教・信仰というのはやらないじゃないですか。良い文書ばっかりパパって見て済ましちゃうので、そういう生々しい、細かなっていうのはなかなか。文書を読んでいる研究者も、やっぱり数を重ねていかないとものが言えない。いい資料だと一発でこうだろうっていう感じになるんだけれども、村落のことっていうのは、それだけじゃなくて、細かな実態を積み重ねていかなきゃいけないから、ちょっと歴史学の方でもないんですよね、僕なんかがいっぱい活躍する場が。ここは、みんなが知っているから、あ、これはあれじゃないか、と議論ができる。いろいろなものを見ている方がいらっしゃるのが、やっぱり最大の魅力ですよね、この会は。強烈だと思いますよ。

高木　その後に入ってくるのは高山さん、市田さん。市田さんの方が早いですか。

長谷部　市田雅崇さんが取り組んだ官幣大社と講というのは、まったく違う世界で論じられていて、同じ土壌の中で議論するというのは、多分なかったと思う。市田さんの発表はそういうきっかけには、なった気がしています。

高木　制度的なところにも目を向けるというのは、市田さんとか武田幸也さんが入ってきたぐらいからですか。

長谷部　武田氏の研究については、明治期の変化をとおして近世と近代をどうつなぐか見ていくという点で、在野の講との関係というのは、どうなんでしょうかね。武田さんはそこにこだわっていたが、その資料がなくてもどかしいというところでしょうが、行政的な面だけじゃなくて、もうちょっとそこから踏み出したいみたいな視点がうかがえる。資料的な課題はあるものの、問題意識としては画期的だと思うんですね。

高木　そうしたら、仏教史の方から入った高山さんは。

高山　私は、最初にご一緒させていただいたのは、石本さんと天田さんと出席した回だったと思います。

私は浄土真宗寺院の出身で、宗祖親鸞とか第八代宗主蓮如がどのように布教活動をしてきたかというのを考えてきました。そういう意味で、私は伝道研究しかできませんといつも申し上げるのですけれど、その伝道という問題を近代まで広げていきたいなと思った時に東京にまいりました。

「講」については長谷部先生が浄土真宗だったら報恩講ですね、とおっしゃって。報恩講というのは、私のように教団の中にいる者からすると、空気のような存在で特別視しないというか、伝道研究として報恩講というのを特別取り上げる意味があるのかっていうぐらいナチュラルというか。ないということが考えられない自然な存在としてそこにあって、報恩講をピックアップしたり、それを取りあげて研究することの意味と意義というのは、あまり自分の中ではっきりしてなかったのです。

長谷部先生に、そのテーマを講研究会でやってみないかと言われた時、そのことには研究的な意味があるのでしょうかという認識でのスタートだったのです。ところが、浄土真宗の講について発表してみると、意外に研究会の皆さんがおもしろがって興味を持ってくださって。自分の研究を広めるチャンスになるかな、と。自身もどのような研究の方向性があるのだろうかというのを、いろいろ模索していた時期でもあったので、ここは改めて自分の中で、ある種の客観視というか浄土真宗の講について考えてみたいと思いました。

自坊ではご門徒さんたちと毎年一二月に開催している報恩講を、改めて歴史的に、仏教史の中で再考してみよう。そのような観点から見直したら、浄土真宗の講の意義が明らかになるのではないだろうかということをやってみました。この研究会での流れに沿って研究を行う中で、今回のテキストにも書かせていただくことになりました。講研究会に参加させていただいたことは、私自身としても研究を広げるよいチャンスだったと思います。

高木　牧野さんの在地講、地域の講というのをテキストに書いてもらったのと同じで、ここにちゃんと仏教史的な観点の章を設けられたのは、やっぱり高山さんがいてこそでしたので、このあたりもスカウティングが、ちゃんとバランスが取られてきたっていうのがテキストにも出ているんだなというのが分かりましたね。

じゃあ、その時に石本さんもいたということなので、石本さん、何か当時の印象を。

石本　じゃあ、僕からは時間もないので、端的に二つ。一つ目は皆さんがおっしゃったように経緯を、二つ目は、今までお話を聞いてちょっと自分なりに考えたこと、感想をお伝えしようと思います。

経緯なんですけれど、研究会で知り合った乾さんに誘われて参加しました。そうしたら、まあ、びっくりしてですね。講研のいろんな方々にお会いすることができたということで、乾さん、ほんとありがとうございます。

次に今まで聞いてきたことの感想を。最初に、入会時期を第一論集、第二論集という表現で分けるなら、僕は第二論集組ですね。で、第一論集ですでに長谷部先生が「講的な」という言葉を使っているんですね。「講的な」という言葉は、僕ら第二集組はもうある程度所与のものだったんですね。なので、その後シンポジウムの企画があって（講研究会第一回公開シンポジウム「歴史のなかの講と宗教」二〇一四年一二月一三日）、そのコーディネーターになったとき、まず思ったのが、その「講的な」という言葉を熟語、もしくは一つの視角に変えるのが僕の仕事だと思ったんですね。第一論集で提示された、「講的なもの」っていうのをちゃんとした言葉に変えたいっていうことで、その時に久保さん、村上さん、高山さん、武田さんとで話し合って、「存続」という言葉と「せめぎ合い」という視角に変えたんですね。それ以降どちらかというと、それまでの講っていうものを実態として捉えていくものから、集団として見ようという、そういうシフトがあったんじゃないかなって思いました。

なので、さきほどの牧野さんの話を聞いていて、そうだそうだと思ったんですけれど、僕が不勉強ながら勉強してきた講というのは、まずは平等であるということと、参拝講をどうしてもイメージしちゃうんですよ。ところが牧野さんが先ほどおっしゃっていた、参拝講から在地講にシフトしたっていうのは、まさに、これは桜井先生の研究を意識した話であって、桜井先生は沈潜という言葉で、地域に入っていくところを見ていくので、牧野さんの研究のシフトがまさにこの講研の、桜井先生の研究をまずは跡付けていった研究成果の反映なんだなと思います。

だから講研は、最初はその桜井先生の研究を追っかけていって、参拝講から在地講に変わってきて、第二論集からはさらに在地講ではなくて、集団に視点をずらしていて、次に高木さんたちのところで、今度は人間結合という形になって（講研究会第二回公開シンポジウム・日本民俗学会第八八四回談話会「つながりを活かす人びと――講研究の可能性」二〇一五年一二月一三日）、最近は小林さんの方でジェンダーという既存の概念とすり合わせていく（日本宗教学会第七九回学術大会パネル発表「講と女性をめぐる研究――ジェンダー視点が拓く可能性」二〇二〇年九月二〇日）、そういう研究会になっていっているんだなっていうことを改めて思ったんですね。

印象的なことを、最後に付け加えると、とにかく僕は衝撃だったのは久保さんの発表なんですね。やっぱり講研に入った時に、僕は歴史学の事例との向き合い方みたいなのを勉強したかったんですね。僕が民俗学しか勉強しなかったので、歴史学者は、事例とどう向き合うんだろうって思った時に、僕がフィールドで感じている、事例との向き合い方に近い形で、それをさらにハイブリッドなものを久保さんが見せていたんですね。僕はすごくそこは勉強になってですね。やっぱりそういう発表に出会えたっていうのが、僕はここですごくありがたかったなって思います。

高木　石本さんが言ってくださった大事なところは、我われ後から入ってきたメンバーって、もう「講的なもの」という言葉が、研究会の中で所与のこととして使われているところで入ってきているので、そのあたりはやっぱり講的という言葉が出た現場にいたみなさんとは、また、ちょっと違いがあるのかもしれないですね。

石本さんの話の中でもあった、講的という言葉を実態として捉えていくものから集団として、という話。宗教学会のパネル発表（日本宗教学会第七二回学術大会パネル発表「宗教研究における講研究の意義と可能性」二〇一三年九月八日）でも質問があって、阿部さんが応答したはずだと思うんですが。

阿部　はい、その質問してたのは、山中弘先生だったような。

天田　山中先生ですね。

阿部　山中先生の話は、現代において講というものを研究する意義はどこにあるのかというのが、多分枕になっていたと思うんですよね。そこで私たちが目指しているのは、実態としての講だけじゃなくて、もう一つ概念としての講というものをどう捉えればいいのか、ということを問題とすべきだ、みたいなことを答えた覚えがあるんです。

それは、どうしても講というのは実態として捉えられてるんだけど、もう一段階昇華して、抽象的なものとしての講っていうものを、その段階になるとおそらく講的なものもその中に入ってくるんだと思うんですけれども、その問題をどう膨らませるのかという問題を、多分その時の森さんとかと議論していて、それで答えたような覚えがありますね。

高木　だから、今その実態と概念という言葉、石本さんからも出たんですけど、実は外からぶつけられる疑問でもあるんですよね。

阿部　そうそう、講研究会やっていますって言うと、今講を語る意味はどこにあるのかと、やっぱり常に問われるんですよね。鈴木岩弓先生も、講を話題にするってもう時代遅れなんじゃないの、みたいなこと言っていたことがあったんだけれど、でも我われ、いやいやそうじゃないよってことは答えなくちゃいけないわけですよね。

そこでどう答えるかというのが、おそらく、研究会の皆さんのそれぞれの研究から導き出されていく答え、概念をどうとらえればいいのか、実態をどう取ればいいのかっていう問題につながっていくんじゃないのかなというふうに思っています。

高木　はい、ありがとうございます。実はそろそろ時間がなくなってきたので、最後に、天田さん。

天田　僕がこうやって入れていただいたのは、先ほど小林さんがおっしゃっていた、森さんとの繋がりの中で、声をかけていただいたっていうことが一つと、もう一つは石本さんがおっしゃっていた、乾さんとの繋がりで入れていただきました。今思うとですね、申し訳なかったなと言いますか、講を研究してなかったんですよね、僕。修験とかやっているんですけれども、講を全然研究してなかったんですよ。で、その時に救われたのが、「講的な」という言葉。じゃあ僕もやれるのかなって思ったのは、その言葉につられたっていうところがあります。

あとは、長谷部先生の優しさと言いますか。今振り返ってみると、山中先生の質問みたいなところがいつも頭の隅にあって。山中先生の質問を少しだけ補足すると、実態と概念っていうところでもそうなんですけれども、じゃあ、ある実態をどうして講っていう概念を使って枠付ける必要があるのか、っていうところを、彼は常に問いかけていたゆえの質問だったと思います。つまり講じゃなくても説明できるんじゃないかと。なんで講っていうものを使って説明するのっていう、そういうお話を一部していたと思うんですね。それに対して、阿部さんの答えですごく印象に残っているのは、今でもそれを講と言っている人たちが現場にいて、実際にそういう営みがある中で、講の大切さというのがない、賞味期限が切れてるというようなことは言っちゃいけないんじゃないのか、というお話を阿部さんがされていたなっていうのがすごく印象に残っています。そういうのがすごく心に刺さりながらも一方で、僕は、フィールドは講じゃないし、講的って何をもって講的って言うんだろうとか、石本さんのお話にも繋がりますけれども、講的ということでどんな概念を扱うのかということで、常になんかこうモヤモヤしていた気がいたします。

実は僕は当時大学院生で、森さんと乾さんに誘っていただいて、こういう研究会に行きたいんですけれど、っていう話をした時にですね、山中先生から「お前は、講のことはしっかり勉強してこい」っていう話をされまして、講が非常に重要であるっていうようなことを言われていたんですね。その当時はどうしてなのかなとも思ってはいたんですけれど、もっというと、実際の講と関わるような調査をしていまして、阿部さんのいう、講って本当にあるんだし、実態としてそれが動いてる以上、そこをちゃんと研究していくっていうことは重要なんじゃないのかっていうことは、まさにそのとおりだなと僕も感じている次第です。

一方で、当初は多分、僕は講から逃げていたと思うんですね。講から講的っていうところに逃げていたと思うんですけれども、なんか現在、今、石本さんのお話とか、皆さんのお話を、特に石本さんのお話を聞きながら感じるのは、だって講って大事だよねって言っているような、なんかそんな気もするなと思いながら、きっとこの後もですね、皆さんにいろんなことを教えてもらいながら、僕の悩みは続くんじゃないかなと思った次第です。

高木　はい、ありがとうございます。順番は先に民俗学会のグループ発表なんですけど、それより先に宗教学会のパネル発表の振り返りみたいなところに入ってしまいましたが、こうやって振り返ってみると、いろいろと、そういえばこのキーワードを大事にしてきたなというものがいくつも出てきて、座談会という形で振り返ってみるとできることというのは分かったのかなと思います。

あとがき

「第五論集の編纂も、ようやくにして最終段階を迎え、この「あとがき」の執筆と表紙の図案を決定することなどの作業を残すのみとなった。シリーズ第五弾の刊行である。しかしながら、これで一歩前進した、という実感はない。「ようやくにして」は巻を重ねる度に抱懐する言葉だが、今回の刊行を敢えて一歩「ぜんしん」とするなら、その「ぜんしん」は、むしろ〝漸（ようや）く進む〟意味の「漸進」であろう。巷間耳にする歌の文句に倣えば、「三歩進んで二歩下がる」といった歩みに近い。「叙文」で、第五弾の刊行をこの叢書の継続に向けた一つの節目にしたいと述べた。その意味で、第五論集の刊行を機に叢書発刊の、また、研究会発会の原点に還り、次なる活動への弾みにすることができれば、と願っている。

本書を編み終えるに際し、この「あとがき」をめぐってかねてより思うところを少しく述べたい。殊更めいて申すまでもないのだが、「あとがき」は、手紙や書物などの末尾に記し、その内容を締め括る文章である。研究書の場合、単著はもとより、論文集や紀要にあっては、「あとがき」ないしは「編集後記」の項でしばしば掲載論攷の意義や論点に触れているのを目にする。それに対し、本叢書の場合は、載せる論攷が総じて長文に亘るため、執筆者のねらいを読み手が或る程度知ってから各論攷と向き合えるよう、「叙文」中にあらかじめ「各論攷の要旨」の項目を設けている（第二部のシンポジウムや学会報告については、コーディネーターや代表者の主旨報告にその任を委ねている）。したがって、大概「あとがき」にみられるそうした記述は、当叢書ではおもに「叙文」に収めている。

このように本叢書では、掲載論攷の要旨、活動母体である講研究会の諸動向、当該論集の編纂経緯ほか、一書を編んだ意図や背景、内容の骨子等々を広く「叙文」に収めている。では、「あとがき」の方はどうか。一書の締め括りに留まらない狙いがそこに込められているのか、と問われれば、答えは〝然り〟である。すなわち、叢書というシリーズものの形態を取る本書にとって、「あとがき」は、当の巻を締め括ると同時に次の巻へと繋ぐ役割も果たしている。いわばリレー競走におけるバトンや襷の役割である。本シリーズでは「あとがき」は「まえがき」を兼ねる――そのような含みを持たせたいと思っている。

その伝に従えば、この「あとがき」で、次なる第六論集の内容に言及することが求められてこよう。同論集に関してはすでに「叙文」でも、「本叢書の原点に立ち返り、講に関連する個人の研究成果を集めた論文集を編みたい」と述べておいた。第五論集を一つの区切りとし、第六論集から再スタートする理由もまた「叙文」で触れている。それらを踏まえ、ここでは、その再スタートに向けた現段階の編纂計画について少々説明を加えておく。

まず、本シリーズのⅠ・Ⅱで採用したような、個別研究による論攷で構成する形に戻る。目下のところ執筆予定者は一三、四名だが、若干の変更はあるかも知れない。宗教に関する講およびその周辺を対象とするが、なるべく広範な領域を視野に収め、一言で「宗教講」と表現してもその内実はきわめて多岐に及ぶことを検証できれば、と考えている。

第四論集の「あとがき」（二〇二〇年三月記）には、読み手の評言・教示が第五論集発刊への弾みになれば幸甚、とある。だが、その頃からコロナ禍が急激に蔓延し、論文執筆者にとって調査や資料収集がままならず、その上、本務に追われる編者の身辺状況も与って、当初の予定は遅滞を余儀なくされてしまった。そうした中で、冒頭に述べたとおり、ようやくにして発刊に漕ぎ着けることができた。

縷々申し述べてきたが、最後に執筆者各位の労を多とし、謝意を表する。また、初刊以来お世話になっている慶友社の桑室一之氏に対しても御礼申し上げ、擱筆したい。

二〇二四年一一月

長谷部八朗

〔執筆者紹介〕（執筆順）　＊印は編著者

＊長谷部八朗　駒澤大学名誉教授。
高山　秀嗣　国立音楽大学非常勤講師。
高田　彩　國學院大學日本文化研究所客員研究員。
長島三四郎
久保　康顕　東京都市大学非常勤講師。
西村　敏也　武蔵大学非常勤講師。
乾　賢太郎　大田区立郷土博物館主任学芸員。
高木　大祐　玉川大学講師。
川又　俊則　鈴鹿大学教授。
菅根　幸裕　千葉経済大学教授。
戸邉　優美　埼玉県立歴史と民俗の博物館主任学芸員。
小林奈央子　愛知学院大学教授。
後藤　晴子　大谷大学准教授。
佐藤　俊晃　曹洞宗総合研究センター委託研究員。
牧野　眞一　二松學舍大学・駒澤大学非常勤講師。
村上　弘子　駒澤大学仏教経済研究所研究員。
石本　敏也　聖徳大学准教授。
阿部　友紀　東北大学大学院助教。
天田　顕徳　北海道大学大学院准教授。

「講」研究の可能性Ⅴ

二〇二五年二月一七日　第一刷発行

編著者　長谷部《はせべ》八朗《はちろう》
発　行　慶友社
〒一〇一―〇〇五一
東京都千代田区神田神保町二―四八
電　話　〇三―三二六一―一三六一
FAX　〇三―三二六一―一三六九
組　版＝㈱富士デザイン
印刷・製本＝精文堂印刷株式会社

©ISBN978-4-87449-079-2　C3039